WALTER RADL

DAS LUKAS-EVANGELIUM

ERTRÄGE DER FORSCHUNG

Band 261

WALTER RADL

DAS LUKAS-EVANGELIUM

WISSENSCHAFTLICHE BUCHGESELLSCHAFT
DARMSTADT

CIP-Titelaufnahme der Deutschen Bibliothek

Radl, Walter:
Das Lukas-Evangelium / Walter Radl. – Darmstadt:
Wiss. Buchges., 1988
(Erträge der Forschung; Bd. 261)
ISBN 3-534-03213-6
NE: GT

Bestellnummer 03213-6

Satz: Setzerei Gutowski, Weiterstadt
Druck und Einband: Wissenschaftliche Buchgesellschaft, Darmstadt
Printed in Germany
Schrift: Linotype Garamond, 10/11

ISSN 0174-0695
ISBN 3-534-03213-6

INHALT

I. Literarische Fragen

II. Theologische Fragen

VORWORT

Die Darstellung von Forschungs-„Erträgen" ist etwas anderes als die Nachzeichnung von Forschungswegen. In diesem Bändchen wird also weder über den wechselvollen Diskussionsgang noch über die Vielzahl von Ansichten zu Problemen des Lukas-Evangeliums referiert. Statt dessen soll in einer knappen Übersicht der gegenwärtige Stand der Forschung wiedergegeben werden. Eine solche Darstellung ist darum auch nicht der Ort für eigene und eigenwillige Thesen des Verfassers. Trotzdem schreibt er natürlich von seinem Standpunkt aus und versucht, ein abgerundetes Bild zu zeichnen. Davon abweichende Meinungen können dabei meist überhaupt nicht oder nicht gebührend gewürdigt werden; oft sind sie nur den Literaturangaben zu entnehmen.

Wer detaillierte forschungsgeschichtliche Darstellungen sucht, findet sie in der Literaturliste S. XIII f. Was die Erforschung der lukanischen Theologie betrifft, so möchte ich an dieser Stelle nicht nur den Bericht von François Bovon, Luc le théologien, aus dem Jahr 1978 eigens erwähnen, sondern nachträglich auf die englische und erweiterte Fassung dieses Buches hinweisen, die mir erst vor kurzem bekannt geworden ist: Luke the Theologian. Thirty-Three Years of Research (1950–1983) (Princeton Theological Monograph Series 12), Allison Park, PA, 1987.

Im Unterschied zu diesem Werk ist der Gegenstand der vorliegenden Darstellung nur die erste Schrift des Lukas, sein Evangelium. Andererseits gehört dazu auch die lange Reihe literarischer Probleme. Bei der Behandlung theologischer Fragen kann man sich an Einzeltexten und Textzusammenhängen oder an Themen orientieren. Ich habe mich für die letzteren entschieden bzw. mich darauf beschränkt. Die ursprünglich daneben ins Auge gefaßten exemplarischen Skizzen zu einzelnen Abschnitten des Evangeliums – anbieten würden sich z. B. die Kindheitsgeschichten, der Reisebericht oder die Passionserzählung – hätten den vorgegebenen Rahmen gesprengt.

Zum Schluß möchte ich noch danken, und zwar zunächst den Mitarbeitern an meinem Lehrstuhl. Herr Walter Schmiedel hat in mühsamer Kleinarbeit allein beide Register erstellt. Er hat mir auch bei den Korrekturen und bei der Beschaffung der Literatur geholfen. Das letztere gilt auch von Frau Brigitte Bernhard. Ihr Hauptverdienst ist aber die Gestalt des Manuskripts, das sie zügig und zuverlässig geschrieben hat. Auch den Mitarbeitern des Verlags habe ich zu danken. Sie haben nicht nur sorgfältig gearbeitet und manche Versehen entdeckt, sondern auch spät gewünschte Korrekturen noch ermöglicht.

Auf einer anderen Ebene möchte ich noch einem der vielen Lukas-Forscher danken, von dem ich als sein Schüler und Assistent sehr viel gelernt habe: Herrn Prof. Dr. Gerhard Schneider von der Ruhr-Universität Bochum. Er wird in diesen Wochen seine akademische Lehrtätigkeit beenden. Aus diesem Anlaß widme ich ihm den vorliegenden Versuch, freilich in dem Bewußtsein, daß er den Stand der Lukas-Forschung von einer höheren Warte aus und so auch besser hätte zeichnen können.

Augsburg, im Juni 1988 Walter Radl

ABKÜRZUNGEN

Die Abkürzungen für die biblischen Bücher sind der ›Einheitsübersetzung der Heiligen Schrift‹ entnommen. Die anderen Abkürzungen richten sich im allgemeinen nach: Theologische Realenzyklopädie. Abkürzungsverzeichnis, zusammengestellt von S. Schwertner, Berlin/New York 1976.

Darüber hinaus kommen folgende Abkürzungen vor:

diff. = im Unterschied zu
Hrsg. = Herausgeber
BThSt = Biblisch-Theologische Studien (Neukirchen-Vluyn)
EWNT = Exegetisches Wörterbuch zum Neuen Testament, hrsg. von H. Balz und G. Schneider, 3 Bde., Stuttgart/Berlin/Köln/Mainz 1980–1983.
JSNT = Journal for the Study of the New Testament (Sheffield)
SNTU = Studien zum Neuen Testament und seiner Umwelt (Linz)

ÜBERGEORDNETE LITERATUR

1. Bibliographien und Forschungsberichte zum Lukas-Evangelium

Barrett, C. K.: Luke the Historian in Recent Study (A. S. Peake Memorial Lecture 6). London 1961. – Bovon, F.: Aktuelle Linien lukanischer Forschung, in: ders., Lukas in neuer Sicht. Gesammelte Aufsätze (Bibl.-Theol. Studien 8). Neukirchen–Vluyn 1985, 9–43. – Ders.: Luc le théologien. Vingt-cinq ans de recherches (1950–1975). Neuchâtel/Paris 1978. – Ders.: Lukas-Chronik, in: ders., Lukas in neuer Sicht, 44–60. – Brown, R. E.: Gospel Infancy Narrative Research from 1976 to 1986: Part II (Luke), in: CBQ 48 (1986), 660–680. – Bruners, W.: Lukas – Literat und Theologe. Neue Literatur zum lukanischen Doppelwerk, in: BiKi 35 (1980), 110–112, 141–151. – Cambe, M.: Bulletin de Nouveau Testament: Études lucaniennes, in: ETR 56 (1981), 159–167. – Conzelmann, H.: Literaturbericht zu den Synoptischen Evangelien, in: ThR 37 (1972), 220–272 (zum Lk 264–272); 43 (1978), 3–51 (43–51), 321–327 (325–327). – Giesen, H.: Im Dienst des Glaubens seiner Gemeinde. Zu neueren Arbeiten zum lukanischen Doppelwerk, in: ThG(B) 26 (1983), 199–208. – Guillet, J.: Bulletin d'exégèse lucanienne, in: RSR 69 (1981), 425–442. – Kodell, J.: The Theology of Luke in Recent Study, in: BTB 1 (1971), 115–144 = La théologie de Luc et la recherche récente, in: BTB(F) 1 (1971), 119–149. – Lindemann, A.: Literaturbericht zu den Synoptischen Evangelien 1978–1983, in: ThR 49 (1984), 223–276, 311–371 (zum Lk 346–369). – Marshall, J. H.: Recent Study of the Gospel According to St. Luke, in: ET 80 (1968/69), 4–8. – Mattill, A. J., Jr.: Luke as a Historian in Criticism since 1840. Diss. Vanderbilt University 1959. – Navone, J.: Bibliografia lucana (Articoli). Rom 1969. – Prior, M.: Revisiting Luke, in: ScrB 10 (1979), 2–11. – Rasco, E.: Estudios lucanos, in: Bib 63 (1982), 266–280. – Rese, M.: Das Lukas-Evangelium. Ein Forschungsbericht, in: ANRW II 25,3. Berlin/New York 1985, 2258–2328. – Ders.: Neuere Lukas-Arbeiten. Bemerkungen zur gegenwärtigen Forschungslage, in: ThLZ 106 (1981), 225–237. – Ders.: Zur Lukas-Diskussion seit 1950, in: WuD 9 (1967), 62–67. – Richard, E.: Luke – Writer, Theologian, Historian: Research and Orientation of the 1970's, in: BTB 13 (1983), 3–15. – Rohde, J.: Die redaktionsgeschichtliche Methode. Einführung und Sichtung des Forschungsstandes. Hamburg 1966 (zu Lukas 124–183). – Talbert, Ch. H.: Shifting Sands: The Recent Study of the Gospel of Luke, in: Interp. 30 (1976), 381–395. – Unnik, W. C. van: Luke-Acts, A Storm Center in Contemporary Scholarship, in: Studies in Luke-Acts. FS für Paul Schubert. Nashville/New York 1966, 15–32. – Wagner, G.: An Exegetical

Bibliography of the New Testament. Luke and Acts. Macon 1985. – WILLIAMS, C. S. C.: Commentaries and Books on St. Luke's Gospel, in: Theology 62 (1959), 408–414. – Ders.: Luke-Acts in Recent Study, in: ET 73 (1961/1962), 133–136.

Literatur zur Erforschung des Quellenproblems: s. auch § 9.

2. Kommentare zum Lukas-Evangelium

ARC, J. D': Évangile selon Luc. Présentation du texte Grec, traduction et notes (Nouvelle Collection de Textes et Documents). Paris 1986. – ARNDT, W. F.: The Gospel According to St. Luke (Bible Commentary). Saint Louis 1956. – BARCLAY, W.: Lukasevangelium (Auslegung des NT). Wuppertal 1968 [engl. 1953, ^{2}1956]. – BOSSUYT, P., J. RADERMAKERS: Jésus, Parole de la Grâce selon saint Luc. 2 Bde. Brüssel 1981. – BRATCHER, R. G.: A Translator's Guide to the Gospel of Luke (Helps for Translators). London/New York/Stuttgart 1982. – BROWNING, W. R. F.: The Gospel According to Saint Luke (TBC). London ^{5}1979. – BRUN, L.: Lukas – Evangeliet. Oslo 1934. – CAIRD, G. B.: The Gospel of St. Luke (PGC). London ^{3}1968. – CREED, J. M.: The Gospel According to St. Luke. London 1930. Neudr. 1965. – DAUSCH, P.: Die drei älteren Evangelien (HSNT II). Bonn ^{4}1932. – DELEBECQUE, É. (Hrsg.): Évangile de Luc (CEA). Paris 1976. – ELLIS, E. E.: The Gospel of Luke (NCeBComm.). London ^{2}1974. Nachdr. Grand Rapids/London 1981. – ERNST, J.: Das Evangelium nach Lukas (RNT). Regensburg 1977. – L'Evangile selon saint Luc. Avènement (Écouter la Bible 17). Paris 1984. – FITZMYER, J. A.: The Gospel According to Luke. 2 Bde. (AncB 28. 28 a). Garden City 1981, 1985. – GELDENHUYS, N.: Commentary on the Gospel of Luke (NIC). Grand Rapids 1951. Neudr. 1975. – GODET, F.: Kommentar zu dem Evangelium des Lukas. Hannover ^{2}1890 (nach der franz. Ausg. v. Paris ^{3}1889). – GREIJDANUS, S.: Het heilig Evangelie naar de beschrijving van Lucas. 2 Bde. (Komm. op het NT). Amsterdam 1940, 1941. – GRUNDMANN, W.: Das Evangelium nach Lukas (ThHK III^{6}). Berlin ^{5}1971. – HAUCK, F.: Das Evangelium des Lukas (Synoptiker II) (ThHK III). Leipzig 1934. – HENDRIKSEN, W.: The Gospel of Luke (NTC). Edinburgh 1979. – KEALY, S. P.: The Gospel of Luke. Denville 1979. – KLOSTERMANN, E.: Das Lukasevangelium (HNT V). Tübingen ^{3}1975. – KNABENBAUER, J.: Evangelium secundum Lucam (CSS III 3). – LAGRANGE, M.-J.: Évangile selon Saint Luc (EtB). Paris ^{8}1948. – LARSON, B.: Luke (Communicator's Comm. 3). Waco 1983. – LEANEY, A. R. C.: A Commentary of the Gospel According to St. Luke (BNTC). London ^{2}1966. Neudr. 1976. – L'EPLATTENIER, C.: Lecture de l'évangile de Luc. Paris 1982. – LOISY, A.: L'Évangile selon Luc. Paris 1924. – MANSON, W.: The Gospel of Luke (MNTC). London 1930. Neudr. 1963. – MARSHALL, I. H.: The Gospel of Luke (New Int. Greek Testament Comm.). Exeter/Grand Rapids 1978. – MCBRIDE, D.: The Gospel of Luke. A Reflective Commentary. Northport 1982. –

Morgan, G.C.: The Gospel According to Luke. London 1976. – Morris, L.: The Gospel According to St. Luke (TNTC). Grand Rapids 1974. Neudr. 1976. – Nielsen, J.T.: Het evangelie naar Lukas I (De prediking van het NT). Nijkerk 1979. – Plummer, A.: A Critical and Exegetical Commentary on the Gospel According to S. Luke (ICC). Edinburgh ^{5}1922. Neudr. 1969. – Pölzl, F.X., Th. Innitzer: Kommentar zum Evangelium des heiligen Lukas (Kurzgefaßter Komm. zu den vier hl. Evangelien II/2). Graz/Wien ^{3}1922. – Rengstorf, K.H.: Das Evangelium nach Lukas (NTD 3). Göttingen ^{14}1969. – Rienecker, F.: Das Evangelium des Lukas (Wuppertaler Studienbibel IX). Wuppertal ^{3}1969. – Sabourin, L.: L'Evangile de Luc. Rom 1985. – Schlatter, A.: Das Evangelium des Lukas. Aus seinen Quellen erklärt. Stuttgart ^{3}1975. – Schmid, J.: Das Evangelium nach Lukas (RNT 3). Regensburg ^{4}1960. – Schmithals, W.: Das Evangelium nach Lukas (ZBK NT 3,2). Zürich 1980. – Schneider, G.: Das Evangelium nach Lukas. 2 Bde. (Ökumen. Taschenbuch-Komm. zum NT 3/1.2). Gütersloh und Würzburg ^{2}1984. – Schürmann, H.: Das Lukasevangelium. Erster Teil. Kommentar zu Kap. 1,1 – 9,50 (HThK III 1). Freiburg i.Br./Basel/Wien 1969. – Schweizer, E.: Das Evangelium nach Lukas (NTD 3^{18}). Göttingen 1982. – Spinetoli, O. da: Luca. Il Vangelo dei poveri (Commenti e studi biblici). Assisi 1982. – Stöger, A.: Das Evangelium nach Lukas. 2 Bde. (Geistl. Schriftlesung 3/1.2). Düsseldorf ^{3}1967 bzw. 1966. – Strack, H.L., P. Billerbeck: Kommentar zum Neuen Testament aus Talmud und Midrasch II. Das Evangelium nach Markus, Lukas, Johannes und die Apostelgeschichte. München 1924. Nachdr. 1961. – Talbert, C.H.: Reading Luke. A Literary and Theological Commentary on the Third Gospel. New York 1982. – Thompson, G.H.P.: The Gospel According to Luke (NCB). Oxford 1972. – Tinsley, C.J.: The Gospel According to Luke (CNEB). Cambridge 1965. – Tolbert, M.O.: Luke (BBC). Nashville 1970. – Troadec, H.: Évangile selon saint Luc. Tours 1968. – Valensin, A., J. Huby: Évangile selon Saint Luc (VSal III). Paris ^{41}1952. – Weiß, J., W. Bousset: Die drei älteren Evangelien (SNT 1). Göttingen ^{4}1929. – Wellhausen, J.: Das Evangelium Lucae übersetzt und erklärt. Berlin 1904. – Zahn, Th.: Das Evangelium des Lucas. 2 Bde. (KNT III). Leipzig/Erlangen $^{3.4}$1920.

Weitere, vor allem ältere Kommentare bei H. Schürmann (s.o.), XV–XXII.

3. Umfassendere Darstellungen und Sammelwerke

À cause de l'Évangile. Études sur les Synoptiques et les Actes. FS für Jacques Dupont (LeDiv 123). Paris 1985. – Aufstieg und Niedergang der römischen Welt II. Principat 25.3. Religion (vorkonstantinisches Christentum: Leben und Umwelt Jesu, Neues Testament [kanonische Schriften und Apokryphen], Forts.), hrsg. v. W. Haase. Berlin/New York 1985. – Betz, O.: The

Kerygma of Luke, in: ders., Der Messias Israels. Aufsätze zur biblischen Theologie (WUNT 42). Tübingen 1987, 257–272. – BORGEN, P.: Von Paulus zu Lukas. Beobachtungen zur Erhellung der Theologie der Lukasschriften, in: StTh 20 (1966), 140–157. – BORNKAMM, G.: Evangelien, synoptische, in: RGG^{3} II, 753–766. – BOUWMAN, G.: Das dritte Evangelium. Einübung in die formgeschichtliche Methode (ppb). Düsseldorf 1968. – BOVON, F.: Lukas in neuer Sicht. Gesammelte Aufsätze (BThSt 8). Neukirchen-Vluyn 1985. – BRAUMANN, G.: Das Lukas-Evangelium. Die redaktions- und kompositionsgeschichtliche Forschung (WdF 280). Darmstadt 1974. – Ders.: Das Mittel der Zeit. Erwägungen zur Theologie des Lukasevangeliums, in: ZNW 54 (1963), 117–145. – CADBURY, H.J.: The Making of Luke-Acts. New York 1927. Neudr. London 1961. – CASSIDY, R.J., PH.J. SCHARPER (Hrsg.): Political Issues in Luke-Acts. Maryknoll 1983. – CERFAUX, L., J. CAMBIER: Luc (Évangile selon Saint), in: DBS V (1957), 545–594. – CONZELMANN, H., A. LINDEMANN, Arbeitsbuch zum Neuen Testament (UTB 52). Tübingen ^{8}1985. – CONZELMANN, H.: Die Mitte der Zeit. Studien zur Theologie des Lukas (BHTh 17). Tübingen ^{5}1964. – Ders.: Zur Lukasanalyse, in: Braumann, Lukasevangelium, 43–63. – DANKER, F.W.: Politics of the New Age According to St. Luke, in: CThMi 12 (1985), 338–345. – Ders.: Theological Presuppositions of St. Luke, in: CThMi 4 (1977), 98–103. – DERRETT, J.D.M.: Studies in the New Testament IV. Midrash, the Composition of Gospels and Discipline. Leiden 1986. – DOOHAN, L.: Luke: The Perennial Spirituality. Santa Fe 1982. – DUPONT, J.: Études sur les Évangiles synoptiques. 2 Bde. (BEThL 70). Löwen 1985. – EDWARDS, O.C.: Luke's Story of Jesus. Philadelphia 1981. – EDWARDS, R.A.: The Redaction of Luke, in: JR 49 (1969), 392–405. – ERNST, J.: Lukas. Ein theologisches Portrait. Düsseldorf 1985. – ESLER, Ph. F.: Community and gospel in Luke-Acts. The social and political motivations of Lucan theology (MSSNTS 57). Cambridge/London/New York 1987. – Essays on the Gospel of Luke and Acts (Neotestamentica 7). Pretoria 1973. – L'Évangile de Luc. Problèmes littéraires et théologiques. Mémorial Lucien Cerfaux (BEThL 32). Gembloux 1973. – FLENDER, H.: Heil und Geschichte in der Theologie des Lukas (BEvTh 41). München ^{2}1968. – GEORGE, A.: Études sur l'œuvre de Luc (SBi). Paris ^{2}1986. – Ders.: Luc (saint), in: DSp IX (1976), 1103–1121. – HEGERMANN, H.: Zur Theologie des Lukas, in: „... und fragten nach Jesus". Beiträge aus Theologie, Kirche und Geschichte. FS für Ernst Barnikol. Berlin 1964, 27–34. – JERVELL, J.: Luke and the People of God. A New Look at Luke-Acts. Minneapolis 1972. – JONES, C.P.M.: The Epistle to the Hebrews and the Lucan Writings, in: Studies in the Gospels. Essays in Memory of R.H. Lightfoot. Oxford 1955. Neudr. 1967, 113–143. – KÖSTER, H.: Einführung in das Neue Testament im Rahmen der Religionsgeschichte und Kulturgeschichte der hellenistischen und römischen Zeit (de Gruyter Lb.). Berlin/New York 1980. – KOH, R.: The Writings of St. Luke. Hongkong 1953. – KÜMMEL, W.G.: Einleitung in das Neue Testament. Heidelberg ^{18}1973 (sic!). – Ders.: Heilsgeschehen und Geschichte II. Gesammelte Aufsätze 1965–1977 (MThSt 16). Marburg 1978. – Léon-Dufour, X.: Die Evangelien und der historische Jesus. Aschaffenburg 1966. – Löning, K.: Lukas – Theologe der von Gott geführten Heilsgeschichte [Lk, Apg], in: J. Schreiner (Hrsg.), Gestalt und Anspruch des Neuen Testaments. Würzburg 1969, 200–228. – Luck, U.: Kerygma, Tradition und Geschichte Jesu bei Lukas, in: Braumann, Lukas-Evangelium, 95–114. – Marshall, J. H.: Luke: Historian and Theologian, Exeter 1970. – Michel, O.: Lukas, Lukasevangelium, in: CBL[5] ([4]1979), 837–841. – Morgenthaler, R.: Die lukanische Geschichtsschreibung als Zeugnis. Gestalt und Gehalt der Kunst des Lukas. 2 Bde. (AThANT 15). Zürich 1949. – Navone, J.: Themes of St. Luke. Rom o. J. – O'Toole, R. F.: The Unity of Luke's Theology: An Analysis of Luke-Acts (Good News Studies 9). Wilmington 1984. – La Parole de Grâce. Études lucaniennes à la mémoire d'Augustin George = RSR 69 (1981), 1–320. Paris 1981. – Potterie, I. de la (Hrsg.): De Jésus aux Évangiles (BEThL XXV). Gembloux 1967. – Rabacchi, S.: Il Vangelo di Luca, in: SacDot 27 (1982), 464–487. – Rasco, E.: La teologia de Lucas: origen, desarrollo, orientaciones (AnGr 201). Rom 1976. – Reicke, B.: The Gospel of Luke. London 1965. – Richardson, N.: The Panorama of Luke. An Introduction to the Gospel of Luke and the Acts of the Apostels. London 1982. – Robinson, W. C.: Der Weg des Herrn. Studien zur Geschichte und Eschatologie im Lukas-Evangelium. Ein Gespräch mit Hans Conzelmann (ThF 36). Hamburg-Bergstedt 1964. – Schenke, H.-M., K. M. Fischer: Einleitung in die Schriften des Neuen Testaments II. Die Evangelien und die anderen neutestamentlichen Schriften (sic!). Gütersloh 1979. – Schmid, J.: Lukasevangelium, in: LThK[2] VI (1961), 1207–1211. – Schmithals, W.: Einleitung in die drei ersten Evangelien (de Gruyter Lb.). Berlin/New York 1985. – Ders.: Evangelien, Synoptische, in: TRE 10 (1982), 570–626. – Schneider, G.: Lukas, Theologe der Heilsgeschichte. Aufsätze zum lukanischen Doppelwerk (BBB 59). Königstein/Bonn 1985. – Schürmann, H.: Traditionsgeschichtliche Untersuchungen zu den synoptischen Evangelien (KBANT). Düsseldorf 1968. – Ders.: Ursprung und Gestalt. Erörterungen und Besinnungen zum Neuen Testament (KBANT). Düsseldorf 1970. – Schulz, S.: Die Stunde der Botschaft. Einführung in die Theologie der vier Evangelisten. Hamburg/Zürich [2]1970. – Schweizer, E.: Luke: A Challenge to Present Theology. Atlanta 1982. – Stöger, A.: Die Theologie des Lukasevangeliums, in: BiLi 46 (1973), 227–236. – Stonehouse, N. B.: The Witness of Luke to Christ. Grand Rapids 1951. – Studies in Luke-Acts. FS für Paul Schubert. Nashville/New York 1966. London 1968. – Stuhlmacher, P. (Hrsg.): Das Evangelium und die Evangelien. Vorträge vom Tübinger Symposium 1982 (WUNT 28). Tübingen 1982. – Swaeles, R.: L'évangile du salut: saint Luc, in: ComLi 1 (1977), 45–70. – Talbert, C. H.: Literary Patterns, Theological Themes and the Genre of Luke-Acts (SBLMS 20). Missoula 1974. – Ders. (Hrsg.): Perspectives on Luke-Acts (Special Studies Ser. 5). Danville/Edinburgh 1978. – Tuckett, C. M. (Hrsg.): Synoptic Studies. The Ampleforth Conferences of 1982 and 1983 (JSNT Suppl. Ser. 7). Sheffield 1984. – VIELHAUER, PH.: Geschichte der urchristlichen Literatur. Einleitung in das Neue Testament, die Apokryphen und die Apostolischen Väter (de Gruyter Lb.). Berlin/New York 1975. – WIKENHAUSER A., J. SCHMID: Einleitung in das Neue Testament. Freiburg i. Br./Basel/Wien [6]1973. – WILLIAMS, D. und B.: The Gospel of Luke (Bible Knowledge for the West African School Certificate). London 1983. – Wort in der Zeit. Neutestamentliche Studien. FS für Karl Heinrich Rengstorf. Leiden 1980.

EINLEITUNG

Als Verfasser eines Evangeliums und der Apostelgeschichte hat Lukas mehr zum Neuen Testament beigesteuert als jeder andere Autor. Sein Doppelwerk ist fast so umfangreich wie die echten Paulusbriefe und die johanneischen Schriften – Evangelium und Briefe – zusammen. Trotzdem hat die Exegese lange Zeit, anders als bei Paulus und Johannes, nicht nach der Theologie und der theologischen Bedeutung der lukanischen Schriften gefragt. Bis in die Mitte unseres Jahrhunderts stehen bei der Beschäftigung mit Lukas die literarischen und historischen Fragen im Vordergrund, die letzteren natürlich vor allem bei der Erforschung der Apostelgeschichte. Hat schon Rudolf Bultmann im Teil III seiner ›Geschichte der synoptischen Tradition‹ von 1921 die Richtung angegeben, so kommt es doch erst nach dem Zweiten Weltkrieg zur Entwicklung und breiteren Entfaltung einer theologisch fragenden redaktionsgeschichtlichen Exegese. Sie nimmt erst richtig wahr und erarbeitet in historisch-kritischer Methode, welche und wie große theologische Bedeutung neben Paulus und Johannes die Synoptiker haben. Dieser Wandel des Forschungsinteresses kommt vor allem Lukas mit seinem großen Werk zugute. Nach dem Urteil kompetenter Forscher, die Martin Reese in seinem Forchungsbericht von 1967 (S. 62) zitiert, nehmen seine Schriften damit sogar den Platz ein, den vorher das Johannesevangelium und noch früher Paulus innegehabt hat. Nun kommt es zu dem, was aufgrund der großen Stoffülle schon früher hätte erwartet werden können, zur Erfassung und Darstellung der lukanischen Theologie, sehr umfassend schon 1954 bei Hans Conzelmann in seinem Buch ›Die Mitte der Zeit‹. Den neuen Eindruck, den die Forschung von Lukas bekommt, formuliert Ernst Käsemann 1957 in seinem Aufsatz ›Neutestamentliche Fragen von heute‹ (s. § 44) so: „Er ist nicht nur der erste christliche Historiker und ein Erbauungsschriftsteller hohen Grades, er vertritt auch eine profilierte und sehr ernst zu nehmende Theologie“ (S. 30). Diese ist für ihn so aufregend, daß er 1960 im Vorwort zum 1. Band seines Sammelwerks ›Exegetische Versuche und Besinnungen‹ vom „plötzlich brennend gewordenen lukanischen Problem“ sprechen kann.

Daß der eigenständige Charakter der lukanischen Theologie so spät erkannt worden ist, hängt neben den forschungsgeschichtlichen Voraussetzungen sicher auch damit zusammen, daß sie für Bewußtsein und Praxis der Kirche in wichtigen Bereichen schon seit den ersten Jahrhunderten gewissermaßen die Normaltheologie ist. Nicht nur ihre historischen Vorstellungen vom Urchristentum und seiner Entwicklung hat die Kirche dem Werk des Lukas entnommen, sondern auch theologisches Gedankengut. Man denke nur an das Glaubensbekenntnis. Dessen ganze Aussagenreihe zum Weg Jesu ist als solche und in ihren Einzelheiten, vom Ursprung Jesu aus dem Geist bis zu seiner Himmelfahrt und Wiederkunft, lukanisch geprägt. Oder man denke an die Gestalt und die einzelnen Festgeheimnisse des Kirchenjahres. Nicht nur die Termine, sondern auch die Inhalte der Feste sind von Lukas beeinflußt, bei zentralen Festen wie Christi Himmelfahrt und Pfingsten ebenso wie bei bestimmten Marien- und Johannesfesten. Die Vorstellung vom Heiligen Geist und seinem Wirken deckt sich weitgehend mit der Darstellung der Apostelgeschichte, und ohne Apg 8,14–25 gäbe es das Sakrament der Firmung sicher nicht (oder nicht mehr). Auch die Moraltheologie ist, zumindest in ihrer katholischen Tradition, mehr von Lukas als von jedem anderen neutestamentlichen Autor bestimmt, was ihre anthropologischen Voraussetzungen der Soteriologie und Ethik, ihr Bild von Sünde, Bekehrung und christlichem Leben betrifft. Als letztes Beispiel sei die Eschatologie genannt. Ebenso wie ihr Ort im Gesamt der Theologie und ihre Gestaltung als Lehre von den Letzten Dingen hängt die Ausbildung einer individuellen Eschatologie mit dem heilsgeschichtlichen Entwurf des Lukas zusammen.

Zweifellos liegen damit andere Ansätze und Bereiche des urchristlichen Erbes brach. Neben Johannes – ausgenommen natürlich seine Christologie – scheint vor allem Paulus zu kurz zu kommen. Dabei wäre gerade eine Besinnung auf Paulus ganz im Sinne des Lukas. Wie seine Apostelgeschichte zeigt, ist er selbst der größte Verehrer des Völkermissionars. Freilich müßte sich eine paulinische Theologie auf den ursprünglichen Paulus beziehen, nicht auf das Paulusbild der Apostelgeschichte, das von dem der Briefe historisch und theologisch abweicht. Dann aber stellt sich die Frage, in welchem Ausmaß die Theologie der Paulusbriefe übertragbar ist, nicht nur in dem unaufgebbaren Korrektiv der Rechtfertigungslehre, sondern auch in anderen Fragen. Hätte nicht Paulus selbst schon in der Situation des Lukas anders geschrieben? Würde er nicht erst recht in der heutigen Zeit manche Themen und Probleme anders behandeln? Möglicherweise würde er Lukas in manchen Punkten bestätigen. In Frage kämen zum Beispiel die Bereiche der Soteriologie und der Eschatologie. Hier geht Lukas eigene Wege. Das Glaubensbewußtsein der Kirche ist ihm aber nur im zweiten Fall gefolgt. Dabei fragt es sich aber wirklich, ob es ein Abfall von der Höhe urchristlicher Theologie ist, wenn Lukas den Gedanken des erlösenden Sühnetodes Jesu zurücktreten läßt zugunsten einer am Weggedanken orientierten Vorstellung vom „Anführer des Lebens“ (Apg 3,15), der vorangeht und das Heil eröffnet (vgl. § 32; dazu Friedrich, Verkündigung). Oder ist es ein Verrat an der urchristlichen Hoffnung, wenn Lukas auf die Naherwartung der Parusie verzichtet und die Tatsache der fortlaufenden Geschichte neu begreift und „zeitgemäß“ zu bewältigen versucht? Dabei dürfte er sich, besonders im ersten Fall, nicht nur an der Sache, sondern auch am Hörer seiner Verkündigung orientiert haben.

Die damit angesprochenen hermeneutischen Probleme gehen aber schon über das im folgenden zu behandelnde Thema hinaus. Zunächst einmal sind sie noch zu umstritten, als daß man schon von „Erträgen der Forschung“ sprechen könnte. Vor allem aber geht es hier nur um einen Teilbereich des lukanischen Werkes, um das Evangelium, während die lukanische Theologie doch erst in der Apostelgeschichte voll zur Geltung kommt. Andererseits sind ihre Ansätze schon im Evangelium so deutlich, daß es berechtigt und reizvoll erscheint, die Ergebnisse der Forschung zur Theologie dieser Schrift einmal für sich zusammenzustellen. Damit tritt es auch als synoptisches Evangelium und Lukas in seiner Eigenart gegenüber den anderen Synoptikern in den Vordergrund, zumal es noch umstritten ist, ob Lukas bei der Abfassung des Evangeliums schon die der Apostelgeschichte (bis in Einzelheiten hinein) geplant hat. Die literarischen Fragen betreffen ohnehin in der Hauptsache das Evangelium. Freilich sind auch sie nicht ohne einen Seitenblick auf die Apostelgeschichte zu beantworten, wenn man voraussetzt, daß beide Schriften vom selben Verfasser sind.

I

LITERARISCHE FRAGEN

Zu den Literaturangaben: Die Spezialbibliographien wiederholen keine Titel aus den Listen der übergeordneten Literatur und nennen keine Artikel aus Nachschlagewerken, auch wenn die Darstellung sich darauf bezieht bzw. darauf verweist.

Textausgaben:

The Greek New Testament. New York/London/Edinburgh/Amsterdam/Stuttgart ^{3}1975. – Novum Testamentum Graece (Nestle–Aland). Stuttgart ^{26}1979. – The New Testament in Greek: The Gospel according to St. Luke. Part One. Chapters 1 – 12. Oxford 1984.

Aland, K.: Synopsis Quattuor Evangeliorum. Locis parallelis evangeliorum apocryphorum et patrum adhibitis. Stuttgart ^{13}1985. Nachdr. 1986. – Huck, A.: Synopse der drei ersten Evangelien mit Beigabe der johanneischen Parallelstellen, völlig neu bearbeitet von H. Greeven. Tübingen 1981.

Bartsch, H.-W.: Codex Bezae versus Codex Sinaiticus im Lukasevangelium. Hildesheim/Zürich/New York 1984. – Martin, V., R. Kasser (Hrsg.): Papyrus Bodmer XIV. Evangile de Luc chap. 3 – 24. P75. Cologny-Genf 1961.

Textkritik:

Aland, K.: Die Bedeutung des P^{75} für den Text des Neuen Testaments. Ein Beitrag zur Frage der „Western non-interpolations", in: ders., Studien zur Überlieferung des Neuen Testaments und seines Textes (Arbeiten zur ntl. Textforschung 2). Berlin 1967, 155–172. – Ders.: Eine neue Ausgabe des griechischen Neuen Testaments. Zur Oxforder Ausgabe von Luk. 1 – 12, in ThRv 80 (1984), 441–448. – Ders.: Neue Neutestamentliche Papyri II, in: NTS 10 (1963/64), 62–79; 11 (1964/65), 1–21; 12 (1965/66), 193–210 (zu Lk s. Bd. 11 und 12). – Ders.: Neue Neutestamentliche Papyri III, in: NTS 22 (1976), 375–396. – Aland, K., B. Aland: Der Text des Neuen Testaments. Einführung in die wissenschaftlichen Ausgaben sowie in Theorie und Praxis der modernen Textkritik. Stuttgart 1982. – Duplacy, J.: P^{75} (Pap. Bodmer XIV–XV) et les formes les plus anciennes du texte de Luc, in: Évangile de Luc. Problèmes littéraires et théologiques. Mémorial Lucien Cerfaux (BEThL XXXII). Gembloux 1973, 111–128. – Fitzmyer, J. A.: Papyrus Bodmer XIV: Some Features of Our Oldest Text of Luke, in: CBQ 24 (1962), 170–179. – Merell, J.: Nouveaux fragments du papyrus IV, in: RB 47 (1938), 5–22. – Metzger, B. M.: A Textual Commentary on the Greek New Testament. London/New York ^{2}1975. – Parsons, M. C.: A Christological Tendency in P^{75}, in: JBL 105 (1986), 463–479. – Richards, W. L.: An Examination of the Claremont Profile Method in the

Gospel of Luke: A Study in Text-Critical Methodology, in: NTS 27 (1981), 52–63.

Für den Text des Lukas-Evangeliums gibt es in der handschriftlichen Überlieferung sehr alte Zeugen. Sogar auf Papyrushandschriften sind zumindest große Teile dieses Textes erhalten. Aus dem Lukas-Evangelium enthält

P^{3} : 7,36–45; 10,38–42
P^{4} : 1,58–59; 1,62 – 2,1.6–7; 3,8 – 4,2.29–32.34–35; 5,3–8; 5,30 – 6,16
P^{7} : 4,1–2
P^{45}: 6,31–41; 6,45 – 7,7; 9,26–41; 9,45 – 10,1.6–22; 10,26 – 11,1.6–25. 28–46; 11,50 – 12,12.18–37; 12,42 – 13,1.6–24; 13,29 – 14,10.17–33
P^{69}: 22,41.45–48.58–61
P^{75}: 3,18–22; 3,33 – 4,2; 4,34 – 5,10; 5,37 – 6,4; 6,10 – 7,32.35–39.41–43; 7,46 – 9,2; 9,4 – 17,15; 17,19 – 18,18; 22,4 – 24,53
P^{82}: 7,32–34.37–38

Dabei decken schon P^{4} und P^{45}, die beide aus dem 3. Jahrhundert stammen, zusammen, wenn auch mit Lücken, über die Hälfte des Textes ab. Noch eindrucksvoller ist die Bezeugung in den Papyri seit der Veröffentlichung des P^{75} (Papyrus Bodmer XIV.XV) im Jahr 1961. Dieser Kodex, der auch den größten Teil des Johannes-Evangeliums enthält, ist die älteste bekannte Lk-Handschrift und ist vielleicht sogar schon um das Jahr 200 entstanden. Er zeigt, bis in orthographische Varianten hinein, eine auffällig weitgehende Übereinstimmung mit Kodex B (wie die Gesamtkollation zum Lukas-Evangelium von Aland, Papyri II 5–13, beweist). Die für die ersten Jahrhunderte beispiellose textliche Nähe der beiden Handschriften läßt auf einen gemeinsamen Vorfahren schließen, der dann spätestens am Ende des 2. Jahrhunderts anzusetzen ist.

Obwohl die Bezeugung des Lk-Textes, was Alter und Gewicht der Handschriften angeht, eigentlich kaum besser sein könnte, gibt es textkritisch komplizierte Stellen, bei denen die Entscheidung schwierig ist. Hier seien einige für die Traditionsgeschichte und die lukanische Theologie bedeutsame Beispiele aus der Passionserzählung und ihrem Umkreis genannt: 22,19b.20; 22,43f.; 23,34a; 24,12.

Eine wichtige Rolle spielt dabei gerade die Beurteilung der jeweils von P^{75} gebotenen Leseart. Da die genannten Verse mit Ausnahme von 22,43f. im Kodex D fehlen, stoßen wir hier auch auf einige sogenannte "Western non-interpolations" in diesem wichtigsten Zeugen des „westlichen" Textes. Mit diesem irreführenden Ausdruck bezeichneten B.F. Westcott und F.J.A. Hort nicht alle Kurztext-Varianten in dem sonst an Interpolationen reichen Text, sondern nur jene, die sie (gegenüber angenommenen Erweiterungen in anderen Handschriften) für ursprünglich hielten. P^{75}, der für den Lk-Text wichtigste Papyruszeuge, und D, die „meistdiskutierte Majuskel des NT" (Aland, Text 118), weichen an den genannten Stellen mit Ausnahme von 23,34a – der Halbvers fehlt bei beiden – voneinander ab.

So wichtig nun die Bewertung dieser und anderer Handschriften für die textkritische Klärung ist, Gewicht bekommt die Entscheidung für eine Lesart erst, wenn aus dieser die Entstehung der Konkurrenzlesarten erklärt werden kann. Andererseits muß die mit den verschiedensten (hier nicht darzustellenden) äußeren und inneren Kriterien als ursprünglich bestimmte Lesart in ihren Text und Kontext passen. An diesem Punkt vor allem gibt es methodisch Neues. Die Ergebnisse der redaktionsgeschichtlichen Erforschung einer Schrift werden zunehmend für ihre textkritische Rekonstruktion bzw. Sicherung ausgewertet.

§ 2 *1. Lk 22,19b.20*

Jeremias, J.: Die Abendmahlsworte Jesu. Göttingen ⁴1967. – Lessig, H.: Die Abendmahlsprobleme im Lichte der neutestamentlichen Forschung seit 1900. Bonn 1953. – Petzer, J.H.: Luke 22: 19b–20 and the Structure of the Passage, in: NT 26 (1984), 249–252. – Rese, M.: Zur Problematik von Kurz- und Langtext in Luk. XXII.17ff., in: NTS 22 (1976), 15–31. – Schäfer, K.Th.: Zur Textgeschichte von Lk 22,19b–20, in: Bib. 33 (1952), 237–239. – Schürmann, H.: Lk 22,19b–20 als ursprüngliche Textüberlieferung, in: ders., Traditionsgeschichtliche Untersuchungen, 159–192. – Vööbus, A.: A New Approach to the Problem of the Shorter and Longer Text in Luke, in: NTS 15 (1968/69), 457–463. – Ders.: The Prelude to the Lukan Passion Narrative. Stockholm 1968.

Im lukanischen Abendmahlsbericht fehlt bei einem Teil der Handschriften der ganze Abschnitt von τὸ ὑπὲρ ὑμῶν in V. 19 ab bis zum Ende von V. 20, d.h., es fehlen ein Teil des Brotwortes, Wiederholungsauftrag, Kelchhandlung und Kelchwort. Die textkritische Frage lautet also: Kurztext oder Langtext?

Im Gefolge der kritischen Textausgabe von B.F. Westcott und F.J.A. Hort im Jahre 1881 entschied man sich weitgehend für den Kurztext. Erst nach 1950, vor allem durch die Arbeiten von Joachim Jeremias und Heinz Schürmann, kam es zu einem gegenläufigen

Trend, der heute fast zu einer sententia communis geworden ist. Daß es hier aber noch Fragezeichen gibt, zeigen z. B. die Überlegungen von Martin Rese.

Auf den ersten Blick scheint dieses Hin und Her verwunderlich und die textkritische Entscheidung doch selbstverständlich. Denn der fragliche Text als ganzer fehlt nur in einer einzigen griechischen Handschrift, nämlich im Kodex D, und in den altlateinischen Zeugen a b d e ff^2 i l. Dieser auf die Gesamtüberlieferung gesehen sehr schwachen Zeugenreihe steht die „überwältigende Bezeugung" (Jeremias 153) des Langtextes in allen anderen Handschriften gegenüber.

Das Problem wäre nun überhaupt keiner weiteren Diskussion mehr wert, der Kurztext wäre damit eindeutig als sekundär erwiesen, wenn er sich ohne weiteres als das Ergebnis einer Kürzung betrachten ließe. Das Umgekehrte ist viel leichter vorstellbar. Warum sollte gekürzt worden sein? Hat man aus Gründen der Arkandisziplin (so Jeremias 151 f.) nur den Anfang des Einsetzungsberichts, also die Abbreviatur eines liturgischen Textes, zitiert? Aber warum findet sich dann nichts dergleichen bei Matthäus oder Markus? Oder hat man die zweimalige Rede vom Kelch (V. 17 f. und 20) als unnötige, ungeschickte Doppelung und, weil aus dem traditionellen Einsetzungsbericht der Herrenmahlfeier unbekannt, als verwirrend empfunden? Den Einwand, in diesem Fall sei mit V. 19 b zu viel gestrichen worden, kann man immerhin mit dem Hinweis auf einen gut denkbaren Paralleleinfluß des genau gleichlautenden kurzen Brotwortes bei Matthäus und Markus beantworten. Aber warum streicht man, wenn schon die Doppelung stört, ausgerechnet das durch die liturgische Praxis legitimierte und sanktionierte zweite Kelchwort statt des ersten? Wollte man das in V. 14 – 18 gebotene Bild vom letzten Passamahl Jesu nicht zerstören?

Genau an diesem Punkt könnte man nun aber die Argumentation umdrehen und auf den redaktionsgeschichtlichen Befund hinweisen, daß Lukas den markinischen Einsetzungsbericht zu einem Bericht vom letzten Passamahl umgeformt hat. In diesem Bericht, der nicht primär an der Eucharistie interessiert gewesen sei, habe der Abschnitt V. 19 b. 20 gefehlt. Ihn habe man später eingefügt, um dem Text den aus Matthäus, Markus und Paulus bekannten eucharistischen Charakter zu geben (Rese).

So plausibel diese Erklärung ist, sie übersieht die Möglichkeit einer schon von Lukas geplanten Komposition, in der sich die Anteile der beiden Themen, d. h. V. 15 – 18 und V. 19 – 20, strukturell entsprechen (Petzer); vor allem aber zwingt sie zu der sehr unwahrscheinlichen Annahme, daß V. 19b.20 gleichlautend in die Gesamtheit aller Handschriften außer den genannten eingedrungen ist, und dies nicht von der ersten Abschreibergeneration an, weil die Kurzform sich sonst überhaupt nicht erhalten hätte. Angesichts dieser Konsequenz und auf Grund der Beobachtung, daß D öfter gekürzt hat (Jeremias 141–143), wird man doch eher den Kurztext als das Ergebnis einer Kürzung betrachten, aber gleichzeitig zugeben, daß ein voll befriedigendes Motiv für die Kürzung noch nicht gefunden ist.

§ 3 *2. Lk 22,43f.*

Aschermann, H.: Zum Agoniegebet Jesu, Lk 22,43–44, in: Theologia Viatorum 5 (1953/54), 143–149. – Brun, L.: Engel und Blutschweiß Lc 22,43–44, in: ZNW 32 (1933), 265–276. – Duplacy, J.: La préhistoire du texte en Luc 22:43–44, in: New Testament Textual Criticism. Its Significance for Exegesis. FS für Bruce M. Metzger. Oxford 1981, 77–86. – Ehrmann, B. D., M. A. Plunkett: The Angel and the Agony: The Textual Problem of Luke 22:43–44, in: CBQ 45 (1983), 401–416. – Feuillet, A.: L'agonie de Gethsémani. Paris 1977. – Harnack, A.: Probleme im Texte der Leidensgeschichte Jesu, in: SPAW 1901, 251–266. – Neyrey, J. H.: The Absence of Jesus' Emotions – the Lucan Redaction of Lk 22,39–46, in: Bib. 61 (1980), 153–171. – Schneider, G.: Engel und Blutschweiß (Lk 22,43–44). „Redaktionsgeschichte" im Dienste der Textkritik, in: ders., Lukas, 153–157. – Tostengard, Sh.: Luke 22:39–46, in: Interp. 34 (1980), 283–288.

Im Vergleich mit Lk 22,19b.20 ist die textkritische Situation bei Lk 22,43f. nahezu umgekehrt. Während dort die handschriftliche Bezeugung der fraglichen Verse gewaltig und fast einstimmig ist, fehlen sie hier in ganz gewichtigen Zeugen. Und das Motiv für eine mögliche Kürzung braucht man hier nicht lange zu suchen; es bietet sich eine Reihe verschiedener Gründe an.

V. 43f. wird bezeugt in den Majuskeln $\aleph^{*,2}$ D K L X Δ^{*} Θ Π^{*} Ψ. Aber die Verse fehlen in so gewichtigen Zeugen wie P^{75} $\aleph^{1}$ A B N R T W. Andere kennzeichnen sie als möglicherweise sekundär, und wieder andere bringen sie hinter Mt 26,39. Nimmt man die Zeugnisse der Väter hinzu, zeigt sich die Divergenz schon um 150. Justinus bezeugt die Verse, Marcion dagegen wahrscheinlich nicht.

Die handschriftliche Überlieferung insgesamt läßt in V. 43f. zunächst einen Zusatz vermuten. Aus der frühchristlichen Theologiegeschichte ist er als antidoketische Erweiterung erklärbar. Aber ist eine entsprechende christologische Zielsetzung nicht auch bei Lukas selbst schon denkbar? Auf Lukas als Verfasser weisen jedenfalls Vokabular und Stil. Der Text ist Wendung für Wendung sozusagen lückenlos lukanisch (s. Schneider 154–156). Der Einwand (von Ehrmann/Plunkett), V. 43 f. störe die Symmetrie des chiastisch aufgebauten Abschnitts, verfängt nicht, weil die Verse zusammen mit V. 41 c. 42 die Mitte zwischen V. 40. 41 a. 41 b und V. 45 a. 45 b. 45 c–46 bilden. Auf der anderen Seite weist die Perikope mit V. 43 f. das gleiche Kompositionsschema auf wie die lukanische Verklärungsgeschichte Lk 9,28–32 (Schneider 117).

Und der Inhalt? Kein anderer Evangelist spricht so häufig vom anhaltenden, inständigen Gebet und von Engeln als Gottes Gesandten wie Lukas, der beide Themen wie hier mehrmals verknüpft (Lk 1,13; Apg 10,2 f.; 12,5. 7–11). Auch sonst betont er das Menschsein Jesu so stark (Lk 1 – 2; 3,23–28; Szenen mit dem betenden Jesus usw.), daß man ihm schon eine antidoketische Frontstellung zugeschrieben hat, ganz abgesehen von dem subordinatianischen Charakter seiner Christologie. Das Argument, V. 43 f. passe nicht zu dem lukanischen Bild vom ruhig und gefaßt leidenden Jesus (Ehrman/Plunkett 411, 416), spricht gerade für die Ursprünglichkeit der Szene: In ihr wird Jesus eben so gestärkt, daß er dann die Passion im Vertrauen auf den Vater (vgl. 23,46) bestehen kann.

Zur Gegenprobe müssen nun stichhaltige Gründe für eine Streichung von V. 43 f. genannt werden. Sie sind in einer schon früh nachweisbaren Christologie zu suchen, die auf die Wahrung des hoheitlich-göttlichen Bildes von Jesus bedacht ist. Sie mußte, zumal in ihrer gnostisierenden Form wie bei Marcion und den Alexandrinern, an den hier begegnenden allzu menschlichen Zügen Anstoß nehmen. Aber auch im Zuge der Abwehr heterodoxer Engellehren (vgl. Kol 1,15–17; Hebr 1,4–14) kann V. 43 f. getilgt worden sein (Schneider 157). Es spricht also vieles dafür, die Verse (mit Greeven, gegen Nestle-Aland und Greek New Testament) dem Lukas-Evangelium zuzuschreiben.

§ 4 *3. Lk 23,34 a*

Daube, D.: "For they know not what they do": Luke 23,34, in: StPatr IV (TU 79). Berlin 1961, 58–70. – Epp, E. J.: The "Ignorance Motif" in Acts and the Antijudaic Tendencies in Codex Bezae, in: HThR 55 (1962), 51–62. – Flusser, D.: „Sie wissen nicht, was sie tun". Geschichte eines Herrnwortes, in: Kontinuität und Einheit. FS für Franz Mußner. Freiburg i.Br./Basel/Wien 1981, 393–410. – HARNACK: Probleme (§ 3). – UNTERGASSMAIR, F. G.: Kreuzweg und Kreuzigung Jesu. Ein Beitrag zur lukanischen Redaktionsgeschichte und zur Frage nach der lukanischen „Kreuzestheologie" (Paderborner Theol. Stud. 10). Paderborn 1980.

Die Vergebungsbitte am Kreuz fehlt in sehr bedeutsamen Textzeugen, in P^{75} $\aleph^{1}$ B D* W Θ 0124 1241 u. a. Die große Mehrheit der Handschriften, darunter immerhin $\aleph^{*,2}$ A C D^{2} L Ψ 0117 0250, überliefert sie aber, und vor allem zitieren sie schon Kirchenväter des 2. Jahrhunderts, so z. B. Hegesipp, Marcion, Justinus und Irenäus.

Der Halbvers wirkt nun tatsächlich wie ein Zusatz, insofern er den Bericht vom Tun der Henker unterbricht. Und er ist auch ein Einschub. Als solcher kann er aber sehr gut schon von der Hand des Lukas stammen. Er erweitert gegenüber der Markusvorlage schon den V. 33, und die unmittelbar darauf folgende Bitte kann sich nun gut lukanisch (vgl. Lk 22,37; 23,25.32) auf die Plazierung Jesu zwischen zwei Verbrechern beziehen (Schneider, Lk 483). Schwerer fällt ins Gewicht, daß Jesu Bitte nicht zur Ankündigung des Gerichts in V. 28–31 paßt. Aber gerade wegen dieser Prophezeiung und ihrer Erfüllung in der Zerstörung Jerusalems ist eine spätere Einfügung schwer vorstellbar.

Umgekehrt ist eine Streichung der Bitte, die sich im lukanischen Kontext auf die Juden beziehen läßt (s. V. 25 f.), aus dem gleichen Grund gut denkbar. Sie stand überhaupt im Widerspruch zu den zahlreichen Gerichtsworten Jesu über Jerusalem und die Juden (11,50; 13,34 f.; 19,41–44; 20,16; 21,20–24) und deren Selbstverfluchung in Mt 27,25 sowie der daraus abgeleiteten Polemik der alten Christen (Schmid, Lk 348). Mit einer Streichung entfiel auch die Frage: Hat Gott Jesu Gebet nicht erhört?

Da sich eine Einfügung von V. 34 a kaum, eine Tilgung dagegen sehr gut erklären läßt, dürfte der Vers lukanisch sein. Dies läßt sich redaktionsgeschichtlich bestätigen: Das Motiv von der Unwissenheit der Juden ist für Lukas bei der Darstellung der nachösterlichen Zeit sehr wichtig (Apg 3,17; 13,27). Und die Vergebung für die Feinde, die dem sonstigen Verhalten Jesu entspricht (vgl. Lk 22, 48.51), wird bei Stephanus in ähnlicher Weise formuliert (Apg 7,60).

§ 5 *4. Lk 24,12*

Alsup, J.E.: The Post-Resurrection Appearance Stories of the Gospel. A History of Tradition Analysis with Text-Synopsis (CThM 5). Stuttgart 1975. – Curtis, K.P.G.: Luke XXIV.12 and John XX.3–10, in: JThS 22 (1971), 512–515. – Jeremias, J.: Die Abendmahlsworte Jesu. Göttingen [4]1967. – Mahoney, R.: Two Disciples at the Tomb. The Background and Message of John 20,1–10. Bern/Frankfurt a.M. 1974. – Muddiman, J.: A Note on Reading Luke XXIV.12, in: EThL 48 (1972), 542–548. – Neirynck, F.: Tradition and Redaction in John XX, 1–18, in: StEv VII (TU 126). Berlin 1982, 359–363. – Ders.: The Uncorrected Historic Present in Lk. XXIV.12, in: EThL 48 (1972), 548–553. – Parsons: Tendency (§ 1). – Ross, J.M.: The Genuiness of Luke 24:12, in: ET 98 (1986/87), 107–108. – Wanke, J.: Die Emmauserzählung. Eine redaktionsgeschichtliche Untersuchung zu Lk 24,13–35 (EThSt 31). Leipzig 1973.

An Lk 24 wird heute (nach der Einschätzung von Aland, Text 47) „die Probe aufs Exempel gemacht, wo eine Ausgabe bzw. wo ein Textkritiker steht". Auch hier hat das Bekanntwerden des Papyrus 75 die Forschungssituation verändert. Darüber hinaus haben traditionsgeschichtliche Forschungsergebnisse zu den Beziehungen zwischen der lukanischen und der johanneischen Passions- und Ostergeschichte manche textkritischen Urteile (neben V. 12 z.B. auch zu V. 36b und V. 40) erleichtert.

Der etwas isoliert stehende V. 12 ist lange Zeit als eine sekundäre Kurzfassung von Joh 20,3–10 betrachtet worden. Aber gegen dieses Urteil spricht die eindrucksvolle Bezeugung des Verses, der fast nur in D und einigen altlateinischen Zeugen fehlt. Die Verwandtschaft mit Joh 20 läßt sich anders erklären. Neben den auffälligen Übereinstimmungen stehen nämlich ausgesprochene Lukanismen (ἀναστάς, θαυμάζειν, τὸ γεγονός), und V. 24 bezieht sich auf V. 12 (Jeremias). Dieser Befund weist auf eine gemeinsame Tradition. In ihr ist dann auch das für Lukas tatsächlich auffällige, aber eben in beiden Evangelien vorliegende historische Präsens βλέπει begründet. Dabei scheint bei Lukas das ursprünglichere Stadium der Tradition (nach Neirynck, Tradition 360, sogar die Vorlage für Joh 20) erhalten zu sein, die in Joh 20,3–10 dann entfaltet worden ist.

Die Streichung von V. 12 hängt wohl mit der Gestalt des Petrus zusammen. War Marcion seine „Herausstellung … zuwider" (Aland, Bedeutung 168), so vermißten andere wohl die Erscheinung des Auferstandenen, von der V. 34 (vgl. 1 Kor 15,5) berichtet (Grundmann, Lk 440).

Das textkritische Problem von V. 12 scheint bereinigt zu sein. Analog zu betrachten sind wahrscheinlich die Verse 36b und 40. Auch hier ist man weitgehend geneigt, sich im Anschluß an Papyrus 75 und mit traditionsgeschichtlichen Argumenten für den Langtext zu entscheiden (anders Greeven).

ANTONIADIS, S.: L'Évangile de Luc. Esquisse de Grammaire et de Style (Collection de l'institut néo-hellénique de l'université de Paris 7). Paris 1930. – ARGYLE, A.W.: The Greek of Luke and Acts, in: NTS 20 (1974), 441–445. – CADBURY, H.J.: Lexical Notes on Luke-Acts VI, in: JBL 48 (1929), 412–425. – Ders.: The Style and Literary Method of Luke (HThS 6). Cambridge/London/Oxford 1920. Neudr. New York 1969. – DAVIES, D.P.: The Position of Adverbs in Luke, in: Studies in New Testament Language and Text. FS für G.D. Kilpatrick (NT. S 44). Leiden 1976, 106–121. – DELEBECQUE, É.: Études grecques sur l'évangile de Luc (CEA). Paris 1976. – Ders.: L'hellénisme de la «relative complexe» dans le Nouveau Testament et principalement chez saint Luc, in: Bib. 62 (1981), 229–238. – Ders.: Sur un hellénisme de saint Luc, in: RB 87 (1980), 590–593. – FUCHS, A.: Sprachliche Untersuchungen zu Matthäus und Lukas. Ein Beitrag zur Quellenkritik. Die Blindenheilung: Mt 9,27–31. Das Zeugnis der Christen in der Verfolgung: Lk 21,14–15 (AnBib 49). Rom 1971. – GRANT, L.O.: The History of ἐν τῷ with the Infinitive and Its Bearing on Luke's Writings. Diss. Southern Baptist Theol. Seminary 1945. – HARNACK, A.: Lukas der Arzt. Der Verfasser des dritten Evangeliums und der Apostelgeschichte (Beitr. zur Einl. in das NT I). Leipzig 1906. – HAWKINS, J.C.: Horae Synopticae. Contributions to the Study of the Synoptic Problem. Oxford ^{2}1909. Nachdr. 1968. – HORTON, F.L., Jr.: Reflections on the Semitisms of Luke-Acts, in: Talbert, Perspectives, 1–23. – JEREMIAS, J.: Die Sprache des Lukasevangeliums. Redaktion und Tradition im Nicht-Markusstoff des dritten Evangeliums (KEK. Sonderband). Göttingen 1980. – MACKINLAY, G.: Special Lucan Words, in: BS 77 (1920), 419–423. – MEYNET, R.: Quelle est donc cette parole? Lecture «rhétorique» de l'évangile de Luc (1 – 9,22 – 24). 2 Bde. (LeDiv 99 A.B). Paris 1979. – MICHAELIS, W.: Das unbetonte καὶ αὐτός bei Lukas, in: StTh 4 (1950), 86–93. – MORGENTHALER, R.: Statistik des neutestamentlichen Wortschatzes. Zürich/Frankfurt a.M. 1958. – MOST, W.G.: Did St. Luke Imitate the Septuagint?, in: JSNT 15 (1982), 30–41. – O'ROURKE, J.J.: The Construction with a Verb of Saying as an Indication of Sources in Luke, in: NTS 21 (1975), 421–423. – PASQUALETTI, T.: Note sulle determinazioni temporali del vangelo secondo Luca, in: RivBib 23 (1975), 399–412. – PLOOY, G. P. V. du: The Use of the Optative in Luke-Acts: Grammatical Classification and Implications for Translation, in: Scriptura 19 (1986), 25–43. – RADL, W.: Paulus und Jesus im lukanischen Doppelwerk. Untersuchungen zu Parallelmotiven im Lukasevangelium und in der Apostelgeschichte (EHS. T 49). Bern/Frankfurt a. M. 1975. –

Rehkopf, F.: Die lukanische Sonderquelle. Ihr Umfang und Sprachgebrauch (WUNT 5). Tübingen 1959. – Rudberg, G.: Zu den Partizipien im Neuen Testament, in: CN 12 (1948), 1–38. – Schneider, G.: Verleugnung, Verspottung und Verhör Jesu nach Lukas 22,54–71. Studien zur lukanischen Darstellung der Passion (StANT 22). München 1969. – Schürmann, H.: Der Einsetzungsbericht. Lk 22,19–20. II. Teil einer quellenkritischen Untersuchung des lukanischen Abendmahlsberichtes Lk 22,7–38 (NTA 20/4). Münster ²1970. – Ders.: Jesu Abschiedsrede. Lk 22,21–38. III. Teil (NTA 20/5). Münster ²1977. – Ders.: Der Paschamahlbericht. Lk 22,(7–14.) 15–18. I. Teil (NTA 19/5). Münster ²1968. – Schulz, S.: Q. Die Spruchquelle der Evangelisten. Zürich 1972. – Scomp, H. A.: The Case Absolute in the New Testament, in: BS 59 (1902), 76–81, 325–340. – Sparks, H. F. D.: The Semitisms of St. Luke's Gospel, in: JThS 44 (1943), 129–138. – Turner, N.: The Quality of the Greek of Luke-Acts, in: Studies in New Testament Language and Text. FS für G.D. Kilpatrick (NT.S 44). Leiden 1976, 387–400. – Vogel, Th.: Zur Charakteristik des Lukas nach Sprache und Stil. Eine philologische Laienstudie. Leipzig ²1899.

Sprache und Stil des Lukas sind seit dem Ende des 19. Jahrhunderts so gut erforscht worden, daß sich die zahlreichen Beobachtungen inzwischen gut zu einer lukanischen Grammatik bzw. Stillehre zusammenstellen ließen. Liegen schon mit den Werken von Th. Vogel, H. J. Cadbury und S. Antoniadis systematische Arbeiten dieser Art vor, so haben andere inzwischen mit verfeinerten Methoden das Bild um viele Einzelzüge bereichert (vgl. besonders die Monographien von H. Schürmann, G. Schneider und J. Jeremias).

Während das Buch von Sophie Antoniadis eine umfassende Bestandsaufnahme vor allem zur Grammatik, d. h. zu Morphologie, Vokabular und Syntax, des Lukas-Evangeliums darstellt, bietet Henry J. Cadbury im ständigen Vergleich mit dem als Quelle vorausgesetzten Markus-Evangelium (sowie mit Mt bzw. Q) eine eindrucksvolle Übersicht über lukanische Stilmerkmale. Im folgenden werden hauptsächlich seine (von Späteren bestätigten) Erkenntnisse referiert und die von anderen zur Ergänzung angeführt.

Den Wortschatz sowie charakteristische Wortgruppen und -felder hat S. Antoniadis (77–119) zusammengestellt.

Auch im Bereich der Grammatik zeigt das Lukas-Evangelium vielfältige Besonderheiten, angefangen von der Verwendungsweise der einzelnen Wortarten bis zum Bau der Sätze und Satzgefüge. Im Gebrauch der Nomina fällt einige Male die Vermeidung von Deminutiven auf (z. B. Lk 8, 42.54 diff. Mk 5,23.41), ferner die Bevorzugung des Singulars bei οὐρανός (3,21 diff. Mk 1,10) und σάββατον (6,1 diff. Mk 2,23). Bei den Pronomina ist vor allem die Verwendung des Personalpronomens eingeschränkt, und zwar nicht nur im Nominativ (22,34 diff. Mk 14,30), sondern auch im Akkusativ (6,7 diff. Mk 3,2) sowie vor allem im Genitiv (22,11 diff. Mk 14,14) und Dativ (5,12 diff. Mk 1,40). Das unklassisch gebrauchte εἷς wird durch τις (9,8 diff. Mk 6,15), μόνος (5,21 diff. Mk 2,7), ἕτερος (17,34 diff. Mt 24,40) oder anders (8,41 diff. Mk 5,22) ersetzt. Beliebt ist dagegen das verstärkende αὐτός, besonders in den nominativischen Verbindungen καὶ αὐτός (5,14 diff. Mk 1,44) und αὐτὸς δέ (8,54 diff. Mk 5,41), ebenso das Demonstrativum οὗτος (9,24 diff. Mk 8,35). An die Stelle des Possessivums tritt mitunter ἴδιος (6,41 diff. Mt 7,3). Das Reflexivum wird gemieden (5,22 diff. Mk 2,8) oder durch ἀλλήλ- (4,36 diff. Mk 1,27) ersetzt. Relativ häufig begegnen die Krasis wie z.B. bei κἀγώ (20,3 diff. Mk 11,29) und die Attraktion des Relativums (19,37; hier wie öfter in Verbindung mit πάντες).

Das verneinte Adjektiv in der Form der Litotes begegnet im Neuen Testament fast nur bei Lukas, häufig in der Apostelgeschichte, immerhin auch im Evangelium (7,6 und 15,13). Bei der Steigerung wird zwar die Positivform μέγας in 9,48 superlativisch gebraucht, im allgemeinen aber hat wie in der Koine neben dem Superlativ selbst nur der Komparativ diese Bedeutung (5,39). Durch Umstellung des Adjektivs umgeht Lukas öfter die Wiederholung des Artikels (4,36 diff. Mk 1,27). Bei den Adverbien stehen Bestimmungen der Zeit sowie der Art und Weise gewöhnlich (zu den Ausnahmen s. Davies) vor, Ortsbestimmungen dagegen nach dem Beziehungswort (zum letzteren s. 22,54 diff. Mk 14,54). Im Gebrauch der Zeitadverbien zeigt Lukas gegenüber Matthäus und Markus, die fast stereotyp τότε bzw. εὐθύς verwenden, mehr Abwechslung und Genauigkeit (Pasqualetti). Er vermeidet öfter die doppelte Verneinung (5,14 diff. Mk 1,44). Bei den Präpositionen verwendet er oft ἀπό für ἐκ (4,35 diff. Mk 1,25), σύν für μετά (8,38 diff. Mk 5,18) sowie, bei Verben des Sagens, die Konstruktion mit πρός statt mit Dativ (4,43 diff. Mk 1,38; s. allerdings die Einschränkung bei O'Rourke). Er liebt die Wiederholung von Präpositionen im zugehörigen Verbum compositum (9,5 diff. Mk 6,11) und gebraucht überhaupt gern Komposita, sogar solche mit Doppelpräposition (17,37 diff. Mt 24,28).

Im Gebrauch der Verben meidet Lukas das historische Präsens (19,29 diff. Mk 11,1). Er ersetzt das Imperfekt oft durch den Aorist (6,2 diff. Mk 2,24); dieser hat vielleicht noch ingressiven Sinn, wo er für ἄρχομαι mit Infinitiv steht (9,2 diff. Mk 6,7). Lukas benutzt gern das Passiv, vor allem im Futur (11,51 diff. Mt 23,36). Das Futur ersetzt bei ihm auch den Imperativ (22,11 diff. Mk 14,14). Dagegen findet sich noch häufiger der sonst selten gewordene Optativ (8,9 diff. Mk 4,10). Besonders auffällig ist seine Vorliebe für die Coniugatio periphrastica (5,16 diff. Mk 1,45). Er wählt die Pluralform, wo es der Sinn erfordert (19,37 diff. Mk 11,9).

Bei der Wortstellung liebt Lukas Einschübe zwischen Artikel und Nomen (1,1). Das Verbum steht häufig vor dem Objekt (20,9 diff. Mk 12,1), dagegen hinter dem Subjekt (5,13 diff. Mk 1,42). Das Possessivpronomen ist gewöhnlich nachgestellt (5,20.23 diff. Mk 2,5.9), ebenso das Zahlwort (9,13 diff. Mk 6,38).

Im Satzbau zeigt Lukas eine starke Vorliebe für partizipiale Konstruktionen. Hierher gehört vor allem der Genitivus absolutus (3,21 diff. Mk 1,9); dieser steht mitunter auch dort, wo er nicht nötig wäre (22,10; anders Lk 8,27 diff. Mk 5,2). Das Participium coniunctum kann von zwei koordinierten finiten Verbformen die erste (4,42 diff. Mk 1,35) oder die zweite ersetzen, das letztere vor allem in Form von λέγων (5,13 diff. Mk 1,41). Das Partizip mit dem Artikel kann ein finites Verbum ebenso ersetzen (8,45 diff. Mk 5,30) wie einen Relativsatz (8,21 diff. Mk 3,35). Ähnliches gilt von den häufigen Präpositionalausdrücken mit dem substantivierten Infinitiv. Ganze Sätze faßt Lukas oft in diese Infinitivkonstruktion, z.B. mit ἐν und dem Akkusativ (8,42 diff. Mk 5,24). Eine beliebte Einleitungswendung lautet ἐγένετο ἐν τῷ ... (18,35 diff. Mk 10,46).

Weitere sprachliche Besonderheiten sind nach dem Textverlauf (allerdings nur des Nicht-Markusstoffes) bei Jeremias, Sprache, nach Stichworten bei Schürmann mit Hilfe des Registers in Teil III, S. 148–154, zu finden. Dieses enthält auch viele Hinweise auf stilistische Merkmale des Lukas-Evangeliums. Sie zeigen insgesamt eine schriftstellerische Bemühung zumindest auf drei Ebenen. Am auffälligsten ist die Tendenz zu sprachlich guter und korrekter Formulierung. Dabei scheint das Bestreben wiederum in zwei Richtungen zu gehen, einerseits hin zur klassischen, andererseits zur biblischen Sprache. Den Paradefall für das erste, der die grundsätzliche Absicht des Autors in dieser Hinsicht belegt, stellt das Proömium Lk 1,1–4 dar. Daneben läßt sich oft die Verbesserung vorgegebenen Materials beobachten, z.B. beim indirekten Fragesatz mit τό (22,2.4 diff. Mk 14,1.10) oder bei der Konstruktion des Relativsatzes (22,10 diff. Mk 14,14), ganz abgesehen von der Vermeidung vulgärer oder semitischer Wörter und Wendungen (s. Klostermann, Lk 243–246). Biblischen Stil zeigt besonders auffällig Lk 1 – 2. Hier häufen sich, wenn auch sicher traditionsgeschichtlich mitbedingt, die Hebraismen oder besser Septuagintismen. Der Autor hat offenbar bewußt biblizistisch formuliert, sakralen Stil geschrieben bzw. nachgeahmt, wo es ihm angebracht schien (z. B. 9,51).

Ihm ist aber nicht nur an einem gepflegten, d. h. nach den Maßstäben des Klassischen und Biblischen gehobenen, sondern auch an einem rhetorisch wirksamen Griechisch gelegen. Deutlicher wird dies in den Reden der Apostelgeschichte. Aber auch das Lukas-Evangelium nutzt z. B. das Mittel der Wortstellung (3,19f. mit φυλακῇ am Satzende diff. Mk 6,17; vgl. 1,4; 9,51) und ersetzt z. B. die ständige Parataxe durch Periodisierung der Texte mit entsprechenden Partikeln oder Partizipkonstruktionen (3,21f. diff. Mk 1,9–11). Effektvoll ist auch der Übergang von der indirekten in die direkte Rede (5,14 diff. Mk 1,44; vgl. Apg 1,4), die Lukas sonst eher meidet (8,29.32 diff. Mk 5,8.12). Und gegenüber der Rede in der 3. wird die Anrede in der 2. Person vorgezogen (6,46 diff. Mt 7,21).

Schließlich zeigt das Lukas-Evangelium auch das Bemühen um eine dichterisch schöne Sprache. Anzeichen dafür sind etwa der Einsatz von Synonymen zur Vermeidung von Wiederholungen (18,38f. diff. Mk 10,47f.) oder die Bildung von Klangfiguren wie z. B. der Alliteration (13,26 diff. Mt 7,22; vgl. Lk 17,8). Parallelismen und Symmetrien sind allerdings nicht beliebt. Wichtiger ist freilich der Gesamteindruck der ergreifenden lukanischen Sprache und Darstellungskraft, dem man sich vor allem bei den Gleichniserzählungen kaum entziehen kann. Nicht umsonst beschreibt die Legende Lukas als Maler.

§ 7 C. DER VERFASSER

BARNARD, W. J., P. VAN 'T RIET: Lukas, de Jood. Een joodse inleiding op het Evangelie van Lukas en de Handelingen der Apostelen. Kampen 1984. – BOJORGE, H.: San Lucas, médico griego. Bocetos para un retrato, in: RevBib 40 (1978), 217–244. – CADBURY: Style (§ 6). – CADBURY, H. J., C. W. EMMET, H. WINDISCH: The Identity of the Editor of Luke and Acts, in: F. J. Foakes Jackson, K. Lake (Hrsg.), The Beginnings of Christianity. Part I: The Acts of the Apostles. Vol. II: Prolegomena II. Criticism. London 1922, 209–348. – DEISSMANN, A.: Lukios – Lukas, in: Festgabe von Fachgenossen und Freunden. FS für Adolf von Harnack. Tübingen 1921, 117–121. – DOCKX, S.: Luc a-t-il été le compagnon d'apostolat de Paul?, in: NRTh 103 (1981), 385–400. – DUPONT, J.: Les problèmes du livre des Actes, in: Études sur les Actes des Apôtres (LeDiv 45). Paris 1967, 11–124. – ENSLIN, M. S.: Luke, the Literary Physician, in: Studies in New Testament and Early Christian Literature. FS für Allen P. Wikgren (NT.S 33). Leiden 1972, 135–143. – GLOVER, R.: "Luke the Antiochene" and Acts, in: NTS 11 (1964/65), 97–106. – HAENCHEN, E.: Das „Wir" in der Apostelgeschichte und das Itinerar, in: ders., Gott und Mensch. Gesammelte Aufsätze. Tübingen 1965, 227–264. – HARNACK: Lukas der Arzt (§ 6). – HOBART, W. K.: The Medical Language of St. Luke. Dublin/London 1882. Neudr. Grand Rapids 1954. – LAUB, F.: Falsche Verfasserangaben in neutestamentlichen Schriften. Aspekte der gegenwärtigen Diskussion um die neutestamentliche Pseudepigraphie, in: TThZ 89 (1980), 228–242. – MARX, W. G.: Luke, the Physician, Re-examined, in: ET 91 (1979/80), 168–172. – OSTEN-SACKEN, P. von der: Lukas der Judenchrist. Der Autor des Evangeliums: Entschluß 39 (1984), H. 9/10, S. 8 f. – PESCH, R.: Die Zuschreibung der Evangelien an apostolische Verfasser, in: ZKTh 97 (1975), 56–71. – PRAEDER, S. M.: The Problem of First Person Narration in Acts, in: NT 29 (1987), 193–218. – PRICE, S. H.: The Authorship of Luke-Acts, in: ET 55 (1943/44), 194. – REGUL, J.: Die antimarcionitischen Evangelienprologe. Freiburg 1969. – SCHNEIDER, G.: Die Apostelgeschichte I. Teil. Einleitung. Kommentar zu Kap. 1,1 – 8,40 (HThK V 1). Freiburg i. Br./Basel/Wien 1980. – SIOTIS, M. A.: Luke the Evangelist as St. Paul's Collaborator, in: Neues Testament und Geschichte. FS für Oscar Cullmann. Zürich/Tübingen 1972, 105–111. – STROBEL, A.: Lukas der Antiochener, in: ZNW 49 (1958), 131–134.

Nach der altkirchlichen Tradition (Irenäus, Adversus haereses III 1, 1; vgl. Kanon Muratori) ist der Evangelist „Lukas" identisch mit dem Phlm 24 und 2 Tim 4, 11 genannten Lukas, dem „geliebten

Arzt“ (so Kol 4,14), einem Mitarbeiter und Begleiter des Paulus auf seinen Missionsreisen, die in der Apostelgeschichte ja teilweise in der 1. Person Plural geschildert werden (16,10–17; 20,5–15; 21,1–18; 27,1 – 28,16).

Man nimmt allgemein an, daß Evangelium und Apostelgeschichte vom selben Autor stammen (Apg 1,1; vgl. Lk 1,3). Aber die traditionelle Zuweisung läßt sich – trotz zahlreicher Rechtfertigungsversuche in neuester Zeit – nicht halten. Die Theologie des lukanischen Werkes erinnert zwar in einigen Zügen an die der Paulusbriefe, z.B. in ihrer universalistischen Ausrichtung (Lk 2,32; 3,6; 4,26f.; 24,47; Apg 1,8; 28,28) oder in der Hervorhebung der Gnade (Lk 7,36–50; Apg 15,11) und des Glaubens (Lk 8,12; Apg 15,9); aber insgesamt und genau besehen ist sie von dieser doch weit entfernt. Dies zeigt sich besonders deutlich in der lukanischen Soteriologie, die fast nirgends vom Sühnetod Jesu (Ausnahmen: Lk 22,19f.; Apg 20,28) und nur am Rande von der Rechtfertigung aus dem Glauben (Apg 13,38f.) spricht. Läßt sich dagegen einwenden, daß sich ein Mitarbeiter oder Schüler im Laufe der Zeit und in einer neuen Situation theologisch von seinem Meister absetzen kann, so fallen andere Beobachtungen doch entscheidend ins Gewicht. Der Verfasser der Apostelgeschichte ist über einige für das Wirken des Paulus wesentliche Tatsachen falsch informiert (vgl. Kümmel, Einleitung 147f.). Im Gegensatz zur betonten Feststellung des Paulus selbst in Gal 2,1 läßt Apg 9,26; 11,30 den zu Christus Bekehrten vor dem Apostelkonvent zweimal nach Jerusalem ziehen. Und während sich nach Gal 2,1–10 bei diesem Ereignis Petrus und Paulus (V.7f.) bzw. Jakobus, Kephas, Johannes auf der einen und Paulus mit Barnabas auf der anderen Seite (V.9f.) gegenüberstehen, stellt Apg 15 Jakobus als Vermittler zwischen den Pharisäern (V.5) auf der einen und Petrus, Barnabas, Paulus (V.7.12) auf der anderen Seite dar. Schließlich steht der Bericht von der Einigung auf einen Kompromiß im sogenannten Aposteldekret (Apg 15,22–29) in eklatantem Widerspruch zur völlig eindeutigen Aussage des Paulus in Gal 2,6, nach der ihm keinerlei Auflage gemacht worden ist.

Daß man im Verfasser des dritten Evangeliums gern einen Paulusbegleiter gesehen hat, liegt an dem auch sonst nachweisbaren Interesse, die Schriften des Neuen Testaments sämtlich – wenigstens indirekt – mit Aposteln in Verbindung zu bringen. In ähnlicher Weise steht hinter dem Markus-Evangelium die Autorität des Petrus, dessen Predigt darin überliefert sein soll, während das Matthäus- und das Johannes-Evangelium jeweils einem Apostel persönlich zugeschrieben werden. Auf den Paulusbegleiter Lukas als Evangelist kam man wohl, indem man die (oben genannten) Wir-Berichte der Apostelgeschichte einem Mitarbeiter des Paulus zuschrieb und diesen in einem Ausschlußverfahren unter den in allen paulinischen Briefen genannten Mitarbeitern mit dem Schüler identifizierte, der nach 2 Tim 4, 11 in Rom bei Paulus war (Pesch).

Auch die an Kol 4, 14 anknüpfende Tradition vom „Arzt Lukas" als Autor des Evangeliums läßt sich nicht aufrechterhalten. In neuerer Zeit hat man zwar geglaubt, diese Vorstellung sogar noch untermauern zu können mit dem Hinweis auf zahlreiche medizinische Ausdrücke und Schilderungen (Lk 8, 44 diff. Mk 5, 29). Zu ihnen paßt auch die Tilgung des harten Urteils über die ärztliche Kunst (Lk 8, 43 diff. Mk 5, 26). Aber während vor allem Hobart auf Grund eines Vergleichs mit der Sprache griechischer Ärzte zu dem Ergebnis kam, der Autor müsse tatsächlich Arzt gewesen sein, machte Cadbury (Style) die Gegenprobe, indem er die Sprache des Lukas mit der nichtmedizinischer Schriftsteller wie Josephus oder Plutarch verglich, und stellte fest, daß bei diesen ebenso viele medizinische Wörter und Wendungen begegnen. Anders ausgedrückt: Der Evangelist braucht kein Arzt zu sein; nach dem Ausweis seiner Sprache ist er (in höherem Maß als Markus) ein gebildeter griechischer Schriftsteller.

Mit der hellenistischen Bildung ist auch seine Herkunft aus dem Hellenismus gesichert. Nicht entschieden ist damit aber die Frage, ob er Juden- oder Heidenchrist ist. Für das erste sprechen vielleicht die Vertrautheit mit dem Alten Testament, die Kenntnis der LXX-Sprache, das starke Interesse an der Schrift, an Gesetz und Propheten, die jüdisch geprägte Milieuschilderung in Lk 1–2 oder in manchen Sonderguterzählungen (z. B. Lk 17, 11–19; 18, 9–14), die zentrale Bedeutung Jerusalems und des Tempels, die sachkundige Beschreibung des Synagogengottesdienstes (Lk 4, 16–30; Apg 13, 14–41), die Verwendung jüdischer Messiastitel (Apg 3, 13.26) sowie die Hervorhebung des schon bei den Propheten bedeutsamen Verstockungs- und Umkehrmotivs (Apg 2, 37–41; 7, 1–53; 13, 44–52; 28, 23–28). Aber alle diese Züge sind auch denkbar im Werk eines Heidenchristen, der als Heide längere Zeit im Kontakt mit einer Diasporasynagoge gelebt und als Christ bewußt judenchristliche Traditionen aufgegriffen hat, dies vor allem im Dienst seiner Absicht, den Weg des Evangeliums von Israel zu den Heiden und die Kontinuität dieses Weges darzustellen. Andererseits fallen die Vermeidung semitischer Termini (außer ἀμήν) und das fehlende Interesse an Auseinandersetzungen mit den Pharisäern (z.B. am Streit um Rein und Unrein in Mk 7,1–23) auf. Mag dies aus der Rücksicht auf die heidenchristlichen Leser (s. unten) zu erklären sein, so wiegt der Befund der lukanischen Soteriologie (s. unten) schwerer. Im Gegensatz zum Judenchristen Paulus, der ja sicher für Heidenchristen schreibt, scheint unser Autor einen Zugang zur Lehre vom Sühnetod Jesu, überhaupt von der Heilsbedeutung seines Sterbens, weder für sich noch für seine Leser zu suchen, sondern in griechisch beeinflußten Vorstellungen zu denken. Dies weist auf einen heidenchristlichen Theologen. Sollte es sich dennoch um einen Judenchristen handeln, dann um einen Diasporajuden, der in einmaliger Weise jüdische Frömmigkeit und griechische Bildung, das biblische Erbe und die hellenistische Kultur in seiner Person vereinigt hat.

Conn, H. M.: Lucan Perspectives and the City, in: Miss. 13 (1985), 409–428. – Conzelmann, H.: Der geschichtliche Ort der lukanischen Schriften im Urchristentum, in: Braumann, Lukas-Evangelium 236–260. – Ellis, E. E.: Die Datierung des Neuen Testaments, in: ThZ 42 (1986), 409–430. – Ernst, J.: Datierung oder Rück-Datierung des Neuen Testaments?, in: ThGl 72 (1982), 384–401. – Goodspeed, E. J.: An Introduction to the New Testament. Chicago 1937. – Hengel, M.: Der Historiker Lukas und die Geographie Palästinas in der Apostelgeschichte, in: ZDPV 99 (1983), 147–183. – Henner, C. J.: Luke the Historian, in: BJRL 60 (1977/78), 28–51. – Klein, H.: Zur Frage nach dem Abfassungsort der Lukasschriften, in: EvTh 33 (1972), 467–477. – Koch, H.: Die Abfassungszeit des lukanischen Geschichtswerkes. Eine historisch-kritische und exegetische Untersuchung. Leipzig 1911. – LaVerdiere, E. A., W. G. Thompson: New Testament Communities in Transition. A Study of Matthew and Luke, in: TS 37 (1976), 567–597. – Manson, T. W.: The Work of St. Luke, in: ders., Studies in the Gospels and Epistles. Manchester 1962, 46–67. – Mattill, A. J., Jr.: The Date and Purpose of Luke-Acts: Rackham Reconsidered, in: CBQ 40 (1978), 335–350. – Moscato, M. A.: Current Theories Regarding the Audience of Luke-Acts, in: CThMi 3 (1976), 355–361. – O'Neill, J. C.: The Theology of Acts in Its Historical Setting. London ^{2}1970. – Riddle, D. W.: The Occasion of Luke-Acts, in: JR 10 (1930), 545–562. – Russell, H. G.: Which Was Written First, Luke or Acts?, in: HThR 48 (1955), 167–174. – Schneider, G.: Urchristliche Gottesverkündigung in hellenistischer Umwelt, in: ders., Lukas, 280–296. – Strobel, A.: Lukas der Antiochener, in: ZNW 49 (1958), 131–134. – Vögtle, A.: Was hatte die Widmung des lukanischen Doppelwerks an Theophilos zu bedeuten?, in: ders., Das Evangelium und die Evangelien. Beiträge zur Evangelienforschung (KBANT). Düsseldorf 1971, 31–42. – Wegner, R. (Hrsg.): Die Datierung der Evangelien. Paderborn ^{2}1983. – Wilshire, L. E.: Was Canonical Luke Written in the Second Century? – A Continuing Discussion, in: NTS 20 (1973/74), 246–253.

Der *Zeitraum*, in dem das Lukas-Evangelium entstanden ist, läßt sich nur ungefähr eingrenzen. Der früheste Termin ist das Bekanntwerden des Markus-Evangeliums. Setzt man dessen Abfassung mit dem Großteil der Forschung um das Jahr 70 an, dann kann das Lukas-Evangelium kaum vor 70 geschrieben sein. Daß Lukas es tatsächlich erst in den Jahren nach 70 verfaßt hat, ergibt sich daraus, daß es auf die Zerstörung Jerusalems im Jahre 70 zurückblickt. Die

Weissagungen Jesu über das Ende der Stadt setzen nämlich, wie vor allem die entsprechende Abänderung des Wortlauts der Mk-Vorlage zeigt, das Ereignis voraus, sind also vaticinia ex eventu (21,20–24 diff. Mk 13,14–20; vgl. Lk 19,43f.).

Für den spätesten Termin bildet die Abfassung der Apostelgeschichte einen gewissen Anhaltspunkt. Diese ist sicher nicht, wie manche meinen, vor dem Evangelium, sondern, als Fortsetzung dieses Berichts, auch zeitlich als zweiter Band (Apg 1,1) geschrieben worden. Eine Umkehrung der Reihenfolge ist auch nicht notwendig, wenn man mit guten Gründen annimmt, daß die Entstehung der Apostelgeschichte nicht vor dem – nicht mehr direkt berichteten – Tod des Paulus angesetzt werden muß; ihr geht es nämlich, wie der feierliche Schluß zeigt, um den Weg des Evangeliums, und auf den Tod des Paulus blickt sie im übrigen doch schon zurück (20,17–38, besonders V.24.25.29.38). Für den Termin ihrer eigenen Abfassung gibt es nun vor allem zwei Gesichtspunkte. Ihr Verfasser hat offensichtlich die Briefe des Paulus weder benutzt noch gekannt, kann also nicht erst im 2.Jahrhundert geschrieben haben. Außerdem ist – im Gegensatz zur Johannes-Apokalypse – noch nichts von der Verfolgungssituation unter Kaiser Domitian zu spüren; dies spricht für eine Entstehung der Apostelgeschichte spätestens Anfang der neunziger Jahre.

Für das Lukas-Evangelium ergibt sich so die Zeit um das Jahr 80 oder zwischen 80 und 90. Diese verhältnismäßig späte Datierung des lukanischen Doppelwerkes wird auch der theologischen Entwicklung der nachpaulinischen Kirche, wie sie sich ähnlich in anderen Spätschriften des Neuen Testaments niedergeschlagen hat, gerecht. Hierher gehören z.B. das Nachlassen der apokalyptischen Naherwartung des Endes, die Reflexion auf die heilsgeschichtlichen Epochen und die Hochschätzung der apostolischen Tradition.

Über den Abfassungs*ort* des Evangeliums läßt sich nichts Sicheres sagen. Lukas ist einerseits sehr stark hellenistisch geprägt und schreibt wohl auch für hellenistische Leser. Andererseits scheint er die Geographie Palästinas nicht zu kennen (vgl. z.B. Lk 17,11 und dazu Conzelmann, Mitte 61, Anm.2, mit dem Hinweis auf ähnlich unklare Vorstellungen bei Plinius und Tacitus); lediglich Jerusalem mag er – besuchsweise? – kennengelernt haben (vgl. Apg 21,27–40). Auch die Schilderung des palästinischen Milieus wird mitunter im Blick auf eine andere Landschaft und Kultur umgeschrieben (Lk 6,47–49 diff. Mt 7,24–27; Lk 8,16 und 11,33 diff. Mt 5,15). Das deutet auf einen Ort außerhalb Palästinas. Damit scheidet wohl auch Cäsarea aus, trotz der zahlreichen Bezüge zu dieser Stadt in der Apostelgeschichte (vgl. H. Klein). Andere Vorschläge lauten auf Rom oder Ephesus. Manches spricht für die syrische Hauptstadt Antiochia, die Gemeinde des Paulus und Barnabas; jedenfalls scheinen viele Informationen der Apostelgeschichte – trotz mancher Mängel (die sich aus dem zeitlichen Abstand von den Ereignissen erklären lassen) – von dort zu stammen.

Aber welcher Ort auch der richtige ist, die direkten *Adressaten* des Lukas sind offenbar Christen, ehemalige Heiden und Diasporajuden, in hellenistisch geprägten Großstadtgemeinden. Dafür spricht einerseits die Vermeidung semitischer Wendungen und spezifisch palästinisch-jüdischer Fragestellungen, andererseits (vor allem in der Apostelgeschichte) die Anknüpfung an die hellenistische Umwelt, ihre Philosophie ebenso (Apg 14,15–17; 17,22–31) wie ihre städtische Kultur (Apg 19,23–40). Der literarische Anspruch (Lk 1,1–4) und die weltmännische Art der Darstellung in manchen Szenen (z. B. Apg 25,13 – 26,32) zeigen ebenso wie die große Bedeutung der Reichtumsproblematik (s. § 38), daß Lukas dabei vor allem die Schicht der Gebildeten, der Hohen und Mächtigen im Auge hat. Die werbenden Tendenzen verraten darüber hinaus sein Bestreben, auch Außenstehende für seine Sache zu gewinnen. Weitere Schlüsse auf einen bestimmten Leserkreis lassen sich kaum ziehen, auch nicht aus der Widmung an Theophilus (Lk 1,3; vgl. Apg 1,1); dieser hat wohl, als hochgestellte Persönlichkeit, in erster Linie für die Verbreitung des Werkes gesorgt.

E. DIE QUELLEN

§ 9 *1. Das Markus-Evangelium, die Logienquelle und mögliche weitere Quellen*

Bellinzoni, A.J. mit J.B. Tyson, W.O. Walker, Jr. (Hrsg.): The Two-Source Hypothesis. A Critical Appraisal. Mercer University Press 1985. – Biggs, H.: The Q Debate since 1955, in: Themelios 6 (1981), 18–28. – Binder, H.: Von Markus zu den Grossevangelien, in: ThZ 35 (1979), 283–289. – Boismard, M.E.: The Two-Source Theory at an Impasse, in: NTS 26 (1980), 1–17. – Buchanan, G.W.: Current Synoptic Studies. Orchard, the Griesbach Hypothesis, and Other Alternatives, in: RelLif 46 (1977), 415–425. – Bultmann, R.: Die Erforschung der synoptischen Evangelien, in: ders., Glauben und Verstehen. Gesammelte Aufsätze IV. Tübingen ^{2}1967, 1–41. – Bussmann, W.: Synoptische Studien. 3 Bde. I. Zur Geschichtsquelle. II. Zur Redenquelle. III. Zu den Sonderquellen. Halle 1925, 1929, 1931. – Carmignac, J.: La naissance des Évangiles Synoptiques. Paris ^{2}1984. – Ders. (Hrsg.): Traductions hébraïques des Évangiles III. Évangiles de Luc et de Jean traduit en hébreu en 1668 par Giovanni Battista Iona retouchés en 1805 par Thomas Yeates. Turnhout 1982. – Cerfaux, L.: A propos des sources du troisième évangile: Proto-Luc ou Proto-Matthieu?, in: EThL 12 (1935), 5–27. – Ders.: L'utilisation de la Source Q par Luc, in: Neirynck, L'Évangile de Luc, 61–69. – Dungan, D.L.: Theory of Synopsis Construction, in: RB 61 (1980), 305–329. – Farmer, W.R.: The Present State of the Synoptic Problem, in: PSTJ 32 (1978), 1–7. – Ders.: The Synoptic Problem. A Critical Analysis. Dillsboro 1976. – Farris, St.C.: On Discerning Semitic Sources in Luke 1 – 2, in: R.T. France, D.Wenham (Hrsg.): Gospel Perspectives. Studies of History and Tradition in the Four Gospels II. Sheffield 1981, 201–237. – Fee, G.D.: A Text-Critical Look at the Synoptic Problem, in: NT 22 (1980), 12–28. – Fitzmyer, J.A.: The Priority of Mark and the "Q" Source in Luke, in: ders., To Advance the Gospel. New Testament Studies. New York 1981, 3–40. – Fuchs, A.: Durchbruch in der Synoptischen Frage. Bemerkungen zu einer „neuen" These und ihren Konsequenzen, in: SNTU 8 (1983), 5–17. – Ders.: Die Wiederbelebung der Griesbachhypothese oder Wissenschaft auf dem Holzweg, in: SNTU 5 (1980), 139–149. – Fuller, R.H.: Die neuere Diskussion über das synoptische Problem, in: ThZ 34 (1978), 129–148. – Gamber, K.: Jesus-Worte. Eine vorkanonische Logiensammlung im Lukas-Evangelium (Beih. zu den SPLi 9). Regensburg 1983. – Grelot, P.: L'origine des évangiles. Controverses avec J. Carmignac (Apologique). Paris 1986. – Grobel, K.: Formgeschichte und synoptische Quellenanalyse (FRLANT 53). Göttingen 1937. – HAWKINS: Horae Synopticae (§ 6). – HIRSCH, E.: Frühgeschichte des Evangeliums II. Die Vorlagen des Lukas und das Sondergut des Matthäus. Tübingen 1941. – HOBBS, E.C.: A Quarter-Century Without Q, in: PSTJ 33 (1980), 10–19. – HOLTZMANN, H.J.: Die synoptischen Evangelien. Ihr Ursprung und geschichtlicher Charakter. Leipzig 1863. – LENTZEN-DEIS, F.: Entwicklungen in der synoptischen Frage?, in: ThPh 55 (1980), 559–570. – LÉON-DUFOUR, X.: Interprétation des Évangiles et problème synoptique, in: de la Potterie, De Jésus aux Évangiles, 5–16. – LINDSEY, R.L.: A Modified Two-Document Theory of the Synoptic Dependence and Interdependence, in: NT 6 (1963), 239–263. – MATERA, F.J.: The Death of Jesus according to Luke: A Question of Sources, in: CBQ 47 (1985), 469–485. – MORGENTHALER, R.: Statistische Synopse. Zürich/Stuttgart 1971. – MÜLLER: Jesus vor Herodes (§ 39). – MURRAY, G.: Did Luke Use Mark?, in: DR 104 (1986), 268–271. – NEIRYNCK, F.: The Argument from Order and St. Luke's Transpositions, in: EThL 49 (1973), 784–815. – Ders.: Les expressions doubles chez Marc et le problème synoptique, in: EThL 59 (1983), 303–330. – Ders.: The Griesbach Hypothesis: The Phenomenon of Order, in: EThL 58 (1982), 111–121. – Ders.: La matière marcienne dans l'évangile de Luc, in: ders., L'Évangile de Luc, 157–201. – Ders.: Minor Agreements (§ 11). – Ders.: Studies on Q since 1972, in: EThL 46 (1980), 409–413. – ORCHARD, B.: The Two-Gospel Hypothesis or, Some Thoughts on the Revival of the Griesbach Hypothesis, in: DR 98 (1980), 267–279. – Ders.: Why THREE Synoptic Gospels? A Statement of the Two-Gospel-Hypothesis, in: IThQ 46 (1979), 240–255. – O'ROURKE, J.J.: The Construction with a Verb of Saying as an Indication of Sources in Luke, in: NTS 21 (1974/75), 421–423. – PESCH, R.: Das Markusevangelium II. Teil. Kommentar zu Kap. 8,27 – 16,20 (HThK II 2). Freiburg i.Br./Basel/Wien 1977 (Exkurs: Der Prozeß Jesu). – POWERS, B.W.: The Shaking of the Synoptics. A Report on the Cambridge Conference on the Synoptic Gospels, August 1979, in: RTR 39 (1980), 33–39. – REICKE, B.: Die Entstehungsverhältnisse der synoptischen Evangelien, in: ANRW II 25,2 (1984), 1758–1791. – RIESNER, R.: Wie sicher ist die Zwei-Quellen-Theorie?, in: ThBeitr 8 (1977), 49–73. – Ders.: Wie steht es um die synoptische Frage? Gedanken zur Cambridge Griesbach Conference 1979, in: ThBeitr 11 (1980), 80–83. – ROLLAND, PH.: Les premiers évangiles. Un nouveau regard sur le problème synoptique (LeDiv 116). Paris 1984. – SCHNEIDER: Anklage (§ 39). – Ders.: Verleugnung (§ 6). – SCHRAMM, T.: Der Markus-Stoff bei Lukas. Eine literarkritische und redaktionsgeschichtliche Untersuchung (MSSNTS 14). Cambridge 1971. – SCHÜRMANN: Abschiedsrede (§ 6). – Ders.: Paschamahlbericht (§ 6). – SCHWEIZER, E.: Zur Frage der Quellenbenutzung durch Lukas, in: ders., Neues Testament und Christologie im Werden. Aufsätze. Göttingen 1982, 33–85. – SELLIN, G.: Komposition, Quellen und Funktion des lukanischen Reiseberichtes (Lk. IX 51–XIX 28), in: NT 20 (1978), 100–135. – SOARDS: Tradition (§ 39). – SOLAGES, B. de: A Greek Synopsis of the Gospels. A

New Way of Solving the Synoptic Problem. Leiden/Toulouse 1959. – Sparks, H.F.D.: St Luke's Transpositions, in: NTS 3 (1956/57), 219–223. – Stegner, W.R.: The Priority of Luke: An Exposition of Robert Lindsey's Solution to the Synoptic Problem, in: BR 27 (1982), 26–38. – Stoldt, H.-H.: Geschichte und Kritik der Markushypothese. Gießen/Basel ²1986. – Taylor, V.: The Passion Narrative of St. Luke. A Critical and Historical Investigation (MSSNTS 19). Cambridge 1972. – Tuckett, C.M.: The Argument from Order and the Synoptic Problem, in: ThZ 36 (1980), 338–354. – Ders.: Arguments from Order: Definition and Evaluation, in: ders., Synoptic Studies, 197–219. – Ders.: The Revival of the Griesbach Hypothesis. An analysis and appraisal (MSSNTS 44). Cambridge/London/New York 1983. – Tyson, J.B.: Source Criticism of the Gospel of Luke, in: Talbert, Perspectives, 24–39. – Walker, W.O.: The Son of Man Question and the Synoptic Problem, in: NTS 28 (1982), 374–388. – Weiss, B.: Die Quellen der synoptischen Überlieferung (TU 32,3). Leipzig 1908. – Ders.: Die Quellen des Lukasevangeliums. Stuttgart/Berlin 1907. – Wenham, J.W.: Synoptic Independence and the Origin of Luke's Travel Narrative, in: NTS 27 (1981), 507–515. – Wernle, P.: Die synoptische Frage. Freiburg i.Br./Leipzig/Tübingen 1899. – Wilkens, W.: Die Auslassung von Mark. 6,45 – 8,26 bei Lukas im Licht der Komposition Luk. 9,1–50, in: ThZ 32 (1976), 193–200. – Winter, P.: On Luke and Lukan Sources, in: ZNW 47 (1956), 217–242. – Ders.: Some Observations on the Language in the Birth and Infancy Stories of the Third Gospel, in: NTS 1 (1954), 111–121. – Ders.: The Treatment of the Sources by the Third Evangelist in Lk 21 – 24, in: StTh 8 (1954), 138–172.

Das Lukas-Evangelium zeigt eine weitgehende Übereinstimmung mit den Evangelien des Matthäus und des Markus, nämlich im Stoff, im Aufbau und im Wortlaut. Daraus muß man auf einen literarischen Zusammenhang, d.h. ganz allgemein auf Abhängigkeitsverhältnisse schließen. Deren genauere Bestimmung ist (nach „Synopse“, d.h. „Zusammenschau“) das synoptische Problem.

Fast der ganze Mk-Stoff findet sich auch bei Matthäus und/oder Lukas. Matthäus hat andererseits viel Stoff nur mit Lukas gemeinsam. Bei der Anordnung des Stoffes fällt z.B. die gleiche Reihenfolge der fünf sogenannten galiläischen Streitgespräche, bei Matthäus trotz einer langen Unterbrechung (Mt 9,1–17; 12,1–14; Mk 2,1 – 3,6; Lk 5,17 – 6,11), und der drei Saatgleichnisse (in Mt 13, Mk 4, Lk 8 und 13) auf. Von Mt 14,1 ab sind sogar alle mit dem Markus-Evangelium gemeinsamen Perikopen in der gleichen Reihenfolge angeordnet wie in diesem. Ebenso erstaunlich ist mitunter die Übereinstimmung im Wortlaut, die bis zu fehlerhaften Satzkonstruktionen reicht (Mt 9,6; Mk 2,10; Lk 5,24) und sich über ganze Abschnitte erstrecken kann (Mt 3,7b–10; Lk 3,7b–9).

Bei der Frage nach der Priorität innerhalb der nicht zu leugnenden literarischen Abhängigkeit hat die Anordnung des Stoffes große Bedeutung. In ihr hat Karl Lachmann schon 1835 „den Ariadnefaden für die drei ersten Evv entdeckt" (Wikenhauser, Einleitung 172). Matthäus und Lukas stimmen nämlich in der Reihenfolge des gemeinsamen Stoffes so weit überein, wie sie mit Markus übereinstimmen; wo sie von Markus abweichen, weichen sie auch voneinander ab. Da sie sich also nur über ihn vergleichen lassen, muß ihm die Priorität zukommen.

Diese Annahme bewährt sich nicht nur im Vergleich zwischen Matthäus- und Markus-Evangelium, bei denen die 85 beiden gemeinsamen Perikopen, abgesehen von sieben begründeten Ausnahmen, jeweils die gleiche Reihenfolge aufweisen und die im Matthäus-Evangelium überschüssigen Teile, vor allem die Reden in Mt 5 – 7; 10; 13; 18 und 23, als Einschübe mit Anknüpfung an das Mk-Gerüst erscheinen. Auch Lukas hat offenbar seinen Stoff, außer begründeten Umstellungen wie bei Lk 4,41; 6,17–19 und 8,19–21, so angeordnet wie Markus und allen markusfremden Stoff in den Mk-Zusammenhang eingeschaltet, so z.B. in der sogenannten kleinen und großen Einschaltung (Lk 6,20 – 8,3; 9,51 – 18,14). Und während sich die einzelnen Änderungen der Mk-Folge im Matthäus- oder Lukas-Evangelium jeweils plausibel machen lassen, kann man in kaum einem Fall umgekehrt verfahren.

Beim Vergleich des Wortlauts gilt noch mehr: Die Übereinstimmungen beweisen, *daß*, die Unterschiede zeigen, *welche* literarische Abhängigkeit besteht. So geht das Gefälle bei stilistischen Veränderungen vom Markus-Evangelium zu den anderen Evangelien, z.B. bei der Formulierung von Frage und Antwort in Mk 2,7 par. Vor allem manche sachlichen Unterschiede sind nur vom Markus-Evangelium als Vorlage aus zu erklären, z.B. die unanstößige Frage in Mt 19,17 gegenüber der von Mk 10,18 oder die eindeutige Angabe in Lk 5,29 gegenüber der unbestimmten in Mk 2,15.

Aus diesen und vielen weiteren Beobachtungen ergibt sich: Matthäus und Lukas haben das Markus-Evangelium als Quelle benutzt.

Ein wichtiger Einwand dagegen ist das Fehlen von Mk 6,45 – 8,26 im Lukas-Evangelium. Aber Lukas scheint diesen Abschnitt gelesen zu haben (vgl. z.B. Lk 9,10 mit Mk 6,45; 8,22). Die Gründe für seine Auslassung können darin liegen, daß Lukas die Berichte über spezifisch jüdische Auseinandersetzungen sowie über Jesu Wirken im heidnischen Gebiet und darüber hinaus einfach Dubletten vermeiden will.

Falls die (umstrittene) These (von Schramm) zutreffen sollte, daß es im Mk-Stoff des Lukas-Evangeliums markusfremde, aber nicht lukanisch-redaktionelle Elemente gibt, wäre die Annahme der Mk-Vorlage zu modifizieren: Man müßte an einigen Stellen (z.B. Lk 5, 12–16. 17–26) mit dem Einfluß von Traditionsvarianten rechnen.

Woher aber stammt der nichtmarkinische Stoff im Lukas-Evangelium? Einen großen Teil davon haben Lukas- und Matthäus-Evangelium gemeinsam. Ein direkter literarischer Zusammenhang zwischen beiden ist kaum denkbar, weil sie den genannten Stoff ganz unterschiedlich anordnen, d.h. zusammenstellen und in den Mk-Rahmen einordnen, und darüber hinaus grundverschiedene Stoffe bieten, insgesamt also eigene Wege gehen. Trotz dieser Unterschiede ist auch eine gewisse Übereinstimmung in der Perikopenfolge sichtbar (vgl. die Tabelle bei Kümmel, Einleitung 39). Außerdem liegen wörtlich gleichlautende Abschnitte vor, und dies in nachweislich übersetzten Texten (Lk 3,7b–9. 17 par). Nimmt man dazu noch die im Lukas- und Matthäus-Evangelium begegnenden Dubletten (Lk 9,1–6 par. Mk 6,7–13 neben Lk 10,1–12 par. Mt 9,37f.; 10,7–16), Doppelüberlieferungen (Lk 8,18 par. Mk 4,25; Mt 13,12 neben Lk 19,26 par. Mt 25,29) und Lesevarianten (s. dazu Vielhauer, Geschichte 312), dann drängt sich die Folgerung auf: Lukas hat neben dem Markus-Evangelium eine zweite schriftliche, griechisch verfaßte Vorlage als Quelle benutzt, nämlich, wie man sie nach ihrem Inhalt nennt, die Logien- oder Redenquelle (mit der Kurzbezeichnung Q).

Das Ergebnis ist also die sogenannte Zwei-Quellen-Hypothese. Trotz einiger schwacher Punkte ist sie die bisher beste Antwort auf die synoptische Frage. Freilich ist damit nur etwa die Hälfte des Lukas-Evangeliums bestimmten Quellen zugeordnet. Ebensoviel Stoff ist Sondergut dieses Evangeliums. Hier stellt sich die Frage nach weiteren möglichen Quellen.

Will man auch schriftliche Vorlagen kleineren Umfangs als Quellen bezeichnen, dann sind solche hinter Lk 1 – 2 anzunehmen, und zwar wegen der stilistischen und sachlichen Unterschiede zu Lk 3 – 24, die vor allem im biblischen Griechisch und im jüdischen Milieu der Vorgeschichte begründet sind. Da diese beiden Kapitel aber auch selbst nicht einheitlich und im Kern voneinander unabhängig sind, lassen sich mindestens zwei Quellen vermuten. Kap. 1,5–25. 46b–55. 57–80 stellt jedenfalls eine geschlossene Johanneserzählung dar, und dahinter dürfte eine Quelle aus dem Anhängerkreis des Täufers, wegen der messianischen Prädikate für ihn (1,17. 76–79) wahrscheinlich eine ursprünglich jüdische Quelle stehen. Davon völlig unabhängig sind die Jesuserzählungen in Kap. 2. Deren Grundbestand ist offenbar ein judenchristlicher Erzählkranz, den Lukas allerdings stark überarbeitet hat (vor allem in V. 1–5. 18–20. 21. 39 f. 52).

Die lukanische Passionsgeschichte unterscheidet sich stark von der des Markus. Aber dabei handelt es sich weniger um Gegensätze, sondern um Fehlen von Mk-Stoff (z. B. 15, 16–20 a), Sondergut (z. B. Lk 23, 6–12) und Umstellungen. Ob man diesen Befund auf eine Quelle neben dem Markus-Evangelium zurückführen muß, hängt davon ab, wieviel an redaktioneller Arbeit dem Evangelisten zugetraut werden kann. Ein Blick auf seine Apostelgeschichte führt zu einem sehr zuversichtlichen Urteil. Abgesehen von solchen grundsätzlichen Erwägungen läßt sich zeigen: Lukas kann mit Hilfe vorhandener Bausteine sowohl Einzelverse als auch ganze Perikopen komponieren. Das ist zu 23, 2 ebenso schon nachgewiesen worden (Schneider, Anklage) wie zu 23, 6–12 (Müller, Jesus vor Herodes; Soards, Tradition). Manches ist sicher einfach der lebendigen Erzähltradition zum Leiden Jesu zu verdanken, wie die sporadischen Berührungen mit dem Matthäus- und Johannes-Evangelium beweisen (vgl. z. B. Lk 22, 62. 64 mit Mt 26, 75. 68; Lk 22, 3 mit Joh 13, 2. 27). Von daher sind auch weitere schriftliche Vorlagen nicht auszuschließen, und am ehesten lassen sie sich, verschlungen mit dem markinischen Bericht, in Kap. 22 vermuten, so vielleicht hinter V. 15 – 20. 24 – 32. 35 – 38 (Schürmann, Paschamahlbericht; ders., Abschiedsrede) und V. 63 f. 66 – 68 (Schneider, Verleugnung). V. 66 – 68 kann aber auch redaktionelle Bildung (auf dem Hintergrund von 20, 1–8) sein (Pesch, Mk II 408). Zu V. 64 diff. Mk 14, 65 s. die Hypothese in § 11.

Die Frage nach weiteren Quellen drängt sich vor allem angesichts des umfangreichen Sonderguts im Mittelteil des Evangeliums, dem sogenannten Reisebericht (9, 51 – 19, 28), auf. Liegt hier eine Quellenschrift zugrunde, etwa, verknüpft mit Q, gar in Form eines „Proto-Lukas“? Neben dieser Hypothese gibt es zur Quellenfrage noch weitere Vermutungen, so zu den häufigen Berührungen zwischen Lukas- und Matthäus- gegenüber dem Markus-Evangelium, den Gemeinsamkeiten zwischen Lukas- und Johannes-Evangelium, den Parallelen im Thomas-Evangelium und in anderen apokryphen Schriften sowie bei Flavius Josephus.

§ 10 *2. Sondergut-Quellen? Proto-Lukas?*

Creed, J.M.: “L” and the Structure of the Lucan Gospel: A Study of the Proto-Luke Hypothesis, in: ET 46 (1934/35), 101–107. – Farmer, W.R.: Is Streeter's Fundamental Solution to the Synoptic Problem Still Valid?, in: The New Testament Age. FS für Bo Reicke, 2 Bde. Macon 1984, I 147–164. – Feine, P.: Eine vorkanonische Überlieferung des Lukas in Evangelium und Apostelgeschichte. Gotha 1891. – Gilmour, S.M.: A Critical Re-examination of Proto-Luke, in: JBL 67 (1948), 143–152. – Grobel: Formgeschichte (§ 9). – Montefiore, H.W.: Does “L” Hold Water?, in: JThS 12 (1961), 59–60. – Rehkopf, F.: Die lukanische Sonderquelle. Ihr Umfang und Sprachgebrauch (WUNT 5). Tübingen 1959. – Sahlin, H.: Der Messias und das Gottesvolk. Studien zur protolukanischen Theologie (ASNU 12). Uppsala 1945. – Schürmann, H.: Protolukanische Spracheigentümlichkeiten? Zu Fr. Rehkopf, Die lukanische Sonderquelle. Ihr Umfang und Sprachgebrauch, in: ders., Traditionsgeschichtliche Untersuchungen, 209–227. – Schweizer, E.: Eine hebraisierende Sonderquelle des Lukas?, in: ThZ 6 (1950), 161–195. – Sellin: Reisebericht (§ 9). – Streeter, B.H.: The Four Gospels. A Study of Origins. Treating of the Manuskript Tradition, Sources, Authorship, & Dates. London 1924. – Ders.: Die Ur-Lukas-Hypothese, in: ThStKr 102 (1930), 332–340. – Taylor, V.: Behind the Third Gospel. A Study of the Proto-Luke Hypothesis. Oxford 1926. – Ders.: The Proto-Luke Hypothesis, in: ET 67 (1955/56), 12–16. – Ders.: Rehkopf's List of Words and Phrases Illustrative of Pre-Lukan Speech Usage, in: JThS 15 (1964), 59–62. – Wenham: Travel Narrative (§ 9).

Die weitestgehende Quellenhypothese zu dem fast die Hälfte des Lukas-Evangeliums ausmachenden Sondergut ist die sogenannte Proto-Lukas-Theorie. In ihrer Grundform (bei Streeter) spricht sie freilich eher von „Ausbaustufen“ des lukanischen Werkes als von Quellen hinter seinem Sondergut. Sie besagt nämlich, der Evangelist habe zunächst nur die Logienquelle und das Material seines heutigen Sonderguts gekannt und beides zu einem Evangelium (dem allerdings Lk 1 – 2 gefehlt habe) verbunden, eben dem den Weg Jesu von der Taufe des Johannes bis zur Himmelfahrt, von Galiläa nach Jerusalem beschreibenden „Proto-Lukas“. Dieser Schrift habe er später (neben Kap. 1 – 2) in zwei großen Einschüben den Stoff des Mk eingefügt und sie so zum heutigen Evangelium gemacht.

Der Hauptunterschied gegenüber der oben skizzierten Zwei-Quellen-Theorie liegt also in der Umkehrung des angenommenen Verfahrens. Das Markus-Evangelium bildet hier nicht den Leitfaden, der mit Q-Stoffen und Sondergut angereichert wird, sondern es wird selbst blockweise in eine fertige Schrift eingeschoben. Auf den ersten Blick scheint ein solcher Vorgang ebenso denkbar zu sein wie der andere.

Das Lukas-Evangelium setzt sich tatsächlich weitgehend aus Blöcken unterschiedlicher Herkunft zusammen. So ist nicht nur der größte Teil des markusfremden Stoffes (außer Geburts-, Passions- und Ostertexten natürlich) in zwei großen Abteilungen versammelt, nämlich Lk 6,20 – 8,3 und 9,51 – 18,14, sondern auch innerhalb dieser Blöcke steht im wesentlichen jeweils das Q-Material voran, und das Sondergut folgt wie ein nachträglicher Zusatz.

Aber die Erklärung dieses Sachverhalts mit Hilfe der Proto-Lukas Theorie setzt wohl doch, entgegen seinen allseits anerkannten schriftstellerischen Fähigkeiten, ein zu mechanisches Vorgehen des Evangelisten voraus. Gegen sie spricht auch der Gesamteindruck des Werkes selbst: Der die Darstellung bestimmende Leitfaden, der sie prägende Rahmen ist das Markus-Evangelium. In diese Richtung weisen auch manche Einzelbeobachtungen. So geht z.B. meistens, „wenn Lk Dubletten anderer Herkunft *neben* Mk-Stoff gleichen Inhalts oder *statt* eines ausgelassenen Mk-Textes eine andere Fassung desselben Textes bietet, ... der Mk-Text der Dublette und ... die Stellung des ausgelassenen Mk-Textes der anderen Fassung *voraus*" (Kümmel, Einleitung 102). Vor allem aber greift Lukas innerhalb des Reiseberichts häufiger sichtbar auf das Markus-Evangelium zurück, so schon beim Motiv der Reise selbst, das aus Mk 10,1.32.46 stammt, und dann z.B. bei der Gestaltung von 10,25–28; 11,15–23; 12,10; 13,18f. oder der Komposition rahmender Szenen wie 15,1f. oder 11,37 (Sellin, Reisebericht 113f.).

So fragwürdig die Proto-Lukas-Hypothese ist, so wahrscheinlich ist allerdings die Annahme, daß Lukas in seinem Sondergut nicht nur Einzeltraditionen verarbeitet hat. Quellen im Sinne umfangreicher Vorlagen sind freilich kaum sichtbar. Selbst eine vorlukanische Gleichnissammlung, an die man z.B. in Kap. 15 denken könnte – V. 4 – 7 wäre allerdings gleichzeitig Q-Stoff –, läßt sich nur vermuten. Trotzdem wird man damit rechnen können, daß Lukas manche Stoffe seines Sonderguts schon in kleineren, vielleicht auch nur mündlich vorgegebenen Zusammenhängen überkommen hat.

§ 11 *3. Literarische Abhängigkeit vom Matthäus-Evangelium?*

ARGYLE, A.W.: Evidence for the View that St. Luke Used St. Matthew's Gospel, in: JBL 83 (1964), 390–396. – ENSLIN, M.S.: Luke and Matthew: Compilers or Authors?, in: ANRW II 25,3 (1985), 2357–2388. – FARMER, W.R.: Modern Developments of Griesbach's Hypothesis, in: NTS 23 (1977), 275–295. – FLORQUIN, C.: L'évangile selon saint Luc est-il indépendant de celui selon saint Matthieu?, in: CCER 26 (1978), 105–125. – FUCHS: Sprachliche Untersuchungen (§ 6). – GLASSON, T.F.: Did Matthew and Luke Use a "Western" Text of Mark?, in: ET 55 (1943/44), 180–184. – GUY, H.: Did Luke Use Matthew?, in: ET 83 (1971/72), 245–247. – LONGSTAFF, T.R.W.: The Minor Agreements: An Examination of the Basic Argument, in: CBQ 37 (1975), 184–192. – LOWE M., D. FLUSSER: Evidence Corroborating a Modified Proto-Matthean Synoptic Theory, in: NTS 29 (1983), 25–47. – MCLOUGHLIN, S.: Les accords mineurs Mt-Lc contre Mc et le problème synoptique. Vers la théorie des deux sources, in: de la Potterie, De Jésus aux Évangiles, 17–40. – MEREDITH, A.: The Evidence of Papias of the Priority of Matthew, in: Tuckett, Synoptic Studies 187–196. – NEIRYNCK, F.: Deuteromarcus et les accords Matthieu-Luc, in: EThL 56 (1980), 397–408. – Ders.: The Matthew-Luke Agreements in Mt 14,13–14/Lk 9,10–11 (par. Mk 6,30–34). The Two-Source Theory beyond the Impasse, in: EThL 60 (1984), 25–44. – Ders.: Minor Agreements Matthew – Luke in the Transfiguration Story, in: Orientierung an Jesus. Zur Theologie der Synoptiker. FS für Josef Schmid. Freiburg i.Br./Basel/Wien 1973, 253–266. – Ders. (Hrsg.): The Minor Agreements of Matthew and Luke against Mark with a Cumulative List (BEThL 37). Gembloux 1974. – ORCHARD, B.: Matthew, Luke & Mark. Griesbach Solution to the Synoptic Question 1. Manchester 1976. – SANDERS, E.P.: The Argument From Order and the Relationship Between Matthew and Luke, in: NTS 15 (1968/69), 249–261. – SCHMID, J.: Matthäus und Lukas. Eine Untersuchung des Verhältnisses ihrer Evangelien (BSt[F] XXIII 2–4). Freiburg i.Br. 1930. – SIMONS, E.: Hat der dritte Evangelist den kanonischen Matthäus benutzt? Bonn 1880. – THOMAS, R.L.: An Investigation of the Agreements Between Matthew and Luke Against Mark, in: JETS 19 (1976), 103–112. – TUCKETT, C.M.: The Griesbach Hypothesis in the 19th Century, in: JSNT 3 (1979), 29–60. – Ders.: On the Relationship Between Matthew and Luke, in: NTS 30 (1984), 130–184. – Ders.: Revival (§ 9). – VAGANAY, L.: Le problème synoptique. Tournai 1954. – WILKENS, W.: Zur Frage der literarischen Beziehung zwischen Matthäus und Lukas, in: NT 8 (1966), 48–57.

Der synoptische Vergleich zeigt im markinischen Stoff eine große Anzahl von Stellen, wo Lukas in einzelnen Wörtern oder Silben jeweils nur mit Matthäus übereinstimmt. Dieser Befund scheint die oben skizzierte Zwei-Quellen-Theorie in Frage zu stellen. Hat Lukas außer dem Markus-Evangelium und der Logienquelle auch das Matthäus-Evangelium benutzt? Oder umgekehrt Matthäus das Lukas-Evangelium? Das letztere ist äußerst unwahrscheinlich. Matthäus hätte in diesem Fall das umfangreiche kostbare Sondergut des Lukas wegfallen lassen. Aber auch eine Kenntnis des Matthäus-Evangeliums bei Lukas ist mehr als fraglich. Die großen matthäischen Redekompositionen als solche fehlen bei Lukas ebenso wie die matthäischen Erweiterungen von Mk-Perikopen. Und den über die Mk-Vorlage hinausgehenden gemeinsamen Stoff fügt er nie an der gleichen Stelle im Mk-Rahmen ein wie Matthäus.

Aber wie sind dann die vielen kleinen Übereinstimmungen gegen Markus, die sogenannten "minor agreements", zu erklären? Weniger problematisch sind dabei die zahlenmäßig überwiegenden negativen Übereinstimmungen, d.h. die gemeinsamen mehr oder weniger großen Auslassungen. Matthäus und Lukas kürzen ihre Vorlage ohnehin immer wieder. Da ist es durchaus wahrscheinlich, daß sie dies häufiger unabhängig voneinander in derselben Weise tun. Dies gilt vor allem dann, wenn ein beide bewegender Anlaß vorliegt, wie ihn z.B. das radikal gesetzeskritische Wort Mk 2,27 bietet.

Die positiven Übereinstimmungen sind weitgehend grundsätzlich ebenso zu erklären (s. Schmithals, Einleitung 212–215). Denn sie bestehen zum größten Teil in stilistischen Unterschieden, und zwar in Verbesserungen gegenüber dem Mk-Text (z.B. Mk 4,11.38). Hierher gehören auch sachliche Klarstellungen (Mk 2,12) und theologische Korrekturen (Mk 4,11). Dabei ist gar nicht immer eindeutig zu entscheiden, ob eine Änderung im Lukas-Evangelium auf den Evangelisten oder einen (vielleicht von Matthäus beeinflußten) Abschreiber zurückgeht, ob es sich also um ein literarkritisches oder textkritisches Problem handelt. Andere Übereinstimmungen gegen Markus haben ihren Grund in einer Doppelüberlieferung. Dies läßt sich vor allem in dem Bericht über Johannes den Täufer zeigen; von ihm hat neben Markus (1,2–8) offensichtlich auch die Logienquelle erzählt. Den genannten Erklärungen lassen sich freilich nicht alle fraglichen Stellen zuordnen. Besonders rätselhaft sind die Abweichungen von Mk 14,65 und 14,72. Bei diesen in sich schon unverständlichen Stellen könnte man (vgl. Schmithals, Einleitung 214) an einen auf beiden Seiten des Blattes verderbten Text denken, den der Abschreiber schlecht rekonstruiert hätte. Matthäus und Lukas dagegen hätte ein anderer, eben unbeschädigter Text vorgelegen. Ob diese Hypothese zutrifft oder nicht, sie geht jedenfalls mit vollem Recht davon aus, daß Matthäus und Lukas nicht denselben Markus-Text benutzt haben, den wir heute aus vielen Abschriften rekonstruieren können. Ohne gleich einen Ur- oder Deutero-Markus postulieren zu wollen, muß man doch die oft stillschweigend gemachte Voraussetzung, als hätten beide Seitenreferenten das Urexemplar des Markus-Evangeliums gelesen, für äußerst unwahrscheinlich halten. Der Charakter der zur Debatte stehenden Übereinstimmungen – die positiven erstrecken sich niemals auf ganze Sätze – spricht dafür, daß wir es nicht mit einer weiteren Quelle für Lukas zu tun haben, sondern, abgesehen von seiner Redaktion, vielleicht schon mit ersten Verzweigungen der Textüberlieferung. „Es darf ... als sichere wissenschaftliche Erkenntnis gelten, daß unser erstes und drittes Ev zwei voneinander unabhängige Schriften sind" (Schmid, Matthäus und Lukas 347).

§ 12 *4. Das literarische Verhältnis zum Johannes-Evangelium*

Bailey, J.A.: The Traditions Common to the Gospels of Luke and John (NT.S 7). Leiden 1963. – Blinzler, J.: Johannes und die Synoptiker. Ein Forschungsbericht (SBS 5). Stuttgart 1965. – Cribbs, F.L.: St. Luke and the Johannine Tradition, in: JBL 90 (1971), 422–450. – Dauer, A.: Johannes und Lukas. Untersuchungen zu den johanneisch-lukanischen Parallelperikopen Joh 4,46–54/Lk 7,1–10 – Joh 12,1–8/Lk 7,36–50; 10,38–42 – Joh 20,19–29/Lk 24,36–49 (FzB 50). Würzburg 1984. – Ders.: Die Passionsgeschichte im Johannesevangelium. Eine traditionsgeschichtliche und theologische Untersuchung zu Joh 18,1 – 19,30 (StANT 30). München 1972. – Dodd, C.H.: Some Johannine "Herrenworte" with Parellels in the Synoptic Gospels, in: NTS 2 (1955/56), 75–86. – Klein, H.: Die lukanisch-johanneische Passionstradition, in: ZNW 67 (1976), 155–186. – Leahy, W.K.: An Historical and Exegetical Study of Luke-John Relationships. Rom 1964. – Lindars, B.: John and the Synoptic Gospels: A Test Case, in: NTS 27 (1981), 287–294. – Parker, P.: Luke and the Fourth Evangelist, in: NTS 9 (1952/53), 317–336. – Sabbe, M.: John and the Synoptists: Neirynck vs. Boismard, in: EThL 56 (1980), 125–131. – Schniewind, J.: Die Parallelperikopen bei Lukas und Johannes. Leipzig 1914. Nachdr. Darmstadt 1970. – Windisch, H.: Johannes und die Synoptiker (UNT 12). Leipzig 1926.

Das Lukas-Evangelium verbinden viele Gemeinsamkeiten auch mit dem des Johannes, und zwar in einigen Grundvorstellungen ebenso wie in vielen Einzelheiten.

Zu den allgemeinen Merkmalen der beiden Evangelien gehören die geringere Bedeutung der futurischen Eschatologie, das Fehlen der Sühnetodvorstellung, die Sicht der Passion Jesu als eines Erfüllungsgeschehens und die universalistische Perspektive des Werkes Jesu (Grundmann, Lk 18). Allerdings sind diese Züge ganz unterschiedlich ausgeprägt (vgl. Ernst, Lk 33f.). So spricht Lukas z.B. von der „Aufnahme" Jesu (9,51) und Johannes von seiner „Verherrlichung" (17,5); nach Lukas gilt das Zeugnis davon den „Völkern" (24,47), nach Johannes dagegen der „Welt" (17,18).

Daher sind die bei beiden übereinstimmenden Einzelheiten auffälliger (s. z.B. die Liste bei Hauck, Lk 6f., oder Grundmann, Lk 18 – 22). Sie treten besonders häufig in den Passions- und Ostererzählungen auf. So berichten Lk 22,3 und Joh 13,2.27 vom Wirken des Satans in Judas, Lk 23,53 und Joh 19,41 von einem neuen Grab für Jesus oder Lk 24,39 und Joh 20,27 vom Berühren des Auferstandenen. Aber auch im sonstigen Evangelium fehlt es nicht an Berührungspunkten, so etwa in der ganzen Perikope vom wunderbaren Fischfang (Lk 5,1–11; Joh 21,1–19) oder in der Nennung eines zweiten Apostels bzw. Jüngers mit dem Namen Judas (Lk 6,16; Apg 1,13; Joh 14,22).

Deutet dieser Befund auf eine weitere von Lukas benutzte Quelle? Vielleicht gar auf eine literarische Abhängigkeit innerhalb der beiden Evangelien? Diese ist auch schon vermutet worden, allerdings bei Johannes. Aber gegen einen wie immer zu denkenden direkten literarischen Zusammenhang sprechen doch die trotz aller sachlichen Übereinstimmungen bestehenden Unterschiede im Wortlaut (vgl. z.B. Lk 23,53 mit Joh 19,41). Die Verwandtschaft ist in Beziehungen auf der Stufe der teilweise noch vorevangelischen Tradition begründet. Und dabei ist am ehesten an eine vorjohanneische Benutzung lukanischer Vorlagen zu denken (Dauer, Johannes und Lukas), in der Passionsgeschichte, wo sich Johannes ebenfalls mit redaktionellem Material der Synoptiker berührt (z.B. Joh 18,11), darüber hinaus an eine Beeinflussung des vorjohanneischen Berichts durch bereits synoptisch geprägte mündliche Erzähltradition (vgl. ders., Passionsgeschichte). Eine literarische Abhängigkeit des Lukas vom vorjohanneischen Passionsbericht oder von einer sonstigen vorjohanneischen Quelle ist nicht nachzuweisen.

§ 13 *5. Beziehungen zur Johannes-Apokalypse, zu apokryphen Schriften und zu Josephus?*

Aalen, S.: St Luke's Gospel and the Last Chapters of I Enoch, in: NTS 13 (1966/67), 1–13. – Bauer, J.B.: The Synoptic Tradition in the Gospel of Thomas, in: StEv III 2 (TU 88). Berlin 1964, 314–317. – Belser, J.E.: Lukas und Josephus, in: ThQ 77 (1895), 634–662; 78 (1896), 1–78. – Boismard, M.-E.: Rapprochements littéraires entre l'évangile de Luc et l'Apocalypse, in: Synoptische Studien. FS für Alfred Wikenhauser. München 1953, 53–63. – Clarke, W. K. L.: St Luke and the Pseudepigrapha: Two Parallels, in: JThS 15 (1913), 597–599. – Cullmann, O.: Das Thomasevangelium und die Frage nach dem Alter der in ihm enthaltenen Tradition, in: ders., Vorträge und Aufsätze 1925–1962. Tübingen/Zürich 1966, 566–588. – Dehandschutter, B.: L'Évangile selon Thomas: témoin d'une tradition prélucanienne?, in: Neirynck, L'Évangile de Luc, 287–297. – Ders., The Gospel of Thomas and the Synoptics: the Status Quaestionis, in: StEv VII (TU 126). Berlin 1982, 157–160. – Holtzmann, H.J.: Lucas und Josephus, in: ZWTh 16 (1873), 85–93. – Ders., Noch einmal Lucas und Josephus, in: ZWTh 20 (1877), 535–549. – Krenkel, M.: Josephus und Lucas. Der schriftstellerische Einfluß des jüdischen Geschichtsschreibers auf den christlichen. Leipzig 1894. – Schrage, W.: Das Verhältnis des Thomas-Evangeliums zur synoptischen Tradition und zu den koptischen Evangelienübersetzungen (BZNW 29). Berlin 1964. – Schreckenberg, H.: Flavius Josephus und die lukanischen Schriften, in: Wort in der Zeit, 179–209. – Schürer, E.: Lucas und Josephus: ZWTh 19 (1876), 574–582. – Schürmann, H.: Das Thomasevangelium und das lukanische Sondergut, in: Traditionsgeschichtliche Untersuchungen, 228–247. – Smith, R.: Fresh Light on the Synoptic Problem. Josephus a Lukan Source, in: AJT 17 (1913), 614–621.

Vergleicht man Lk 4,1–13 mit Offb 13,1–8, Lk 10,18f. mit Offb 9,1.3 und Lk 22,31–33 mit Offb 2,10, dann erhebt sich die Frage eines literarischen Zusammenhangs (Boismard). Aber die hier hervortretenden Übereinstimmungen beweisen keineswegs literarische Beziehungen, sondern sind auf gemeinchristliche Topoi zurückzuführen.

Auch in der Henochapokalypse, sowohl in der äthiopischen (Aalen) wie in der slavischen (Clarke), hat man Anklänge an Stellen des Lukas-Evangeliums entdeckt. Da dessen Sondergut und der Schlußteil des äthiopischen Henochbuches, beide vergleichbar mit Weish 1 – 5, ein ähnliches Milieu spiegeln, kann man vielleicht die Kenntnis des letzteren bei Lukas vermuten.

Die Entdeckung des Thomas-Evangeliums hat die Quellenfrage besonders akut werden lassen. Denn es enthält nicht nur zahlreiche, sondern auch einfachere, also älter scheinende Parallelen zum

Lukas-Evangelium. Aber diese gnostische Schrift ist weder eine Quelle des Lukas noch älter als dessen Evangelium. Im Gegenteil, in einzelnen Logien ist sie nachweislich von der lukanischen Redaktion, also vom kanonischen Evangelium, abhängig, ja sie (oder schon ihre Vorlage) harmonisiert sogar mitunter die Synoptiker (z.B. im Logion 64). Und Kürzungen bzw. Vereinfachungen sind teilweise das Ergebnis einer gnostisierenden Zuspitzung (z.B. im Logion 63).

Die vor allem im 19. Jahrhundert behandelte Streitfrage, ob Lukas das Werk des Historikers Josephus benutzt hat, ist ebenfalls negativ zu beantworten. Die beiden arbeiten unabhängig voneinander, verarbeiten freilich mitunter dieselben Traditionen und Informationen.

Brun, L.: Zur Kompositionstechnik des Lukasevangeliums, in: SO 9 (1930), 38–50. – Bultmann, R.: Die Geschichte der synoptischen Tradition (FRLANT 29). Göttingen ^{8}1970, ErgH. ^{4}1971. – Cadbury, H.J.: Four Features of Lucan Style, in: Studies in Luke-Acts, 87–102. – Dibelius, M.: Die Formgeschichte des Evangeliums. Tübingen ^{6}1971. – Edwards, R.A.: The Redaction of Luke, in: JR 49 (1969), 392–405. – Gewiess, J.: Die Marienfrage Lk 1,34, in: BZ 5 (1961), 221–254. – Grundmann, W.: Fragen der Komposition des lukanischen „Reiseberichts", in: ZNW 50 (1959), 252–270. – Jeremias, J.: Perikopen-Umstellungen bei Lukas?, in: ders., Abba. Studien zur neutestamentlichen Theologie und Zeitgeschichte. Göttingen 1966, 93–97. – Morgenthaler: Synopse (§ 9). – Morton, MacGregor: Structure (§ 15). – Schmid: Matthäus und Lukas (§ 11). – Schmidt, K.L.: Der geschichtliche Wert des lukanischen Aufrisses der Geschichte Jesu (Tradition und Komposition im Lukasevangelium), in: ThStKr 91 (1918), 277–292. – Ders.: Der Rahmen der Geschichte Jesu. Literarkritische Untersuchungen zur ältesten Jesusüberlieferung. Berlin 1919. Nachdr. Darmstadt 1969. – Schneider: Antworten (§ 16). – Schürmann, H.: Die Dubletten im Lukasevangelium. Ein Beitrag zur Verdeutlichung des lukanischen Redaktionsverfahrens, in: ders., Traditionsgeschichtliche Untersuchungen, 272–278. – Ders.: Die Dublettenvermeidungen im Lukasevangelium. Ein Beitrag zur Verdeutlichung des lukanischen Redaktionsverfahrens, ebd., 279–289. – Ders.: Sprachliche Reminiszenzen an abgeänderte oder ausgelassene Bestandteile der Redequelle im Lukas- und Matthäusevangelium, ebd., 111–125. – Snape, H.C.: The Composition of the Lukan Writings: A Re-Assessment, in: HThR 53 (1960), 27–46. – Sparks: Transpositions (§ 9). – Standaert, B.: L'art de composer dans l'œuvre de Luc, in: À cause de l'Évangile, 323–347. – Trompf, G.W.: La section médiane de l'évangile de Luc: l'organisation des documents, in: RHPhR 53 (1973), 141–154. – Winter: Treatment (§ 9).

Die Arbeitsweise des Lukas, zumal im Umgang mit seinem Quellenmaterial, läßt sich am sichersten mit Hilfe eines Vergleichs seines Evangeliums mit einer erhaltenen Vorlage, dem Markus-Evangelium, erkennen. Lukas hat den Mk-Stoff nicht mechanisch übernommen, sondern mit eigener Zielsetzung bearbeitet. Seine redaktionellen Mittel sind hier Änderungen des Wortlauts, Umstellungen, Querverweise, Verknüpfungen und Rahmungen, Kürzungen und Streichungen, Ergänzungen und Kombinationen mit anderen Quellen.

Zu den stilistischen Änderungen im Wortlaut s. § 6. Inhaltliche Änderungen, die oft nur einzelne (gestrichene, hinzugefügte oder abgewandelte) Wörter betreffen, spiegeln mitunter die äußeren Umstände der Abfassung (vgl. z.B. Lk 5,19 mit Mk 2,4), lassen aber meistens die Konzeption des Evangelisten erkennen und werden daher weithin bei der Skizzierung der lukanischen Theologie (ab § 18) aufgeführt.

Umstellungen nimmt Lukas innerhalb von Perikopen und – allerdings selten – mit ganzen Perikopen vor. Am auffälligsten ist die Voranstellung des Berichts von Jesu Auftreten in Nazareth; er erscheint nun als für das ganze Evangelium, ja sogar als für das ganze lukanische Doppelwerk programmatische Erzählung (4,16–30; Mk 6,1–6a). Vgl. sonst noch Lk 6,12–16. 17–20a mit Mk 3,7–12. 13–19, die Zuordnung von Lk 8,19–21 mit der von Mk 3,31–35 und Lk 22,56–62. 66–71 mit Mk 14,55–64. 66–72. Im Gegensatz zu Mk 5,42 bzw. 6,44 nennt Lukas den Namen der Toten vor dem Erweckungs- und die Zahl der Hungernden vor dem Speisungswunder (8,42; 9,14). Vgl. Lk 23,2. 3 mit Mk 15,2. 3.

Vor- und Rückverweise geben der Darstellung Richtung und Zusammenhalt. Besonders deutlich sind etwa die Aussagen vom Handeln Satans in 4,13 und 22,3 aufeinander bezogen. Vgl. 19,47f. mit 22,53; 20,20–22 mit 23,2 oder 9,9 mit 23,8. Mit anknüpfenden Übergangswendungen und durch die Identifizierung der Gesprächspartner erweckt Lukas in 5,17–39 (im Unterschied zu Mk 2,1–12. 13–17. 18–22) den Eindruck eines fortlaufenden Berichts. Obwohl das markinische Material schon gerahmt vorliegt, schafft Lukas weitere Verbindungen mit szenischen und summarischen Bemerkungen (z.B. 3,15 bzw. 3,18).

Gekürzt hat Lukas durch die Straffung oder Streichung von Dialogen (Lk 9,13 diff. Mk 6,37f. bzw. Lk 9,42 diff. Mk 9,20–25), durch die Streichung oder Ersetzung der direkten Rede (Lk 8,44 diff. Mk 5,28 bzw. Lk 20,7 diff. Mk 11,33), durch die Übergehung rhetorischer Fragen (Lk 8,21 diff. Mk 3,33–35) und deren Umwandlung in Feststellungen (Lk 8,24 diff. Mk 4,38) oder Befehle (Lk 8,52 diff. Mk 5,39). Mitunter läßt er bestimmte Elemente an der vorgegebenen Stelle weg, um sie anderswo als Bausteine einer Szene zu verwenden, so wahrscheinlich Mk 15,3–5 in Lk 23,9f. oder Mk 14,57f. in Apg 6,13f. Ähnlich findet sich Mk 3,11, verbunden mit 1,34, in Lk 4,41. Vollständig gestrichen hat er auch ganze Perikopen, und zwar aus unterschiedlichen Gründen. Zunächst hat er bei Doppelangeboten seiner Quellen einfach ausgewählt, um so erzählerisch unnötige, ja störende Doppelungen zu vermeiden. Sollte er auf einer Rolle geschrieben haben – neutestamentliche Handschriften sind uns allerdings fast nur in der Kodexform bekannt –, dann hätte er sich auch schon aus Raumgründen beschränken müssen (vgl. Morton, Macgregor: Structure). Jedenfalls fehlt eine ganze Reihe markinischer Perikopen, für die aber anderweitig (mitunter markinisch beeinflußter) „Ersatz" geboten wird, so etwa Lk 5,1–11 für Mk 1,16–20, Lk 11,14–23 (aus Q) für Mk 8,11–13, Lk 22,24–27 für Mk 10,41–45, (die Traditionsvariante?) Lk 7,36–50 für Mk 14,3–9. Der andere wichtige Grund für Auslassungen liegt sicher in den theologischen Vorstellungen des Lukas. Mk 3,20f. hat er wohl anstößig und 11,12–14.20–25 zu befremdend gefunden. In der Erzählung Mk 6,17–29, die er auf die Notiz in Lk 3,19f. reduziert, hat er vielleicht Anklänge an die Geschichte des Propheten Elija gesehen und damit einen Widerspruch gegen seine Konzeption, nach der nicht Johannes, sondern Jesus der neue Elija ist (s. § 26). Jedenfalls dürfte Mk 9,11–13 aus diesem Grund weggefallen sein. Zu der „großen Auslassung" Mk 6,45–8,26, bei der neben den genannten Gründen auch die Vermeidung spezifisch jüdischer Streitfragen (in Mk 7,1–23) eine Rolle gespielt haben dürfte (wie wohl auch bei der Streichung von Mk 10,1–12), s. § 9.

Lukas kann die Perikopen seiner Mk-Vorlage aber auch, über szenische Rahmungen hinaus, in freier Komposition erweitern. So zerlegt er, wenn dafür keine Sonderquelle verantwortlich ist (vgl. § 9), Frage und Antwort aus Mk 14,61f. in einen doppelten Gesprächsgang (Lk 22,67–70), und in Lk 23,2 konkretisiert er die Anklage gegen Jesus. Die Doppelüberlieferungen bei Markus und in der Logienquelle hat Lukas öfter kombiniert, z.B. in 3,16 (vgl. Mk 1,7f. und Mt 3,11), in 10,25–28 (vgl. Mk 12,28–34 und Mt 22,34–40), in 14,34 (vgl. Mk 9,50 und Mt 5,13) oder in 17,1f. (vgl. Mk 9,42 und Mt 18,6f.).

Die Bearbeitung der nur hypothetisch rekonstruierbaren Logienquelle durch Lukas läßt sich weniger sicher beurteilen, ist aber, was die Redaktion des Wortlauts betrifft, analog einzuschätzen. Er scheint mit dem Gut der Herrenworte „vorsichtig" umzugehen, dem Ausmaß nach nur geringfügige Änderungen vorzunehmen und insofern die Textgestalt manchmal besser zu bewahren als Matthäus (vgl. Lk 6,20b–23 mit Mt 5,3–12; Lk 11,2–4 mit Mt 6,9–13). Und während dieser das Redengut zu großen Redekompositionen zusammenordnet, scheint es Lukas eher in seiner Reihenfolge zu belassen. Er schiebt es jedenfalls zum größten Teil blockweise, nämlich innerhalb der sogenannten kleinen und großen Einschaltung (6,20 – 8,3 und 9,51 – 18,14) in den Mk-Rahmen ein.

Charakteristisch für den Erzähler Lukas ist allerdings die Rahmung mancher ihm in Q situationslos überlieferter Herrenworte. Er schafft Szenen, in denen mitunter eine Frage oder Bitte das Wort Jesu herausfordert (11,1; 13,23; 17,20.37; ähnlich 14,15; 19,11; vgl. 3,15). Er ist überhaupt (auch im Mk-Stoff) an Jesu Worten als – oft überraschenden – Antworten interessiert.

Noch schwieriger zu beurteilen ist der Anteil des Lukas an seinem Sondergut. Seine Redaktion reicht wahrscheinlich von der Überarbeitung und szenischen Rahmung (15,1f.; 16,14), auch wieder mit Hilfe von Fragen (1,34; 3,10.12.14; vgl. Apg 1,6; 8,34; 16,30), bis zur Komposition ganzer Perikopen unter Verwendung vorhandener Bausteine (23,6–12). Das Sondergut insgesamt hat Lukas zum großen Teil mit dem Q-Stoff in den genannten Einschaltungen im Mk-Rahmen untergebracht, wobei die Plazierung im einzelnen nur in einigen Fällen einsichtig ist (z.B. 9,51–56 oder 14,1–14). Anders ist das natürlich bei den Texten, die aus chronologischen (1,5 – 2,52; 3,10–14.23–38; 23,6–12; 24,13–50), geographischen (19,1–10) oder kompositionellen Gründen (4,16–30; 5,1–11) anderswo stehen müssen.

DAUBE, D.: Neglected Nuances of Expositions in Luke-Acts, in: ANRW II 25,3 (1985), 2329–2356. – DAVIES, J. H.: The Lucan Prologue (1 – 3): An attempt at objective redaction criticism, in: StEv VI (TU 112). Berlin 1973, 78–85. – GEORGE, A.: La construction du troisième évangile, in: der., Études 15–41. – GOULDER, M. D.: The Chiastic Structure of the Lucan Journey, in: StEv II (TU 87). Berlin 1964, 195–202. – KISTEMAKER, S. J.: The Structure of Luke's Gospel, in: JETS 25 (1982), 33–39. – MEYNET: parole (§ 6). – MORTON, A. Q., G. H. C. MACGREGOR: The Structure of Luke and Acts. London 1964. – NÖSGEN, C. F.: Der schriftstellerische Plan des dritten Evangeliums, in: ThStKr 49 (1876), 265–292. – REITZEL, F. X.: St. Luke's Use of the Temple Image, in: RR (StM) 38 (1979), 520–539. – SELLIN: Reisebericht (§ 9). – THEOBALD, M.: Die Anfänge der Kirche. Zur Struktur von Lk. 5. 1 – 6. 19, in: NTS 30 (1984), 91–108. – WILKENS, W.: Die theologische Struktur der Komposition des Lukasevangeliums, in: ThZ 34 (1978), 1–13. – Ders.: Die Versuchungsgeschichte Luk. 4, 1–13 und die Komposition des Evangeliums, in: ThZ 30 (1974), 262–272. – WOLFE, K. R.: The Chiastic Structure of Luke-Acts and Some Implications for Worship, in: SWJT 22 (1980), 60–71.

Die Kommentare zum Lukas-Evangelium versuchen diese Schrift gewöhnlich auch zu gliedern (anders Schmithals). Die Tatsache, daß kaum einmal zwei solcher Versuche übereinstimmen, zeigt ihre Schwierigkeit. Schon die Aufteilung in die Hauptabschnitte ist nicht eindeutig, ja es herrscht nicht einmal Einverständnis darüber, wo der Hauptteil beginnt.

Lukas ist ein Meister literarischer Eröffnungen und programmatischer Szenen. In ihrem Aufbau gleicht seine Schrift einem kunstvoll komponierten Gebäude, das seinen Grundplan nicht auf den ersten Blick zu erkennen gibt. Ordnung, Zusammenhang und Funktion der einzelnen Bauteile und Räume teilen sich erst beim Durchschreiten des Gebäudes mit.

Lk 1,1–4 ist zwar eindeutig als Proömium, als Vorwort zu verstehen, steht also gewissermaßen noch außerhalb des Evangeliums; aber gerade deswegen ist nicht ganz klar, ob es sich auch auf die Apostelgeschichte bezieht. Mit 1,5 – 2,52 hat der Evangelist seinem Werk einen gewichtigen Prolog im Sinn einer Vorgeschichte oder eines ouvertürenhaften Vorspiels gegeben. Das Aufgehen des Vorhangs, das große Eingangstor nimmt man in 3,1f. wahr. Aber dahinter beginnt wiederum erst die Vorbereitung des Auftretens Jesu (vgl. Schmid, Lk 33: Die Vorgeschichte. 1,5 – 4,13). Diese erfolgt in zwei Stufen. 3,1–20 stellt die Wegbereitung durch Johannes den Täufer dar, und 3,21 – 4,13 stellt die Person Jesu selber vor, d.h., Jesus wird zuerst angekündigt und dann öffentlich berufen und erprobt. 4,14f. leitet über zur Eröffnung des Wirkens Jesu in seinem programmatischen Auftritt in Nazaret 4,16–30. Damit ist der Anfang in Galiläa (vgl. Lk 23,5; Apg 10,37) ins Werk gesetzt, und dieser schließt als solcher wahrscheinlich die 4,31–41(44) beschriebene erste Phase des Wirkens in Kafarnaum in sich. Denn von 5,1 ab – 4,42–44 leitet dazu über – umfaßt der Wirkungskreis Jesu grundsätzlich das ganze „Judenland" (wie 4,44 zu verstehen ist). 5,1 – 9,50 beschreibt seine Tätigkeit „landauf landab" (Schürmann). Falls Kafarnaum für die galiläische Umgebung Nazarets steht, könnte man (mit Hauck, Lk 8) von sich erweiternden Kreisen sprechen: Nazaret – Galiläa – das ganze Land.

Mit 9,51 beginnt insofern etwas Neues, als Jesus nun ein geographisches Ziel ins Auge faßt und darauf zugeht. Dieser sogenannte Reisebericht vom Weg Jesu nach Jerusalem 9,51 – 19,28 stellt also nicht die Brücke zwischen dem Aufenthalt in Galiläa und dem in Jerusalem dar, als würde Jesus den Schauplatz seines Wirkens hier von Galiläa nach Jerusalem verlegen. Nachdem die Grenzen Galiläas schon mit 4,44 überschritten sind und Jesus bei 9,50 im ganzen Land unterwegs ist, bewegt er sich nun zielgerichtet auf Jerusalem zu. 19,29 – 24,53 kann man unter dem geographischen Gesichtspunkt, daß der ganze Abschnitt in und um Jerusalem spielt, als letzten Hauptteil des Evangeliums zusammenfassen. Dafür spricht die große Bedeutung dieser Stadt und allen Geschehens in ihr, darüber hinaus die in Kap.24 wirksame Vorstellung von der Fortsetzung des Weges und Wirkens Jesu auch nach Tod und Auferstehung (vgl. Apg 1,1–3). Aber trotzdem wird man vielleicht geneigt sein, in 19,29 – 21,38 – weniger gegenüber 9,51 – 19,28 als gegenüber 22 – 24 – einen eigenständigen Abschnitt zu sehen, der die Wirksamkeit Jesu in Jerusalem, speziell im Tempel, beschreibt. Damit kommt dann auch die das messianische Wirken Jesu überhaupt umschließende Klammer zur Geltung, die die Wiederaufnahme von 4,13 in 22,3 darstellt. Auf die Zeit des Heils und seiner Darstellung im Wirken Jesu folgt, mit 22,1 beginnend, die Zeit des Leidens und des Kampfes (vgl. 22,35f.). Da die Passion aber nichts anderes ist als der Weg zur Herrlichkeit (24,26; vgl. Apg 14,22), gehören Lk 22 – 23 und Lk 24 so eng zusammen, daß sie gemeinsam den Schlußteil des Evangeliums bilden dürften.

Es ist nun nicht ohne weiteres möglich, den skizzierten differenzierenden Durchgang durch den Baukomplex des Evangeliums mit seinen unterschiedlich weitgreifenden Raumgruppen und verschieden hohen oder weiten Einzelräumen in eine linear fortlaufende Gliederung umzusetzen. Läßt man sich nicht nur von geographischen Stichworten, sondern auch von literarischen Signalen leiten, kann man den Aufbau des Evangeliums etwa folgendermaßen beschreiben:

Vorwort 1,1–4
Vorgeschichte 1,5 – 2,52
Hauptteil 3,1 – 24,53
  Vorbereitung des Auftretens Jesu 3,1 – 4,13
    Wegbereitung durch Johannes 3,1–20
    Vorstellung der Person Jesu 3,21 – 4,13
  Das Wirken Jesu 4,14 – 21,38
    Der Anfang in Galiläa 4,14–44
      mit dem Auftritt in Nazaret 4,16–30
      und den Wundern in Kafarnaum 4,31–41
    Die Ausdehnung auf das ganze Judenland 5,1 – 9,50
    Auf dem Weg nach Jerusalem 9,51 – 19,28
    In Jerusalem 19,29 – 21,38
  Leiden und Herrlichkeit Jesu 22,1 – 24,53

Zur Untergliederung der Hauptabschnitte, aber auch zu anderen Aufbaukriterien (z.B. an Hand des Stichworts vom Tempel in 2,52; 4,13; 19,48; 21,38; 24,52a; so Reitzel, Temple Image) vgl. die Kommentare, ferner George, construction, oder Wilkens, Struktur. Speziell zu 9,51 – 19,28 vgl. Sellin, Reisebericht.

Eine erst in neuerer Zeit in Angriff genommene Aufgabe ist die Beschreibung über größere Abschnitte sich erstreckender rhetorischer Kunstfiguren, z.B. von Chiasmen und Ringkompositionen. Zu solchen – untereinander noch sehr widersprüchlichen – Strukturanalysen vgl. etwa Goulder, Structure; Meynet, parole; Theobald, Anfänge.

§ 16 H. GATTUNG UND FORMEN

ALEXANDER, L.: Luke's Preface in the Context of Greek Preface-Writing, in: NT 28 (1986), 48–74. – ALEXANDER, PH. S.: Rabbinic Biography and the Biography of Jesus: A Survey of the Evidence, in: Tuckett, Synoptic Studies, 19–50. – AUNE, D. A.: The Problem of the Genre of the Gospels: A Critique of C. H. Talbert's What is a Gospel?, in: R. T. France, D. Wenham (Hrsg.), Gospel Perspectives. Studies of History and Tradition in the Four Gospels II. Sheffield 1981, 9–60. – BERGER, K.: Hellenistische Gattungen im Neuen Testament, in: ANRW II 25,2 (1984), 1031–1432, 1831–1885. – Ders.: Formgeschichte des Neuen Testaments. Heidelberg 1984. – BULTMANN: Geschichte (§ 14). – CALLAN, T.: The Preface of Luke-Acts and Historiography, in: NTS 31 (1985), 576–581. – DIBELIUS: Formgeschichte (§ 14). – DIHLE, A.: Die Evangelien und die biographische Tradition der Antike, in: ZThK 80 (1983), 33–49. – Ders.: Die Evangelien und die griechische Biographie, in: Stuhlmacher, Evangelium, 383–411. – DRURY, J.: Tradition und Design in Luke's Gospel. A Study in Early Christian Historiography. London 1976/Atlanta 1977. – FOCKE, F.: Synkrisis, in: Hermes 58 (1923), 327–368. – GIBERT, P.: Les évangiles et l'histoire (Luc 1,1–4, Jean 20,30–31), in: LV(L) 34 (1985), 19–26. – GOGUEL, M.: Quelques observations sur l'œuvre de Luc, in: RHPhR 33 (1953), 37–51. – GUELICH, R.: The Gospel Genre, in: Stuhlmacher, Evangelium, 183–219. – GÜTTGEMANNS, E.: In welchem Sinne ist Lukas „Historiker"? Die Beziehungen von Luk 1,1–4 und Papias zur antiken Rhetorik, in: LingBibl 54 (1983), 9–26. – HAENCHEN, E.: Historie und Verkündigung bei Markus und Lukas, in: Braumann, Lukas-Evangelium, 287–316. – HUBBARD, B. J.: Commissioning Stories in Luke-Acts: A Study of Their Antecedents, Form and Content, in: Semeia 8 (1977), 103–126. – KÄSEMANN, E.: Das Problem des historischen Jesus, in: ders., Exegetische Versuche und Besinnungen. 2 Bde. Göttingen ⁴1965, ²1965, I 187–214. – LEO, F.: Die griechisch-römische Biographie nach ihrer lit(t)erarischen Form. Leipzig 1901. Nachdr. Hildesheim 1965. – MARSHALL, J. H.: Luke and his "Gospel", in: Stuhlmacher, Evangelium, 289–308. – MENOUD, PH. H.: Jésus et ses témoins. Remarques sur l'unité de l'œuvre de Luc, in: ders., Jésus-Christ et la Foi. Recherches néotestamentaires (BT[N]). Neuchâtel/Paris 1975, 100–110. – MULLINS, T. Y.: New Testament Commission Forms, Especially in Luke-Acts, in: JBL 95 (1976), 603–614. – NUTTALL, G. F.: The Moment of Recognition: Luke as Story-Teller. London 1978. – PLESSIS, I. DU: Die genre van Lukas se evangelie, in: ThEv 15 (1982), 19–28. – PLÜMACHER, E.: Lukas als griechischer Historiker, in: PRE Suppl. XIV (1974), 235–264. – Ders.: Neues Testament und hellenistische Form. Zur literarischen Gattung der lukanischen Schriften, in: ThViat 14 (1979), 109–123. – ROBBINS, V.K.: Prefaces in Greco-Roman Biography and Luke-Acts, in: PRSt 6 (1979), 94–108. – ROBERTSON, A.T.: Luke the Historian in the Light of Research. Edinburgh 1920. – SCHILLE, G.: Bemerkungen zur Formgeschichte des Evangeliums III. Das Evangelium als Missionsbuch, in: NTS 5 (1958/59), 1–11. – SCHMIDT, K.L.: Der geschichtliche Wert des lukanischen Aufrisses der Geschichte Jesu, in: ThStKr 91 (1918), 277–292. – Ders.: Die Stellung der Evangelien in der allgemeinen Literaturgeschichte, in: F. Hahn (Hrsg.), Zur Formgeschichte des Evangeliums (WdF 81). Darmstadt 1985, 126–228. – SCHNEIDER, G.: Jesu überraschende Antworten. Beobachtungen zu den Apophthegmen des dritten Evangeliums, in: ders., Lukas, 130–145. – SIEGERT, F.: Lukas – ein Historiker, d.h. ein Rhetor? Freundschaftliche Entgegnung auf Erhardt Güttgemanns, in: LingBibl 55 (1984), 57–60. – TALBERT, CH.H.: What is a Gospel? The Genre of the Canonical Gospels. Philadelphia 1977. – TANNEHILL, R.C.: Types and Functions of Apophthegms in the Synoptic Gospels, in: ANRW II 25,2 (1984), 1792–1829. – TENNEY, M.C.: Historical Verities in the Gospel of Luke, in: BS 135 (1978), 126–138. – TIEDE, D.L.: Religious Propaganda and the Gospel Literature of the Early Christian Mission, in: ANRW II 25,2 (1984), 1705–1729. – UNNIK, W.C. van: Éléments artistiques dans l'évangile de Luc, in: Évangile de Luc, 129–140. – VORSTER, W.S.: Kerygma/History and the Gospel Genre, in: NTS 29 (1983), 87–95. – WIFSTRAND, A.: Lukas och den grekiska klassicismen, in: SEA 5 (1940), 139–151. – ZIMMERMANN, H.: Neutestamentliche Methodenlehre. Darstellung der historisch-kritischen Methode. Stuttgart [7]1982.

Das Lukas-Evangelium gehört zur Gattung der Evangelien. Abgesehen davon, daß damit noch nicht gesagt ist, was diese Gattung ausmacht, ist die tautologisch klingende Aussage bei näherem Hinsehen doch nicht so selbstverständlich. Das liegt an den großen Unterschieden innerhalb der Evangelien, vor allem zwischen dem des Markus, das wenig historisches Interesse verrät, und dem des Lukas, das einen geradezu biographischen Eindruck macht. Ist Lukas ein „Evangelist"? Oder ist er eher ein Historiker? Oder muß sich beides gar nicht widersprechen?

Ein wesentliches Merkmal der Gattung der Evangelien besteht darin: „In der Form geschichtlicher Darstellung geschieht Verkündigung" (Zimmermann, Methodenlehre 135). Damit ist ein Programm bezeichnet, das natürlich unterschiedliche Gestalt annehmen, dessen Akzentsetzung sich innerhalb des genannten Rahmens verschieben kann. Dadurch kommt es nicht gleich zu einer neuen Gattung, sondern zunächst einmal zu einer anderen Art von Evangelium.

Die Eigenart des Lukas-Evangeliums liegt nun tatsächlich in der Historisierung, ja „Biographisierung des Stoffes" (Vielhauer, Geschichte 372). Während bei Matthäus der lehrhafte Charakter der Logienquelle den des Erzählerischen im zugrundeliegenden Mk-Rahmen überwiegt und so eine katechetische Schrift entstanden ist, nimmt Lukas die schon im Mk-Stoff liegenden Ansätze auf, dehnt sie auch auf den Redenstoff aus und schafft so (nach der Formulierung von Käsemann, Problem 199) „das erste Leben Jesu". Er verstärkt nicht nur durch geschickte Verknüpfungen und Querverweise (vgl. § 14) den Eindruck eines fortlaufenden Berichts, er schafft auch biographische Situationen neu (z.B. Lk 3,15 oder 7,21). Vor allem aber erweitert er den ihm vorgegebenen Gesamtrahmen, indem er Geburts- und Kindheitserzählungen samt überbrückenden Bemerkungen voranstellt. Ja, er durchbricht sogar den schon erweiterten Rahmen noch und schreibt, in Lk 24,47–49 schon vorbereitet (und vielleicht Lk 1,1–4 schon ins Auge gefaßt), eine Fortsetzung des Evangeliums in der Apostelgeschichte, d.h., er stellt seinem Jesus-Buch eine historische Darstellung der Urkirche an die Seite. Damit wird jenes zum „ersten Band" (vgl. Apg 1,1) eines Geschichtswerkes, die Geschichte Jesu (so Kümmel, Einleitung 109) zum „Anfang der noch immer weitergehenden Kirchengeschichte" (vgl. Lk 19,11; 21,8). Bestätigt wird die historisierende Tendenz schließlich durch die an wichtigen Stellen eingebauten Verknüpfungen der Geschichte Jesu mit der Profangeschichte (Lk 1,5; 2,1f.; 3,1f.) und durch die Hereinnahme der in der Geschichte der Urkirche aktuellen politischen Apologetik (vgl. Apg 16,39; 17,7; 18,15f.; 19,37; 23,29; 25,8.25; 26,32; 28,30f.) vor allem in die Passion Jesu (Lk 23,4.14.20.22; 23,47).

Vom Standpunkt moderner Geschichtsschreibung aus liegt nun der Einwand nahe, für einen Historiker arbeite Lukas zu ungenau und zu wenig biographisch. Aber die Antike hat hier andere Normen. Man lese nur die bei van Unnik, éléments 134, zitierten Urteile über Sallust, Tacitus und Plutarch. Es gibt keine allgemein verbindliche historiographische Theorie. Jeder Schriftsteller geht seinen eigenen Weg. Aber der Vergleich zeigt doch Gemeinsamkeiten. So übernimmt Lukas z.B. in Apg 1,1 mit der Wendung vom Tun und Lehren Jesu eine bei damaligen Biographen (in der Form „Tun und Reden") geläufige Zusammenfassung der Wirksamkeit eines Menschen. Ebenso typisch sind die Jesu Entwicklung andeutenden Termini in Lk 2,40.52. Auch sonst wird der Stoff zwischen Anfang und Schluß ziemlich lose und mehr nach sachlichen als chronologischen Gesichtspunkten zusammengestellt. In diesem Mittelteil wird ebensowenig wie in den Evangelien eine Entwicklung der Person beschrieben. Deren Darstellung hat andererseits mitunter ähnlich mythischen und kultischen Charakter wie bei Jesus.

Mit den genannten Merkmalen ähneln die Evangelien allgemein am meisten dem Typ der hellenistischen Philosophenbiographien (vgl. dazu die mit formgeschichtlichen und inhaltlichen Angaben ausgestattete Liste der griechisch-römischen biographischen Literatur bei Berger, Gattungen 1232–1236). Und wenn es zutrifft, daß gerade die Verarbeitung und Rahmung von Apophthegmen, Chrien und Gnomen sowie Einzelepisoden für die Philosophenbiographie charakteristisch sind (ebd. 1238), dann steht ihr das Lukas-Evangelium mit seinen zahlreichen Apophthegmen besonders nahe. Man kann es geradezu als eine „großangelegte Sammlung von Jesus-Apophthegmen“ betrachten (Schneider, Antworten 141).

Alexander: Preface (§ 16). – Brown, S.: The Role of the Prologues in Determining the Purpose of Luke-Acts, in: Talbert, Perspectives, 99–111. – Cadbury, H.J.: The Purpose Expressed in Luke's Preface, in: Exp VIII 21 (1921), 431–441. – Cairns, E.E.: Luke As a Historian, in: BS 122 (1965), 220–226. – Claasen, J.P.: Lukas as kerkhistorikus, in: NGTT 21 (1980), 217–224. – Corssen, P.: Rez. zu: F. Blass, Evangelium secundum Lucam, und: ders., Philology of the Gospels, in: GGA 161 (1899), 305–327. – Dillon, R.J.: Previewing Luke's Project from His Prologue (Luke 1: 1–4), in: CBQ 43 (1981), 205–227. – Feuillet, A.: «Témoins oculaires et serviteurs de la parole» (Lc 1,2b), in: NT 15 (1973), 241–259. – Franklin, E.: Christ the Lord. A Study in the Purpose and Theology of Luke-Acts. London 1975. – Higgins, A.J.B.: The Preface to Luke and the Kerygma in Acts, in: Apostolic History and the Gospel. Biblical and Historical Essays. FS für Frederick Fyvie Bruce. Exeter 1970, 78–91. – Houlden, J.L.: The Purpose of Luke, in: JSNT 21 (1984), 53–65. – Karris, R.J.: The Lukan Sitz im Leben: Methodology and Prospects, in: G. MacRae (Hrsg.), Society of Biblical Literature 1976 Seminar Papers. Missoula 1979, 219–233. – Klein, G.: Lukas 1,1–4 als theologisches Programm, in: Braumann, Lukas-Evangelium, 170–203. – Kürzinger, J.: Lk 1,3: ... ἀκριβῶς καθεξῆς σοι γράψαι, in: BZ 18 (1974), 249–255. – Maddox, R.: The Purpose of Luke-Acts (FRLANT 126). Göttingen 1982. – Mattill, A.J., Jr.: The Jesus-Paul Parallels and the Purpose of Luke-Acts: H.H. Evans Reconsidered, in: NT 17 (1975), 15–46. – Mussner, F.: Die Gemeinde des Lukasprologs, in: The New Testament Age. FS für Bo Reicke, 2 Bde. Macon 1984, II 373–392. – Omanson, R.L.: A Note on Luke 1.1–4, in: BiTr 30 (1979), 446–447. – Plessis, I.I. du: Once More: The Purpose of Luke's Prologue (Lk 1,1–4), in: NT 16 (1974), 259–271. – Ritschl, A.: Das Verhältniss der Schriften des Lukas zu der Zeit ihrer Entstehung, in: ThJb(T) 6 (1847), 293–304. – Schneider, G.: Zur Bedeutung von καθεξῆς im lukanischen Doppelwerk, in: ders., Lukas, 31–34. – Ders.: Der Zweck des lukanischen Doppelwerks, ebd., 9–30. – Schürmann, H.: Evangelienschrift und kirchliche Unterweisung. Die repräsentative Funktion der Schrift nach Lk 1,1–4, in: Braumann, Lukas-Evangelium, 135–169. – Sneen, D.J.: An Exegesis of Luke 1:1–4 with Special Regard to Luke's Purpose as a Historian, in: ET 83 (1971/72), 40–43. – Talbert, Ch.H.: Luke and the Gnostics. An Examination of the Lucan Purpose. Nashville/New York 1966. – Unnik, W.C. van: Once More St. Luke's Prologue, in: Essays, 7–26. – Ders.: Remarks on the Purpose of Luke's Historical Writing (Luke I 1–4), in: ders., Sparsa Collecta.

Collected Essays. I (NT.S 29). Leiden 1973, 6–15. – Völkel, M.: Exegetische Erwägungen zum Verständnis des Begriffs καθεξῆς im lukanischen Prolog, in: NTS 20 (1973/74), 289–299.

Bei der Frage nach der Absicht des Lukas-Evangeliums sind wir in der glücklichen Lage, uns an der Auskunft des Autors selbst orientieren zu können. Seine ausdrückliche Angabe können wir darüber hinaus in bestimmten Zügen des Werks, d.h. auch in der Apostelgeschichte, bestätigt finden. Auch das, was Lukas sonst noch im Auge hat, schlägt sich in seinen Schriften nieder und kann, zumindest hypothetisch, erfaßt werden.

Maßgeblich ist zunächst die Absichtserklärung des ἵνα-Satzes in Lk 1,4: Der Leser soll sich von der „Zuverlässigkeit" (ἀσφάλεια) der Lehre, in der er unterwiesen worden ist, überzeugen können. Auf dieses Stichwort läuft das ganze kunstvoll gebaute Proömium zielstrebig zu, und zwar auch inhaltlich. Ihm sind alle jene Termini zugeordnet, mit denen Lukas die Voraussetzungen und sein eigenes Vorgehen bei der Abfassung des Werks charakterisiert: „viele", „erfüllt" (V. 1), „überliefert", „Augenzeugen" (V. 2) und vor allem die überladen wirkende Reihung „nachzugehen – von Anfang an – allem – genau – der Reihe nach" (V. 3). Lukas will also das Vertrauen in die Überlieferung festigen, und deren Glaubwürdigkeit ist für ihn offenbar dann gegeben, wenn ihre Kontinuität erwiesen ist.

Bestätigt sich diese Zweckbestimmung im Werk selbst? Das Anliegen des Kontinuitätsnachweises schlägt sich sogar auf doppelte Weise nieder: zunächst in der Betonung der lückenlosen Bezeugung des Geschehens und dann in der Darstellung des lückenlosen Fortgangs der heilsgeschichtlichen Ereignisse selbst. Beides wird erst ganz deutlich, wenn man die Betrachtung ausweitet auf die Apostelgeschichte. Auch wenn sich Lk 1,1–4 nicht auf sie beziehen sollte – in V. 1 f. ist anscheinend nur von Evangelien oder ähnlichen Schriften die Rede –, steht sie doch im Dienst der in V. 4 beschriebenen Absicht, und so fällt von ihr wiederum Licht auf das Evangelium.

Das für den erstgenannten Gesichtspunkt Entscheidende ist die Funktion der Apostel und des Paulus bei Lukas. Die Gewährsmänner für das Jesusgeschehen selbst, von der Taufe durch Johannes bis zur Himmelfahrt, sind die Apostel (vgl. Apg 1,21 f.), die auch während der Passion in seiner Nähe geblieben sind (Mk 14,50 fehlt; vgl. Lk 23,49). Der Garant für die rechte Bezeugung der apostolischen Tradition wiederum, die Brücke von der urkirchlichen zur lukanischen Generation, ist Paulus (vgl. Apg 9,28).

Unter dem zweiten Gesichtspunkt geht es Lukas darum, die bisherige Erfüllung von Verheißungen nachzuweisen und diese Verheißungstreue Gottes zur Gewähr für die Erfüllung der christlichen Hoffnung in Gegenwart und Zukunft zu machen. Wie sich die prophetischen Weissagungen über Tod und Auferstehung des Messias (Lk 24,6f. 25–27. 44–46), über die Ausgießung des Geistes (Apg 2,16–21) und über die Erneuerung Israels (Apg 15,15–18) erfüllt haben, wird auch die Verheißung der weltweiten Mission (Lk 24,47; Apg 1,8) und vor allem der Wiederkunft Jesu (Lk 17,24f.; 21,25–28; Apg 1,11) Wirklichkeit werden.

Freilich drängt sich nun die Frage auf, die Lukas nicht explizit beantwortet: Warum muß die Zuverlässigkeit der Tradition betont werden? Hat die Verzögerung der Parusie zu Zweifeln an Gottes Verheißung geführt? So wenig die Parusiefrage als solche Anlaß oder Mittelpunkt des lukanischen Doppelwerkes ist, der zeitliche Abstand von Jesus und den Aposteln ist doch die Voraussetzung dafür, daß Fragen und Schwierigkeiten auftauchen. Und dazu nimmt Lukas Stellung. Aber wen hat er dabei im Auge? Man vermutet vor allem gnostische Gegner, möglicherweise doketische Irrlehrer, wegen der starken Betonung des Menschlichen und Leiblichen bei Jesus, oder allgemein Neuerer mit angeblichen Sonder- oder Geheimtraditionen, wegen des verstärkten Bezugs auf die apostolische Überlieferung (vgl. Apg 20,20. 27. 29f.).

Solche innere Bedrohung der Kirche – man hat auch schon an extrem paulinische, prämarkionitische oder, umgekehrt, an jüdische Gegner gedacht – scheint Lukas mehr zu bedrängen als ihre Verfolgung. Trotzdem lassen sich die politisch-apologetischen Züge (schon im Prozeß Jesu, vor allem aber bei Paulus) nicht übersehen. Ob man aber sagen kann, „in der Situation der Verfolgung (werde) Lukas zum Evangelisten des Gebets, der Frauen und der Armen“ (so Schmithals, Einleitung 360), ist doch fraglich. Dagegen sprechen eigentlich die werbende Tendenz und die optimistische Grundstimmung (vgl. Apg 28,30f.). So schwierig das Verhältnis zu den Juden ist, über das sich Lukas vor allem in der Apostelgeschichte (nach dem Bruch der Christen mit der Synagoge?) Rechenschaft gibt, so günstig beurteilt er die Voraussetzungen für ein Auskommen der – grundsätzlich loyalen – Christen mit dem römischen Staat.

Was immer der Anlaß, die Situation, die Herausforderung und so das Hauptanliegen für Lukas gewesen sein mag, mit seiner eigenen Absichtserklärung in Lk 1,1–4 erweckt er jedenfalls den Eindruck, die Reinheit und Vollständigkeit der Jesustradition nachweisen und sie in einer gleichsam kanonischen Form festhalten zu wollen.

II

THEOLOGISCHE FRAGEN

A. THEMEN DES LUKAS-EVANGELIUMS

1. Gott

§ 18 a) Gott selbst

BAUMBACH, G.: Gott und die Welt in der Theologie des Lukas, in: BiLi 15 (1972), 241–255. – BOVON, F.: Gott bei Lukas, in: ders., Lukas, 98–119. – COSGROVE: The Divine δεῖ (§ 21). – DOOHAN, L.: Images of God in Luke-Acts, in: Milltown Studies 13 (1984), 17–35. – KARRIS, R.J.: What Are They Saying About Luke and Acts? A Theology of the Faithful God (Deus Book). New York/Ramsey/Toronto 1979. – SCHULZ, S.: Gottes Vorsehung bei Lukas, in: ZNW 54 (1963), 104–116.

Eine regelrechte Lehre von Gott gibt es im Lukas-Evangelium ebensowenig wie bei den anderen Synoptikern. Der Evangelist spricht aber doch so häufig und so charakteristisch von Gott, daß die Züge seines Wesens deutlich hervortreten. Ja, er bietet auf seine Weise, eben in der Form der Erzählung, ein vollgültiges Gottesbild, nämlich in der Darstellung Jesu. An seiner Gestalt und seinem Wirken läßt sich ablesen, wer und wie Gott ist.

An wichtigen Stellen verdeutlicht das Lukas-Evangelium das Verhältnis Gottes zu Jesus selbst. Gott erscheint als Vater Jesu. So wird er nicht nur von Jesus genannt (2,49; 9,26; 10,22; 22,29; 24,49) und indirekt in der Rede vom Sohn Gottes vorgestellt (1,35; 4,3.9.41; 8,28; 10,22), sondern als solcher äußert er sich auch (3,22; 9,35) und wird er von Jesus angesprochen (10,21; 22,42; 23,46).

Auch die Jünger Jesu dürfen in Gott ihren Vater sehen, ihm vertrauen (11,2.13; 12,30.32) und ihn nachahmen (6,36). In seinem Verhalten vertritt Jesus darüber hinaus den Gott, der allen Menschen nahe und gnädig ist. Besonders gegenüber den Armen (2,7.24; 16,19–31), Rechtlosen (18,1–8), Verachteten (18,9–14), Volksfremden (4,25–27; 7,1–10; vgl. 10,25–37; 17,11–19) und Sündern (5,30–32; 7,36–50; 15,11–32) erweist sich Gott immer wieder als der Überraschende und Ärgernis Erregende, der menschliche Maßstäbe zerbricht (vgl. 14,15–24). Er ist der „revolutionäre" Gott, der die irdischen Werte umkehrt und die Welt der Menschen auf den Kopf stellt (1,46–55; 6,20–26).

In all dem ist er der die Menschen und ihre Welt „heimsuchende" Gott (1,68.78; 7,16). Er macht damit die Verheißungen wahr, die er seinem Volk gegeben hat. Geschichte und Geschick Jesu machen den scheinbar „in Vergangenheit und Schrift fixierten Gott" (Bovon, Gott 106) lebendig präsent und erfahrbar (4,21; 18,31; 24,25–27.32.44–47). So erweist er sich auf neue, ja auf anstößig neue Weise als der Gott der Väter (Apg 3,13), der Gott Abrahams, Isaaks und Jakobs (20,37; vgl. 13,28), der den Söhnen und Töchtern Abrahams (13,16; 19,9; Apg 13,26; vgl. Lk 16,19–31) auf seine Art die Treue hält.

§ 19 b) Der Heilige Geist – Gottes Kraft

Baer, H.v.: Der Heilige Geist in den Lukasschriften (BWANT 39). Stuttgart 1926. – Barrett, C.K.: The Holy Spirit and the Gospel Tradition. London ²1966. – Borremans, J.: The Holy Spirit in Luke's Evangelical Catechesis. A Guide to Proclaiming Jesus Christ in a Secular World, in: LV 25 (1970), 279–298. – Bruton, J.R.: The Concept of the Holy Spirit as a Theological Motif in Luke-Acts. Diss. Southern Baptist Theol. Seminary 1967. – Büchsel, F.: Der Geist Gottes im Neuen Testament. Gütersloh 1926. – Chevallier, M.-A.: Apparentments entre Luc et Jean en matière de pneumatologie, in: À cause de l'Évangile, 377–408. – Corsani, B.: Lo spirito su Gesu' et nella chiesa negli scritti Lucani, in: Parole di Vita 28 (1983), 85–95. – Dumais, M.: Ministères, charismes et Esprit dans l'œuvre de Luc, in: EeT(O) 9 (1978), 413–453. – Duquoc, Ch.: Heiligkeit Jesu und Heiligkeit des Geistes, in: Conc(D) 15 (1979), 601–606. – George, A.: L'Esprit Saint dans l'œuvre de Luc, in: RB 85 (1978), 500–542. – Lampe, G.W.H.: The Holy Spirit in the Writings of Luke, in: Studies in the Gospels. Essays in memory of R.H. Lightfoot. Oxford ²1957, 159–200. – McPolin, J.: Holy Spirit in Luke and John, in: IThQ 45 (1978), 117–131. – Pikaza, X.: El Espíritu Santo y María en la obra de San Lucas, in: EphMar 28 (1978), 151–168. – Rasco, E.: Jesús y el Espíritu, Iglesia e ‹Historia›. Elementos para una lectura de Lucas, in: Gr. 56 (1975), 321–368. – Ders.: Spirito e istituzione nell'opera lucana, in: RivBib 30 (1982), 301–322. – Schlier, H.: Über den Heiligen Geist nach dem Neuen Testament, in: ders., Der Geist und die Kirche. Exegetische Aufsätze und Vorträge IV. Freiburg i.Br./Basel/Wien 1980, 151–164. – Smalley, S.S.: Spirit, Kingdom, and Prayer in Luke-Acts, in: NT 15 (1973), 59–71. – Stalder, K.: Der Heilige Geist in der lukanischen Ekklesiologie, in: US 30 (1975), 287–293. – Stronstad, R.: The Charismatic Theology of St. Luke. Peabody 1984. – Synge, F.C.: The Holy Spirit in the Gospels and Acts, in: CQR 120 (1935), 205–217. – Tatum, W.B.: Die Zeit Israels: Lukas 1 – 2 und die theologische Intention der lukanischen Schriften, in: Braumann, Lukas-Evangelium, 317–336. – Turner,

M.: Jésus et l'Esprit d'après Luc, in: Hokhma 26 (1984), 18–46; vgl. TynB 32 (1981), 3–42. – Unnik, W.C. van: The Holy Spirit in the New Testament, in: ders., Sparsa Collectia. Collected Essays. II (NT.S 30). Leiden 1980, 323–332.

Vom Heiligen Geist spricht Lukas am häufigsten und ausführlichsten bei der Darstellung der Urkirche in der Apostelgeschichte. Aber die wesentlichen Aussagen über ihn – auch zu seinem Wirken in der Kirche – stehen schon im Evangelium. Und andererseits wird er hier auch als der Geist der Propheten beschrieben. Der prophetische Geist Gottes, der göttliche Geist Jesu und der Pfingstgeist sind ein und derselbe Heilige Geist. „Es ist *ein* Heilsplan, der sich verwirklicht, und *ein* Geist, der ihn auswirkt" (von Baer, Geist 110).

Vom prophetischen Geist vor Christus spricht das Lukas-Evangelium allerdings nur in Kap. 1 – 2, nämlich bei der Darstellung seines Wirkens selbst in Elisabet (1,41), Zacharias (1,67) und Simeon (2,25–27) sowie bei der Verheißung für Johannes den Täufer (1,15). Man könnte daraus schließen, für Lukas trete der Heilige Geist erst im unmittelbaren Zusammenhang mit dem Kommen Jesu in die Heilsgeschichte ein. Aber so sehr das verstärkte Auftreten des Geistes in den genannten Personen wie das Vorzeichen der nun anbrechenden, eben ihre Schatten vorauswerfenden neuen Zeit (der Endzeit nach Apg 2,17) wirkt und wohl auch so zu verstehen ist, Apg 7,51 sieht ihn schon bei den – allerdings ungehorsamen – Vätern und Apg 1,16; 4,25 sowie 28,25 ausdrücklich in den „inspirierten" Schriften Davids bzw. Jesajas am Werk. Wenn Lk 20,42 (diff. Mk 12,36) David „im Buch der Psalmen" statt „im Heiligen Geist" prophetisch reden läßt, dann wohl, weil ihm wegen der großen Bedeutung der Schrift hier die „Ortsangabe" wichtiger ist (vgl. Schneider, Lk 409) oder weil er die Geistaussagen auf die ersten Kapitel des Evangeliums konzentrieren möchte (vgl. Fitzmyer, Lk 228).

Den zuletzt genannten Eindruck bestätigt der Befund, daß das Lukas-Evangelium nach Kap. 4 nur noch in 10,21; 11,13; 12,10.12 – auch Mk 13,11 d fehlt (Lk 21,15) – und dann erst wieder sozusagen im Übergang zur Apostelgeschichte in 24,49 vom Heiligen Geist spricht. Er ist offenbar die Kraft, mit der Gott neue Epochen nicht nur ankündigen läßt, sondern auch machtvoll heraufführt. Wie später die Anfänge der Kirche, so sind erst recht schon die Anfänge des Auftretens, ja sogar der Existenz Jesu getragen von der Kraft des Geistes. Nach Lukas empfängt Jesus den Heiligen Geist nicht erst bei der Taufe. Dieser „Kraft des Höchsten" verdankt er vielmehr schon seinen Ursprung (1,35). Er ist also Geistträger in einem einzigartigen Sinn. Wenn am Jordan dennoch der Geist „in leiblicher Gestalt wie eine Taube“ (3,22 diff. Mk 1,10) allen sichtbar auf ihn herabkommt, dann sollen damit Jesu Geistbesitz und seine Sendung im Geist vor aller Welt offenbart werden. Wie sehr er aus dem Geist lebt, zeigt die pneumatische Existenz des Geistgeführten (4,1) in der Wüste (4,1–13). Geisterfüllt beginnt er in Galiläa zu wirken (4,13). Ja, er begründet und deutet seine Sendung, indem er selbst feierlich die Verheißung von Jes 61,1 auf sich anwendet: „Der Geist des Herrn ruht auf mir; denn er hat mich gesalbt ...“ (4,18). Und indem er sich den mit dieser Salbung verknüpften Erlösungsauftrag zu eigen macht, erklärt er die Zeit des Heils für eröffnet (4,21). Die gesamte Wirksamkeit Jesu ist nun als Erfüllung dieser Verheißung von Gottes Gesalbtem zu sehen (vgl. Apg 10,38). Trotzdem schreibt Lukas die Wunder nicht dem Geist in Jesus zu, sondern der „Kraft des Herrn“ (5,17). Ist diese vom Geist und seiner Kraft zu unterscheiden? „Geist“ und „Kraft“ stehen öfter nebeneinander bzw. füreinander (vgl. Lk 1,17; 1,35; 4,14; 24,49; Apg 1,8; 6,8; 10,38). Die „Kraft“ ist demnach die heilschaffende Wirkmacht des Geistes in der Zeit Jesu (und dann auch der Kirche; vgl. auch Apg 3,12; 4,7). Hörbar zum Ausdruck kommt Jesu Geisterfülltheit dementsprechend noch in jenem ekstatischen Jubelruf, in dem Jesus nach der Rückkehr seiner Jünger von ihrer erfolgreichen Sendung (10,17.19) den Vater dankend preist (10,21).

Die Stunde des Geistes schlägt wieder am Beginn der neuen, durch Auferstehung und Himmelfahrt Jesu heraufgeführten Heilsepoche, der Zeit der Kirche. Diese ist auf neue Weise auch die Zeit des Geistes. Denn „als der zur Rechten Gottes Erhöhte hat er den verheißenen Heiligen Geist vom Vater empfangen“ (Apg 2,33), und nun, da er über ihn verfügen kann, teilt er ihn seinen Jüngern mit (vgl. Lk 3,16; Apg 1,5). Ihnen hat er diese „Verheißung des Vaters“ schon am Ostertag angekündigt, nämlich als die „Kraft aus der Höhe“ (Lk 24,49) für ihr weltweites Zeugnis (24,47; vgl. Apg 1,8). Für die Situation der Verfolgung und des Bekenntnisses vor Gericht ist der Geist ihnen sogar als persönlicher Rechtsbeistand zugesagt (Lk 12,12 diff. Mk 13,11). Er ist überhaupt die – vom Vater niemand verweigerte – Ausrüstung der Christen für die mitunter schwere Zeit bis zur Parusie (Lk 11,13 diff. Mt 7,11 auf dem Hintergrund von Lk 11,2–4). Wer ihrem Zeugnis nicht glaubt, kann sich nicht mehr auf seine „Unwissenheit“ (Apg 3,17) berufen. Denn an die Stelle des verborgenen „Menschensohnes“ ist mit seiner – seinen Anspruch rechtfertigenden – Erhöhung der Heilige Geist getreten, und für einen Widerstand gegen ihn gibt es nun keine Nachsicht mehr (Lk 12,10).

Was das Wesen des Heiligen Geistes selbst und sein Verhältnis zu den Menschen betrifft, fällt der zwischen einer dinglichen und einer personalen Größe wechselnde Begriff auf. Wie die von Gott geschenkte Gabe kann er auch die von ihm geschickte persönliche Macht sein. Vielleicht hängt das von der jeweiligen Perspektive ab: Von Gott und vom erhöhten Herrn aus wäre er dann die verfügbare Gabe (Lk 3,16; 11,13; 24,49), für die Menschen dagegen die übergeordnete göttliche Person (Lk 12,10.12; vgl. 2,26f.; Apg 16,7).

§ 20 c) Die Engel – Gottes Boten

Böcher, O.: Engel IV. Neues Testament, in: TRE IX (1982), 596–599. – Fossum, J.E.: The Name of God and the Angel of the Lord. Samaritan and Jewish Concepts of Intermediation and the Origin of Gnosticism (WUNT 36). Tübingen 1985. – George, A.: Les anges, in: ders., Études, 149–183. – Hull, J.M.: Hellenistic Magic and the Synoptic Tradition (SBT II 28). London 1974. – Miranda, O.A.: The Work and Nature of the Angels According to the New Testament. Diss. Princeton Theol. Seminary 1962. – Schlier, H.: Die Engel nach dem Neuen Testament, in: ders., Besinnung auf das Neue Testament. Exegetische Aufsätze und Vorträge II. Freiburg i.Br./Basel/Wien 1964, 160–175.

Engel treten im Lukas-Evangelium in den Anfangskapiteln und dann erst wieder gegen Ende auf. Der „Engel des Herrn" verheißt bzw. verkündet die Geburt Johannes des Täufers und Jesu (1,8–20.26–38; 2,8–12). Für die Passion wird Jesus von einem Engel gestärkt (22,43), und die Botschaft von seiner Auferstehung (wie dann auch die seiner Erhöhung und Wiederkunft in Apg 1,10f.) wird wiederum von Engeln, „zwei Männern", verkündet (Lk 24,4–7.23).

Neben solchen einzelnen Boten Gottes erscheinen nur 2,13f. Engel im Sinn der himmlischen Heerscharen. Von ihnen wird ansonsten nur noch gesprochen, und zwar, abgesehen von dem Schriftzitat in 4,10, im Zusammenhang der Rede von Bekehrung, Tod und Gericht. Dabei übernimmt Lukas aus der Tradition das Bild von den Engeln, die den gestorbenen Gerechten in den Himmel holen (16,22), und die Umschreibung Gottes mit Hilfe des „Himmels" (15,7) und der (sich über die Bekehrung eines Sünders freuenden) „Engel", unnötig näher bestimmt als Engel „Gottes" (15,10). Auch das Gericht spielt sich im Angesicht der „Engel

Gottes“ ab (12,8.9 diff. Mt 10,32.33). Sie übernehmen aber sonst keine Funktion neben dem „Menschensohn“, auch nicht als seine Begleiter (9,26 diff. Mk 8,38) oder Boten (21,27 diff. Mk 13,26f.). Heißt das, daß sie, die 20,36 (diff. Mk 12,25) implizit Gottes „Söhne“ genannt werden, ausschließlich Gott repräsentieren, daß nur er über sie verfügt (vgl. 4,10 mit Mk 1,13)?

Jedenfalls vermitteln sie Gottes Gegenwart. Ihr Erscheinen, teilweise umschrieben mit ὤφθη (1,11; 22,43; vgl. Gen 18,1 u.ö., wo es von Gott gesagt wird) oder ὀπτασία (1,22; 24,23), spiegelt die himmlische Herrlichkeit (2,9) und kann die Menschen erschrecken (1,12; 2,9; 24,5). Sie sind Gottes Sprachrohr für seine Offenbarung. Mit ihrer Hilfe – darin ähnelt ihre Funktion der des Heiligen Geistes – verwirklicht er seinen Plan. Wo sie auftreten, haben wir es mit dem Fortgang, ja mit Wendepunkten der Heilsgeschichte zu tun (vgl. neben dem Rückblick in Apg 7,30.38 auch Apg 5,19; 8,26; 10,3; 12,7–11; 27,23).

§ 21 d) Die Heilsgeschichte – Gottes Plan

Blank, J.: Geschichte und Heilsgeschichte, in: WuW 23 (1968), 116–127. – Borgen, P.: Eschatology and *Heilsgeschichte* in Luke-Acts. Diss. Drew University Madison 1956. – Ders.: From Paul to Luke (§ 44). – Carrez, M.: L'herméneutique peut-elle aider à appricier la conception lucanienne de l'histoire?, in: RThPh 19 (1969), 247–258. – Conzelmann, H.: Gegenwart und Zukunft in der synoptischen Tradition, in: ders., Theologie als Schriftauslegung. Aufsätze zum Neuen Testament (BEvTh 65). München 1974, 42–61. – Ders.: Geschichte, Geschichtsbild und Geschichtsdarstellung bei Lukas, in: ThLZ 85 (1960), 241–250. – Cosgrove, C.H.: The Divine δεῖ in Luke-Acts. Investigations into the Lukan Understanding of God's Providence, in: NT 26 (1984), 168–190. – Cullmann, O.: Christus und die Zeit. Die urchristliche Zeit- und Geschichtsauffassung. Zürich [3]1962. – Ders.: Heil als Geschichte. Heilsgeschichtliche Existenz im Neuen Testament. Tübingen [2]1967. – Denaux, A.: L'hypocrisie des Pharisiens et le dessein de Dieu. Analyse de *Lc.*, XIII, 31–33, in: Évangile de Luc, 245–285. – Eltester, W.: Lukas und Paulus, in: Eranion. FS für Hildebrecht Hommel. Tübingen 1961, 1–17. – Fascher, E.: Theologische Beobachtungen zu δεῖ, in: Neutestamentliche Studien. FS für Rudolf Bultmann (BZNW 21). Berlin 1954, 228–254. – George: construction (§ 15). – Käsemann: Problem (§ 16). – Ders.: Rechtfertigung und Heilsgeschichte im Römerbrief, in: ders., Paulinische Perspektiven. Tübingen [2]1972, 108–139. – Klein, G.: Die Prüfung der Zeit (Lukas 12,54–56, in: ZThK 61 (1964), 373–390. – Kümmel, W.G.: ›Das Gesetz und die Propheten gehen bis Johannes‹ – Lukas 16,16 im Zusammenhang der heilsgeschichtlichen Theologie der Lukasschriften, in: ders., Heilsgeschehen und Geschichte II, 75–86 (= Braumann, Lukas-Evangelium, 398–415). – Ders.: Heilsgeschichte im Neuen Testament?, ebd. 157–176. – Lemke, W. E.: Revelation through History in Recent Biblical Theology. A Critical Appraisal, in: Interp. 36 (1982), 34–46. – Lohse, E.: Lukas als Theologe der Heilsgeschichte, in: ders., Die Einheit des Neuen Testaments. Exegetische Studien zur Theologie des Neuen Testaments. Göttingen ²1973, 145–164 (= Braumann, Lukas-Evangelium, 95–114). – Mánek, J.: The Biblical Concept of Time and Our Gospels, in: NTS 6 (1959/60), 45–51. – Ders.: Geschichte und Gericht in der Theologie des Lukas, in: Kairos 13 (1971), 243–251. – Ders.: The New Exodus in the Books of Luke, in: NT 2 (1957/58), 8–23. – Navone, J.: Three Aspects of the Lucan Theology of History, in: BTB 3 (1973), 115–132. – Ders.: The Way of the Lord, in: Scrip. 20 (1968), 24–30. – Prete, B.: Le epoche o i tempi della «storia della salvezza», in: Parole di Vita 27 (1982), 426–429. – Ders.: Luca teologo della «storia della salvezza», ebd., 404–425. – Radl: Paulus und Jesus (§ 6). – Reumann, J.: Heilsgeschichte in Luke. Some Remarks on its Background and Comparison with Paul, in: StEv IV (TU 102). Berlin 1968, 86–115. – Ders.: Oikonomia-Terms in Paul in Comparison with Lucan Heilsgeschichte, in: NTS 13 (1966/67), 147–167. – Robinson, J.M.: Kerygma und Geschichte im Neuen Testament, in: ZThK 62 (1965), 294–337. – Schulz: Vorsehung (§ 18). – Smith, R.H.: History and Eschatology in Luke-Acts, in: CTM 29 (1958), 881–901. – Villiers, P.G.R. de: Lukas as heilshistoriese evangelis, in: NGTT 19 (1978), 249–259.

„Als Leitmotiv der lukanischen Komposition haben wir den Gedanken der Heilsgeschichte festgestellt." So hat schon H. von Baer (Geist 108) seine Beobachtungen zusammengefaßt. Der Ausgangspunkt für umfassendere und auch detaillierte Darstellungen der heilsgeschichtlichen Konzeption des Lukas ist dann das Buch von H. Conzelmann mit dem Titel ›Die Mitte der Zeit‹ geworden. Seither geht es in der Forschung im wesentlichen entweder um die Bestätigung oder um Korrektur und Differenzierung der vorgegebenen Thesen.

Wie die obigen Ausführungen über Gattung und Zweck des Lukas-Evangeliums gezeigt haben, will Lukas sein Buch, zumal in Verbindung mit der Apostelgeschichte, als historische Darstellung im Dienst der Bewahrung der apostolischen Tradition verstanden wissen. Das Auftreten Jesu ist für ihn nicht – wie etwa für Paulus – das Ende der Welt. Es markiert vielmehr eine bestimmte, inzwischen Jahrzehnte zurückliegende Epoche innerhalb der Weltgeschichte. Auch die Zeit der Augenzeugen seines Wirkens, die zuletzt in Apg 15 auftreten, ist schon ein Stück Vergangenheit. Sie ist der Anfang der Zeit der Kirche. Diese wiederum ist nicht nur das verzögerte Ende der Geschichte, nicht nur die – eigentlich nicht mehr zählende – Spanne des Wartens auf die Parusie, sondern eine eigenständige, nun schon in die dritte Generation gehende Epoche, die Zeit des Geistes und der Weltmission. So ist die „Existenz der Kirche in einer sich dehnenden Zeit" die Voraussetzung für „die Betrachtung Jesu als einer historischen Erscheinung" (Conzelmann, Mitte 6). Als solche läßt sie sich in den Lauf der Weltgeschichte einordnen (Lk 1,5; 2,1 f.; 3,1 f.). Dementsprechend werden auch die Verfolgung der Jünger (Lk 21,12–18 diff. Mk 13,9–13) und die Zerstörung Jerusalems (Lk 21,20–24 diff. Mk 13,14–20), gelöst vom Endgeschehen, zu innergeschichtlichen Ereignissen.

Aber Lukas möchte mit dem Leben Jesu nicht nur ein Stück Geschichte, sondern das Zentrum der Heilsgeschichte darstellen. Als solches nimmt es den entscheidenden Platz in Gottes Plan ein, entläßt es nicht nur die Zeit der Kirche aus sich, sondern hat es auch eine Vorgeschichte in der Zeit Israels. Vom göttlichen Plan oder „Ratschluß" (βουλή) spricht das Lukas-Evangelium ausdrücklich nur in 7,30 (vgl. jedoch Apg 2,23; 4,28; 5,38; 13,36; 20,27; πρόγνωσις: 2,23; θέλημα: 13,22; 21,14; 22,14; vgl. 18,21), vom göttlichen „Bestimmen" (ὁρίζω) nur in 22,22 (vgl. Apg 2,23; 10,42; 17,26.31; mit gleichbedeutenden Verben 1,7; 10,33; 13,47.48; 17,26.31; 22,10), und die in diesen Zusammenhang gehörende Verwendung der Verben mit der Vorsilbe προ- begegnet (mit Ausnahme des schon abgeschliffenen προφητεύω: Lk 1,67) ausschließlich in der Apostelgeschichte (1,16; 2,25.31; 3,18.20; 4,28; 7,52; 10,41; 13,24; 22,14; 26,16). Aber der damit verbundene Gedanke ist auch im Evangelium vorhanden, nämlich konzentriert in dem Wörtchen δεῖ, dem „hervorragendste(n) Indiz des ganzen Vorstellungskreises" (Conzelmann, Mitte 142). Mit diesem Wort, das ursprünglich Ausdruck des griechischen Schicksalsglaubens ist (vgl. Herodot VIII 53,1; Apg 26,14), bezeichnet vor allem Lukas immer wieder das, was nach dem die Heilsgeschichte gestaltenden Willen Gottes sein oder geschehen „muß" (Lk 2,49; 4,43; 9,22; 13,33; 17,25; 19,5; 21,9; 22,37; 24,7.26.44; vgl. Apg 1,16.21; 3,21; 4,12; 9,6.16; 14,22; 17,3; 19,21; 23,11; 27,24.26). Dem göttlichen δεῖ ist der ganze Weg Jesu unterworfen, und Jesus unterstellt sich ihm in bewußtem Gehorsam. Damit geschieht – das ist die konkrete Umschreibung desselben Sachverhalts – nichts anderes als Erfüllung der Schrift, also dessen, wie Jesus nach Lukas häufiger betont, was im Gesetz und bei den Propheten längst vorhergesagt ist (Lk 4,21; 18,31; 22,37; 24,25.27.32.44–46).

Sosehr auch die Zeit vor Jesus als die Geschichte Israels gottgeführt, also Heilsgeschichte, ist (vgl. Apg 7,2–53), sie ist doch von anderer „Qualität". Sie ist im wesentlichen die Zeit der Vorbereitung und der Verheißungen gegenüber der mit Jesus einsetzenden Zeit der Erfüllung. „Das Gesetz und die Propheten (reichen) bis Johannes; von da ab wird das Reich Gottes verkündet ..." (Lk 16,16). Das Merkmal der neuen Zeit, das sie von der Zeit Israels unterscheidet, ist also die Predigt vom Gottesreich. Diese kennzeichnet aber nicht nur das Wirken Jesu, sondern auch das der Kirche (vgl. Apg 28,31). Insofern gehören Zeit Jesu und Zeit der Kirche eng zusammen. Sie sind ja beide auch durch die Gegenwart des Geistes ausgezeichnet. Freilich ist dessen Beziehung zu Jesus anders als etwa zu den Aposteln. Ja die heilsgeschichtliche Realität als solche ist während des Wirkens Jesu anders als danach, sei es bei Jesus selbst oder bei seinen Jüngern. Insofern ist nun innerhalb der Zeit der Erfüllung doch klar zu unterscheiden. Die Zeit der öffentlichen Wirksamkeit Jesu – nicht seine Lebenszeit – hebt Lukas offenbar auch bewußt heraus als die Zeit der „reine(n) Darstellung des Heils" (Conzelmann, Mitte 22, Anm. 2), und zwar mit Hilfe der beiden Stellen 4,13 und 22,3, die vom Weichen und Wiederkommen des Satans reden und so wie zwei Klammern die Heilszeit umschließen. Auf sie blickt Jesus zurück, wenn er in 22,35f., also am Beginn der Passion, den auch im Dasein der Jünger eingetretenen Wandel charakterisiert.

Zwischen der Zeit Jesu in diesem Sinn und der der Kirche bleibt nun allerdings ein „ungeklärter Rest": die Passions- und Osterzeit. Einerseits gehört sie noch zum Weg Jesu, andererseits gelten schon die Gesetze der kirchlichen Existenz, besonders der Anfechtung und Bewährung, wie vor allem die zahlreichen Parallelen mit dem Leidensweg des Paulus in der Apostelgeschichte zeigen. Die Grenzziehung unter dem Gesichtspunkt heilsgeschichtlicher Epochen ist hier in ähnlicher Weise unscharf (und wohl auch unbeabsichtigt) wie bei der Ortsbestimmung Johannes des Täufers (s. § 24). Vielleicht ist in beiden Fällen einfach von Phasen des Übergangs zu sprechen.

Wichtiger ist die Frage, ob die heilsgeschichtliche Betrachtungsweise die Schöpfung des Lukas oder ihm im Ansatz schon vorgegeben ist, ganz abgesehen von dem (später zu besprechenden) Problem, ob er damit die urchristliche Eschatologie verfälscht oder weiterentwickelt hat. Seine wichtigste Vorlage, das Markus-Evangelium, kennt zwar noch keine Gliederung der Heilsgeschichte in

Epochen. Aber das Auftreten Johannes des Täufers wird immerhin, wenn man das Wort darauf beziehen darf (vgl. Conzelmann, Gegenwart 55), als „Anfang“ des Evangeliums verstanden (Mk 1,1). Vor allem aber reflektiert Mk 2,18–20 schon den Unterschied zwischen der Zeit Jesu und der Gegenwart; und diese Reflexion hat Markus sogar schon vorgefunden. In ähnlicher Weise zurückgeblickt wird auch Mk 12,1–12 oder 9,1.11–13 (vgl. ebd. 56f.). Wahrscheinlich setzt Evangelienschreibung überhaupt solches Rückblicken aus dem größeren Abstand voraus. Aber daraus muß sich noch keine bewußte Deutung der einzelnen Epochen, noch keine Funktionsbestimmung im Zusammenhang einer heilsgeschichtlichen Gesamtkonzeption ergeben. Dies scheint erstmals bei Lukas der Fall zu sein.

Die lukanische Geschichtsschreibung ist demnach keine Verlegenheitslösung, etwa als Ersatz für die Naherwartung angesichts des Ausbleibens der Parusie. Sie ist positiver zu verstehen, nämlich als Sinngebung für die ursprünglich nicht mehr erwartete neue Zeit, und zwar teilweise in der Form eines Kontinuitätsnachweises für Gottes planvolles Handeln. Dieser zeigt natürlich nicht nur, wie oben gesagt, die Zuverlässigkeit der apostolischen Tradition; er festigt auch die Hoffnung auf die noch ausstehenden Taten Gottes (vgl. Apg 3,21). Lukas, der ja auch die Ausgießung des Geistes als endzeitliches Geschehen versteht (Apg 2,17), ist sich anscheinend noch bewußt, in der Spannung zwischen den „schon“ und den „noch nicht“ geschehenen Vollendungstaten Gottes zu leben. Der Charakter der „Zwischenzeit“ als solcher ist freilich bei ihm stark abgeschwächt. Aber zur eigentlichen Enteschatologisierung der Verkündigung kommt es erst mit dem Aufgeben der besagten Spannung nach Lukas (vgl. Cullmann, Heil 224).

§ 22 e) Israel – Gottes Volk

Bovon, F.: Israel, die Kirche und die Völker im lukanischen Doppelwerk, in: ders., Lukas, 120–138. – Brawley, R.L.: The Pharisees in Luke-Acts. Luke’s Address to Jews and His Irenic Purpose. Diss. Princeton Theol. Seminary 1978. – Eltester, W.: Israel im lukanischen Werk und die Nazarethperikope, in: Jesus in Nazareth (BZNW 40). Berlin/New York 1972, 76–147. – Ettmayer, L.: Kirche als Sammlung Israels?, in: ZKTh 100 (1978), 127–139. – George, A.: Israël, in: ders., Études, 87–125. – Gnilka, J.: Die Verstockung Israels. Isaias 6,9–10 in der Theologie der Synoptiker

(StANT 3). München 1961. – HINDERLICH, M.: Lukas und das Judentum. Eine Untersuchung des 3. Evangeliums und der Apostelgeschichte nach ihrem Verhältnis zum Judentum. Masch. Diss. Leipzig 1960. – JÁUREGUI, J. A.: «Israel» y la Iglesia en la teologia de Lucas, in: EE 61 (1986), 129–149. – JERVELL, J.: The Divided People of God. The Restoration of Israel and Salvation for the Gentiles, in: ders., Luke, 41–74. – LOHFINK, G.: Die Sammlung Israels. Eine Untersuchung zur lukanischen Ekklesiologie (StANT 39). München 1975. – MEINERTZ, M.: „Dieses Geschlecht" im Neuen Testament, in: BZ 1 (1957), 283–289. – SANDERS, J. T.: The Jews in Luke-Acts. Philadelphia 1987. – TANNEHILL, R. C.: Israel in Luke-Acts: A Tragic Story, in: JBL 104 (1985), 69–85. – TATUM: Zeit Israels (§ 19). – TYSON, J. B.: The Jewish Public in Luke-Acts, in: NTS 30 (1984), 574–583. – WAINWRIGHT, A. W.: Luke and the Restauration of the Kingdom to Israel, in: ET 89 (1977), 76–79. – ZIESLER, J. A.: Luke and the Pharisees, in: NTS 25 (1979), 146–157.

Die Aussagen des Lukas-Evangeliums über Israel sind zwiespältig. Sie entstammen eben nicht zuletzt, wie vor allem die Apostelgeschichte zeigt, der Erfahrung der Spaltung in Israel. Licht und Schatten liegen nicht erst in der Zeit Johannes des Täufers und Jesu nahe beisammen, sondern schon lange vorher.

Rückblickend kann sich Israel mit Recht großer Privilegien rühmen. Es darf sich auf seine Abrahamskindschaft berufen (1,55.73; 13,16; 16,22; 19,9; 20,37; vgl. Apg 13,26), auf das Erbarmen Gottes mit den Vätern (1,50.55.72), auf den Bund mit Gott und seine Verheißungen (1,72 f.). Und es lebt treu nach dem „Gesetz des Herrn" (vgl. 2,22–24.27.39; vgl. Apg 21,20; 22,3). In schärfstem Gegensatz dazu steht die Verstockung, in der Israel in seiner Geschichte Gottes Propheten verfolgt (6,23) und getötet hat (11,47 f. 50 f.; vgl. Apg 7,51 f.). Deren Abweisung in Israel hat zum Heil für Nichtisraeliten geführt (4,24–27).

Bevor Lukas die Sendung Jesu in Israel und damit auch die letztlich zu seinem Tod führende Ablehnung durch die Juden darstellt, nimmt er in der prologartigen Vorgeschichte Lk 1 – 2 das Motiv von Glauben und Unglauben, das Thema der Spaltung also, vorweg. So überschwenglich hier vom Heil für Israel gesprochen wird, es zeigt sich auch, daß dieses nicht ganz Israel zuteil wird, so schon in 1,16 f. und vor allem dann in 2,34: Der „Widerspruch" wird vielen zum „Fall" werden (vgl. Apg 3,23). Andererseits ist das zum Heil gelangende Israel hier schon als das von Christus und im Glauben an ihn erneuerte Israel gedacht (vgl. 2,10 f. 30–32). Das „Haus Jakob" von Lk 1,33 ist identisch mit dem die jüdische Christusgemeinde bezeichnenden „Zelt Davids" in Apg 15,16. Und wie sich Apg 15,17 der Gedanke von der Aufnahme von Nichtjuden in das jüdische „Haus“ anschließt (vgl. 15,20 auf dem Hintergrund von Lev 17f.), so ist auch in Lk 2,32 schon an eine Erweiterung Israels gedacht.

Vor Jesus erfährt sein Wegbereiter Johannes Widerspruch und Ablehnung in Israel. Er muß davor warnen (3,8), wie später auch Jesus (13,28; 16,23–31), die Abrahamskindschaft als Heilsgarantie zu verstehen. Allerdings ist nun zu differenzieren. Das Volk nimmt seine Umkehrpredigt an und läßt sich taufen (3,10.15.21; 7,29; 20,6); beiseite bleiben nur „die Pharisäer und die Gesetzeslehrer“ (7,30; 20,5). Das ist das gleiche Bild wie bei Jesus. Sieht man von der schon den ganzen Weg Jesu (und des Evangeliums) vorwegnehmenden Szene 4,16–30 und einigen traditionellen Redetexten (wie z.B. 6,22f.) ab, so treten auch ihm immer wieder die Pharisäer und Schriftgelehrten als die murrenden Kritiker (z.B. 5,30; 15,2), ja zusammen mit den Ältesten und Hohenpriestern als seine Todfeinde (6,11; 9,22) gegenüber, begeistert aufgenommen dagegen wird er von der Menge (z.B. 19,48). Damit sind nun nicht nur zufällig zusammengeströmte Volksscharen gemeint. Lukas legt vielmehr Wert auf die Tatsache, daß ganz Israel Jesu Botschaft hört (Lohfink, Sammlung 33–40), zumindest durch die Predigt seiner Jünger (vgl. 6,17; 23,5; 9,1–6; 10,1–12). Auch die Gegner Jesu kommen von überall her (5,17 diff. Mk 2,2). Die Kluft zwischen dem Volk und seinen Oberen bleibt bestehen bis zum Vorabend der Passion (20,6.19.26; 22,2).

Im Prozeß vor Pilatus stellt sich das Volk dann plötzlich an der Seite seiner Führer (vgl. Apg 3,17; 13,27) gegen Jesus (23,13). Was in Nazaret zeichenhaft geschehen ist (4,16–30), wird nun auf neue Weise und auf höherer Ebene Wirklichkeit. Das Bundesvolk Israel lehnt seinen Messias ab (vgl. Apg 4,27). Diese Tatsache beschönigt Lukas nicht. Er schreibt sie allerdings der „Unwissenheit“ der Juden zu (Apg 3,17). Damit kann diese Entscheidung widerrufen werden. Es gibt für Israel die Möglichkeit der Umkehr. Daß dieses Angebot wiederum nur das Volk wahrnimmt, ist ein Merkmal in der Schilderung der Urgemeinde in der Apostelgeschichte (bis zur Wende in 12,3; vgl. 12,11). Aber es kündigt sich schon im Evangelium an: Die Volksmenge, die Jesu Kreuzigung miterlebt hat, kehrt reumütig zurück (23,48). Die Ablehnung Jesu bei den Juden ist also nicht endgültig (vgl. 8,10b diff. Mk 4,12); es kommt vielmehr zu einem Neubeginn.

Damit bleibt Israel, trotz aller Spaltungen und Abspaltungen (besonders in den Synagogen der Diaspora), aber auch trotz des baldigen Überwiegens des heidnischen Anteils im Haus Jakob (wiederum besonders in der Diaspora; vgl. Apg 15,14), der Ort des Bundes, vor allem der Ort, an dem die Verheißungen des Bundes – in freilich ungeahnten Dimensionen – in Erfüllung gehen. So geschen, hört die Zeit Israels nicht mit Jesus auf. In heilsgeschichtlicher Kontinuität lebt das Bundesvolk, wenn auch in veränderter Gestalt, weiter bis zur Parusie. Die negative Seite der Veränderung besteht darin, daß sich ein Teil Israels durch seinen bleibenden Ungehorsam gegen Christus, durch die Verfolgung seiner Propheten und Apostel, aus dem Bundesvolk ausgeschlossen hat (Lk 11,49–51; Apg 3,23). Den Namen Israel überhaupt – Lukas spricht erst gar nicht vom neuen oder wahren Israel – verdient, im Gegensatz zu den „Juden", nur das Volk Gottes in seiner neuen Zusammensetzung aus Juden- und Heidenchristen, die Kirche.

§ 23 f) Die Schrift – Gottes Wort

Bonnard, P.-E.: Le Psaume 72. Ses relectures, ses traces dans l'œuvre de Luc?, in: RSR 69 (1981), 259–278. – Bovon, F.: La figure de Moïse dans l'œuvre de Luc, in: La figure de Moïse. Ecriture et relectures. Genf 1978, 47–65. – Cimosa, M.: Gesù «Ermeneuta» delle scritture, in: Parole di Vita 28 (1983), 22–36. – Craddock, F. B.: The Sermon and the Use of Scripture, in: ThTo 42 (1985/86), 7–14. – Crockett, L. C.: Luke 4,25–27 and Jewish-Gentile Relations in Luke-Acts, in: JBL 88 (1969), 177–183. – Ders.: The Old Testament in the Gospel of Luke; with Emphasis on the Interpretation of Isaiah 61.1–2. 2 Bde. Diss. Brown University 1966. – Dahl, N. A.: The Story of Abraham in Luke-Acts, in: Studies in Luke-Acts, 139–158. – Delling, G.: „... als er uns die Schrift aufschloß". Zur Lukanischen Terminologie der Auslegung des Alten Testaments, in: Das Wort und die Wörter. FS für Gerhard Friedrich. Stuttgart/Berlin/Köln/Mainz 1973, 75–84. – Ernst, J.: Schriftauslegung und Auferstehungsglaube bei Lukas, in: ders. (Hrsg.), Schriftauslegung. Beiträge zur Hermeneutik des Neuen Testamentes und im Neuen Testament. München/Paderborn/Wien 1972, 177–192. – Hall, S. G.: Christology, Prophecy and Scripture, in: E. A. Livingstone (Hrsg.), Studia Biblica 1978 III. Papers on Paul and Other New Testament Authors (JSNT Suppl. Ser. 3). Sheffield 1980, 157–171. – Hanford, W. R.: Deutero-Isaiah and Luke-Acts: Straightforward Universalism?, in: CQR 168 (1967), 141–152. – Holtz, T.: Untersuchungen über die alttestamentlichen Zitate bei Lukas (TU 104). Berlin 1968. – Jervell, J.: Die Mitte der Schrift. Zum lukanischen Verständnis des Alten Testaments, in: Die Mitte des Neuen Testaments. Einheit und Vielfalt neutestamentlicher Theologie. FS für Eduard Schweizer, Göttingen 1983, 79–96. – Lategan, B. C.: Tradition and

Interpretation – Two Methodological Remarks, in: Essays, 95–103. – Rese, M.: Alttestamentliche Motive in der Christologie des Lukas (StNT 1). Gütersloh 1969. – Ringgren, H.: Luke's Use of the Old Testament, in: HThR 79 (1986), 227–235. – Sanders, J. A.: Isaiah in Luke, in: Interp. 36 (1982), 144–155. – Schneider: Apostelgeschichte (§ 7) (Exkurs ›Zitate aus dem Alten Testament‹). – Ders.: Schrift und Tradition in der theologischen Neuinterpretation der lukanischen Schriften, in: BiKi 34 (1979), 112–115. – Seccombe, D.: Luke and Isaiah, in: NTS 27 (1981), 252–259. – Wilson, S. G.: Luke and the Law (MSSNTS 50). Cambridge/London/New York 1983.

Wenn ein Grundgedanke des lukanischen Doppelwerkes der von Verheißung und Erfüllung ist (vgl. § 21), dann muß das Buch, das jene Verheißungen enthält, die „Schrift", von vornherein eine große Bedeutung für die Theologie des Lukas haben. Und damit ist auch schon angedeutet, wo nach ihm die Mitte der Schrift zu suchen ist bzw. als was er die Schrift versteht.

Im Lukas-Evangelium sind für das Interesse des Evangelisten am aufschlußreichsten die von ihm selbst eingebrachten (oder nur bei ihm begegnenden) Zitate und summarischen Hinweise. Abgesehen von den Zitaten in 2,23f. und 23,30.46, die eher textinterne Aufgaben erfüllen, haben sie insofern einen hohen Stellenwert für Lukas, als sie, teilweise an exponiertem Ort, programmatische Funktion ausüben. Das gilt schon von dem verlängerten Eröffnungszitat 3,4–6 = Jes 40,3–5 (diff. Mk 1,3), mit dem der Horizont des Heils von Anfang an universal ausgeweitet wird, ein Gedanke, der dann am Ende der Apostelgeschichte seine abschließende Bestätigung findet (28,28). Das gilt ebenso von der „Antrittspredigt" Jesu, nach der seine ganze Sendung nicht nur im Licht von Jes 61,6f. (und 58,6), also unter dem Thema der endzeitlichen befreienden Botschaft für die Armen, erscheint, sondern auch als Erfüllung dieser Verheißung begriffen wird (4,18f.). In ähnlicher Weise gibt Lukas dem Leser am Beginn der Passion den Schlüssel in die Hand, nach dem dieses Geschehen einzuordnen und zu verstehen ist, nämlich auf dem Hintergrund des Liedes vom leidenden Gottesknecht (22,37 = Jes 53,12). Auch die summarischen Erinnerungen an die Schrift, die jeweils in einer Gesamtschau auf Leiden und Auferstehung voraus- oder zurückblicken, dienen dem Nachweis, daß sich in diesem ganzen Geschehen die Weissagung der Propheten und damit der Plan Gottes erfüllt, so besonders deutlich in 18,31 (diff. Mk 10,33) und 24,25–27.44–47. Dabei kommt in 24,44–47 der (schon in § 21 behandelte) Gedanke zum Tragen, daß aus bereits erfahrener Erfüllung von Verheißungen mit Gewißheit auf noch ausstehende Erfüllung geschlossen werden kann, hier also auf die Verkündigung des Heils „bei allen Völkern".

Betrachtet man die das Lukas-Evangelium prägenden Motive, zumal die wesentlichen Züge seiner Christologie, dann bestätigt sich, wie sehr der Evangelist, auch wo er nicht zitiert, von der Schrift beeinflußt ist. Er stellt Jesus nicht nur allgemein als Prophet dar (s. § 26), nämlich „mächtig in Tat und Wort" (24,19; vgl. 7,16.39) und doch verworfen von seinem Volk (4,24; 13,33). Er gibt ihm auch die Züge bestimmter Prophetengestalten, und zwar weniger deutlich die des Elija (vgl. 4,26; 7,15; 12,49), betonter die des Mose (vielleicht 6,12–16. 17–19; sicher 9,35; vgl. Apg 3,22 – Dtn 18,15), vor allem aber die des Gottesknechts: Neben dem schon genannten Zitat aus Jes 53,12 gehört hierher die Bezeichnung Jesu als „Licht zur Erleuchtung der Heiden" (2,32; vgl. Jes 42,6; 49,6). Im übrigen begegnen die in 4,18f. an Hand von Jes 61,1f. (und 58,6) aufgeführten Motive teilweise auch in den Gottesknechtsliedern (vgl. Jes 42,1.7; 49,8). Förmlich gleichgesetzt werden Jesus und der Gottesknecht allerdings erst in Apg 8,34f.

Daß die bisher genannten Zitate und Anspielungen fast alle mit Jesaja, genauer: mit Deuterojesaja, zu tun haben, liegt daran, daß Lukas diesen Propheten tatsächlich bevorzugt. Freilich benutzt er daneben, teilweise mit der Tradition, auch andere Bücher, vor allem das Zwölfprophetenbuch, das Deuteronomium und die Psalmen (s. die Tabelle bei Schneider, Apostelgeschichte I 234f.). Er gibt auch häufiger an, daß er aus einem bestimmten „Buch" zitiert, im Evangelium allerdings nur 3,4 (diff. Mk 1,2); 4,17 und 20,42 (diff. Mk 12,36).

Zeigt schon die Statistik der Zitate die Konzentration des Lukas auf die prophetischen Schriften, also sein Zentrum der Schrift, so läßt sich darüber hinaus zeigen, daß das Prophetische überhaupt für ihn das Wichtigste an und in der Schrift ist. Dieses findet er auch in den anderen Büchern, im Gesetz des Mose (24,27) ebenso wie in den Psalmen Davids (20,42). Bezeichnend ist die Rede von der Erfüllung alles dessen, „was geschrieben ist ... in dem Gesetz des Mose und den Propheten und Psalmen" (24,44). Schon im Evangelium deutet sich an, was dann in der Apostelgeschichte mit ihren zahlreichen Bezugnahmen auf Mose und David unübersehbar ist: Es wird „der Gesetzgeber Moses dem Propheten Moses untergeordnet", und „in David verbinden sich das Prophetische und das Messianische" (Jervell, Mitte 88,85). Der Inhalt, in dem die prophetischen Aussagen der ganzen Schrift übereinkommen, damit also der Kern der Schrift, ist die Weissagung von Leiden und Tod sowie von Auferstehung und Erhöhung des Messias (Lk 24,26.46). Diese Feststellung ist Lukas besonders wichtig. Sie dient nicht nur seinem Grundgedanken von Verheißung und Erfüllung, sondern auch dem Kontinuitätsnachweis für die Christusverkündigung der Kirche (vgl. Apg 23,6; 26,14f.21). Denn damit ist ja „die Mitte der Schrift auch die Mitte der christlichen Botschaft" (Jervell, Mitte 91).

§ 24 g) Johannes – Gottes Prophet

Bachmann, M.: Johannes der Täufer bei Lukas: Nachzügler oder Vorläufer?, in: Wort in der Zeit, 123–155. – Benoit, P.: L'enfance de Jean-Baptiste selon Luc I, in: NTS 3 (1956/57), 169–194. – Böcher, O.: Lukas und Johannes der Täufer, in: SNTU 4 (1979), 27–44. – Burchard, Ch.: Zu Lukas 16,16, in: Lese-Zeichen für Annelies Findeiß. Heidelberg 1984, 113–120. – Danker, F.W.: Luke 16: 16 – An Opposition Logion, in: JBL 77 (1958), 231–243. – Dibelius, M.: Die urchristliche Überlieferung von Johannes dem Täufer (FRLANT 15). Göttingen 1911. – Egertson, E.R.: John the Baptist in Lucan Theology. Diss. Graduate Theological Union and the Pacific Lutheran Theological Seminary 1968. – George, A.: Le parallèle entre Jean-Baptiste et Jésus en Lc 1 – 2, in: ders., Études, 43–65. – Kümmel: Gesetz (§ 21). – Lee, S.-H.: John the Baptist and Elijah in Lucan Theology. Diss. Boston University School of Theology 1972. – Marconcini, B.: Il Battista e lo spirito santo, in: Parole di Vita 28 (1983), 96–105. – Minear, P.S.: To Heal and to Reveal. The Prophetic Vocation According to Luke. New York 1976. – Mount, W.W.: The Relation of John the Baptist to Jesus in the Theology of Luke-Acts. Diss. Yale University 1969. – Robinson: Elijah (§ 26). – Sahlin: Messias (§ 10). – Ders.: Studien zum dritten Kapitel des Lukasevangeliums (UUA 1949, 2). Uppsala 1949. – Scobie, Ch.H.H.: John the Baptist. London 1964. – Wink, W.: John the Baptist in the Gospel Tradition (MSSNTS 7). Cambridge 1968.

Am Anfang des Lukas-Evangeliums steht Johannes der Täufer. Ihm ist nicht nur der größte Teil von Kap. 1, also ein wichtiger Abschnitt der prologartigen Vorgeschichte, gewidmet, sondern auch weitgehend Kap. 3, der Bericht von der Vorbereitung des Wirkens Jesu. Das letztere hat Lukas mit seinen schriftlichen Vorlagen, mit dem Markus-Evangelium und der Logienquelle, gemeinsam, die beide mit Stoff über Johannes beginnen. Dies entspricht der Sicht der auf das Jesusgeschehen zurückblickenden Urgemeinde, wie sie sich vor allem in Mk 1, 1–13 und in einzelnen Johannes-Traditionen (vgl. Mt 11,11.12.18f.) niedergeschlagen hat: Damals, mit Johannes, hat alles angefangen.

Diese Sicht übernimmt grundsätzlich auch das Lukas-Evangelium, und sie wird aufrechterhalten in dem mehrfachen summarischen Rückblick der Apostelgeschichte (1,22; 10,37; 13,24f.). Die lukanische Einordnung des Johannes in den Verlauf der Heilsgeschichte scheint damit klar zu sein, allerdings nur auf den ersten Blick. Bei näherem Zusehen wird sie zum Problem. Diskutiert wird es meistens und sehr heftig bei der Auslegung von Lk 16,16. Ist diese Engführung der Debatte schon bedenklich, so wird sie zur Sackgasse, wenn man die Entscheidung von der Bedeutung der hier gebrauchten Präpositionalausdrücke μέχρι Ἰωάννου und ἀπὸ τότε abhängig machen möchte. Sie lassen sich nämlich beide sowohl exklusiv wie inklusiv verstehen, und damit erweist sich die zunächst wie eine exakte Grenzziehung wirkende Aussage doch, zumindest sprachlich, als unbrauchbar.

Der von Lukas dem Täufer zugewiesene Ort kann also nicht allein aus Lk 16,16 erschlossen werden. Nach dem Aufriß seines Evangeliums und den genannten Summarien erscheint Johannes als Wegbereiter und sein Wirken als unmittelbare Vorbereitung für Jesus. Der den Beginn des Neuen markierende eindrucksvolle Synchronismus von 3,1f. verbindet dieses mit dem Auftreten des Johannes. Und das gegenüber Mk 1,3 umgestellte und erweiterte Jesaja-Zitat in 3,4–6 läßt die Verkündigung des Johannes selbst schon als heilbringendes Erfüllungsgeschehen erscheinen. Nicht umsonst ist er nach 7,26.28 „mehr als ein Prophet" und der Größte der Menschen. Er läßt sich nur mit Jesus selbst vergleichen, wie die Parallelen in den Geburtsgeschichten und deren kunstvolle Verschränkung zeigen.

Auf der anderen Seite enthält Lk 16,16 doch noch einen wichtigen Hinweis: Das Stichwort der „Verkündigung" des Gottesreiches (diff. Mt 11,12) trennt den Bußprediger von Jesus (und seinen Nachfolgern), d.h. von der Zeit des Evangeliums. Die beiden trennen auch regelrechte Gegensätze, „wie Wasser und Feuer" könnte man sagen, wenn man an die Wassertaufe beim einen und die Feuer- und Geisttaufe beim anderen denkt (3,16; vgl. Apg 1,5; 11,16). Dem Trauern und Fasten auf der einen stehen Tanzen und Feiern auf der anderen Seite gegenüber (7,32–34; vgl. 5,33). Demnach gehört Johannes noch zur alten Ordnung, wie vor allem auch 7,28 nahelegt; er gehört noch zu denen, die warten und Ausschau halten, wie seine Anfrage aus dem Gefängnis zeigt (7,18–20). Darin gleicht er den Prophetengestalten Simeon und Hanna, die sicher der Zeit des wartenden Israel zugerechnet werden müssen, obwohl sie schon das Messiaskind sehen dürfen (2,25–38). Als Prophet, der Johannes ja, trotz und gerade wegen 7,26, in ausgezeichneter, aber doch anderer Weise als Jesus ist (vgl. 20,6), gehört er logischerweise auf die Seite von „Gesetz und Propheten" (16,16), und zwar auch im zeitlichen Sinn. 3,19f. bedeutet offenbar nicht nur einen literarischen, sondern auch einen historischen Einschnitt, der Johannes und Jesus voneinander trennt. Jedenfalls setzt Lukas Jesu Wirken auch in Apg 10,37 „nach der Taufe" und in Apg 13,24 (Partizip Aorist!) „nach der Verkündigung des Johannes" an.

Freilich ist mit der einen oder der anderen Ortsbestimmung für Johannes nicht viel gewonnen. Aber irgendwo verläuft eben die Grenze zwischen alter und neuer Ordnung, für Lukas vermutlich doch nach Johannes. Es ist natürlich, daß beide Bereiche aneinanderstoßen, und es wäre keine Grenze, wenn sie nicht gleichzeitig den einen Bereich hinter sich lassen und den neuen in den Blick rücken würde. So ist auch Johannes eine typische Gestalt des Übergangs. Als der letzte Vertreter der Zeit Israels gehört er noch zum Alten; aber auf den Wegbereiter und Vorläufer Jesu fällt schon das Licht des Neuen.

Diskutiert wird auch die Frage, ob bzw. warum Lukas die Gleichsetzung des Johannes mit Elija vermeidet. Er streicht die Notiz Mk 1,6, die den Bußprediger wie Elija (vgl. 4 Kön 1,8 LXX) mit dem Lendenschurz ausstattet, und die ganze Erzählung Mk 6,19–29, die Parallelen zur Verfolgung des Elija durch die Königin Isebel (1 Kön 16,31; 19,10.14) aufzuweisen scheint. Ist die genannte Gleichsetzung hier vielleicht fraglich, so ist sie in dem ebenso übergangenen Abschnitt Mk 9,11–13 eindeutig gegeben (vgl. Mt 11,14). Für Lukas ist Johannes der Vorläufer Jesu, aber nicht der Vorläufer des Endes und damit Gottes, er ist nicht die messianische Gestalt des neuen Elija. Daß er das Zitat in Lk 7,27 (par. Mt 11,10; vgl. Lk 1,76) trotzdem wiedergibt, liegt wohl daran, daß es neben Mal 3,1 auch (und vielleicht noch eher) an Ex 23,10 erinnert und von Mk 1,2 darüber hinaus als Jesaja-Zitat vorgestellt wird. Lk 1,17 allerdings wird die Aufgabe des Johannes mit den Worten von Mal 3,23f. als die des Elija beschrieben. Hier könnte man höchstens die lukanisch klingende Bestimmung „im Geist und in der Kraft (des Elija)" als Abschwächung, als Rücknahme einer ursprünglichen direkten Gleichsetzung verstehen. Die Abwehr des Elijagedankens von Johannes bedeutet wohl auch eine Abgrenzung gegen die Täuferkreise, die in Johannes eine messianische Gestalt, den endzeitlichen Propheten und eben Elija gesehen haben (vgl. Joh 1,20f.).

Das Bestreben, den Bußprediger dem Messias unterzuordnen, ist jedenfalls schon in Lk 1 nicht zu übersehen; denn hier wird der erste immer wieder vom zweiten überboten. 3,15f. spricht ausdrücklich davon. Auch die paradoxe zeitliche Trennung in der öffentlichen Wirksamkeit der beiden (3,19f. 21) hat man schon damit erklärt, daß Lukas sonst gezwungen gewesen wäre, den Geringeren – ganz gegen die Wirklichkeit – als Jünger des Höheren darzustellen (Mount). Johannes, der bei Lukas weniger Täufer als Prediger ist (3,3 diff. Mk 1,4; 9,7 diff. Mk 6,14), hat mit der Taufe (3,3) zwar das in der Vergebung der Sünden bestehende Heil anzukündigen und anzubieten; aber der Schwerpunkt liegt doch auf der (in 3,10–14 diff. Mk erweiterten) Bekehrungspredigt (vgl. 3,19). Diese ist nicht der Gerichtsruf, und sie läutet erst recht nicht das Weltende ein. Sie ist die eindringliche Mahnung zur Wegbereitung für die neue Zeit und ihr Heil (3,4–6. 18).

2. *Christus*

§ 25 a) Zeit und Wirken Jesu

Achtemeier, P.J.: The Lucan Perspective on the Miracles of Jesus: A Preliminary Sketch, in: Talbert, Perspectives, 153–167. – Albertz, R.: Die „Antrittspredigt" Jesu im Lukasevangelium auf ihrem alttestamentlichen Hintergrund, in: ZNW 74 (1983), 182–206. – Aletti, J.-N.: Jésus à Nazareth (Lc 4,16–30). Prophétie, écriture et typologie, in: À cause de l'Évangile, 431–451. – Bruners, W.: Die Reinigung der zehn Aussätzigen und die Heilung des Samariters Lk 17,11–19. Ein Beitrag zur lukanischen Interpretation der Reinigung von Aussätzigen (FzB 23). Stuttgart 1977. – Busse, U.: Das Nazareth-Manifest Jesu. Eine Einführung in das lukanische Jesusbild nach Lk 4,16–30 (SBS 91). Stuttgart 1978. – Ders.: Die Wunder des Propheten Jesus. Die Rezeption, Komposition und Interpretation der Wundertradition im Evangelium des Lukas (FzB 24). Stuttgart 1977. – Dupont, J.: Jésus annonce la bonne nouvelle aux pauvres, in: ders., Études, 23–85. – Evans, C.A.: Luke's Use of the Elijah/Elisha Narratives and the Ethic of Election, in: JBL 106 (1987), 75–83. – George, A.: Le miracle, in: ders., Études, 133–148. – Ders.: Les récits de miracles. Caractéristiques lucaniennes, ebd., 67–84. – Ghidelli, C.: I miracoli di Gésu, in: Parole di Vita 28 (1983), 5–21. – Hull: Magic (§ 20). – Kirchschläger, W.: Jesu exorzistisches Wirken aus der Sicht des Lukas. Ein Beitrag zur lukanischen Redaktion (Österr. Bibl. Stud. 3). Klosterneuburg 1981. – Kodell, J.: Luke's Gospel in a Nutshell (Lk 4:16–30), in: BTB 13 (1983), 16–18. – Lampe, G.W.H.: The Lucan Portrait of Christ, in: NTS 2 (1955/56), 160–175. – Loos, H. van der: The Miracles of Jesus (NT.S 9). Leiden 1965. Nachdr. 1968. – Minear: To Heal (§ 24). – Nützel, J.M.: Jesus als Offenbarer Gottes nach den lukanischen

Schriften (FzB 39). Würzburg 1980. – Sanders, J.A.: From Isaiah 61 to Luke 4, in: Christianity, Judaism and Other Greco-Roman Cults. FS für Morton Smith. Bd.I (SJLA 12,1). Leiden 1975, 75–106. – Talbert, C.H.: The Way of the Lukan Jesus: Dimensions of Lukan Spirituality, in: PRSt 9 (1982), 237–249. – Tannehill, R.C.: The Mission of Jesus according to Luke IV 16–30, in: Jesus in Nazareth (BZNW 40). Berlin/New York 1972, 51–75. – Voss, G.: Jesusverkündigung im Lukasevangelium, in: W. Pesch (Hrsg.), Jesus in den Evangelien (SBS 45). Stuttgart 1970, 127–147.

Mit der Rückkehr nach Galiläa (4,14) beginnt die Zeit Jesu, die Zeit seines Wirkens. Wie seine Antrittspredigt zeigt, fängt damit die Erfüllung der prophetischen Heilsverheißungen an (4,17–21). Die ganze Wirksamkeit Jesu ist von dem Zitat (und den tragenden Verben) in 4,18f. aus als Ausrufen des Heils für die Armen durch den gesalbten Geistträger Jesus zu verstehen. Er ist dazu „gesandt" – es entspricht Gottes Plan (δεῖ) –, in allen Städten „das Reich Gottes zu verkünden" (4,43). Er eröffnet seine machtvolle und von Wundern begleitete Verkündigung in Galiläa und ist dann im ganzen Land unterwegs. Er zieht als Lehrer, der von seinen Jüngern umgeben ist und von seinen Gegnern angefeindet wird, nach Jerusalem und lehrt dort im Tempel das an ihm hängende Volk, bis die Feinde seiner Tätigkeit ein Ende setzen.

Im Rückblick erscheint Jesus seinen Jüngern als „Prophet, mächtig in Tat und Wort" (24,19). Ob eines bzw. was davon im Sinn des Lukas den Vorrang hat, ist umstritten. Während die einen „das Sehen sachlich dem Hören über(ge)ordnet" finden (so Conzelmann, Mitte 179), geben andere dem Wort „eindeutig Vorrang vor der Tat" (so Busse, Wunder 419). Tatsächlich lassen sich beide Thesen rechtfertigen. Wie oben (in § 21) bereits gesagt, läßt sich die Zeit der öffentlichen Wirksamkeit charakterisieren (mit einem Zitat von Conzelmann, Mitte 22, Anm.2) als „reine Darstellung des Heils". Diese ist in erster Linie etwas zum Sehen, und aus dem zu Sehenden lassen sich Schlüsse ziehen (7,21f. diff. Mt 11,4; vgl. Lk 11,20; Apg 2,22). Die Jünger, die später als „Zeugen" auftreten (Apg 1,22; 10,39.41), werden als Augenzeugen seliggepriesen (10,23) und preisen selbst Gott „für all die Machttaten, die sie gesehen haben" (19,37 diff. Mk 11,9). Andererseits hat das ganze Wirken Jesu von 4,18f. her den Charakter einer Botschaft (vgl. 4,43), auch dort, wo ein Wunder geschieht (4,36 diff. und par. Mk 1,27). Insofern ist jene dem Wunder als der umfassendere Begriff vorgeordnet, stellt sie sozusagen (vgl. 4,14f. mit 4,44) den Rahmen dar, in den die Wunder einzuordnen sind. Diese sind dann die Illustration und Manifestation der Predigt vom Reich Gottes. Es stehen sich also formaler und sachlicher Vorrang (vgl. Conzelmann, Mitte 179) gegenüber. Je nachdem wird man etwa in Apg 10,36–38 entweder den V. 36, der von der Friedensbotschaft, oder den V. 38, der von den Wohltaten Jesu spricht, betonen. Das Wort interpretiert die Taten, und die Taten veranschaulichen das Wort.

Versteht man das Ausrufen des Heils mit Lk 4 als logisch übergeordnete Größe, dann ist ihr doch neben dem Wunderwirken und dem sonstigen Verhalten Jesu zunächst einmal seine Predigttätigkeit als solche zuzuordnen. Und was ist der Inhalt seiner Verkündigung? Wenn deren Brennpunkte beim historischen Jesus die Eschatologie und die Theologie sind, so verschiebt sich der Akzent bei Lukas eindeutig auf die letztere. Das große Thema ist immer wieder Gott selbst als die Hoffnung für die Armen und die Sünder. Als Überbringer dieser Hoffnung (vgl. 4,18) tritt Jesus auf. Den Armen kündigt er die Umkehrung der jetzigen Verhältnisse an (6,20f.; 14,15–24; 16,19–31; vgl. 1,53), und den Sündern zeigt er den vergebenden Gott (15,1–32; 18,9–14; 23,39–43). Er lehrt seine Jünger, vertrauensvoll zu Gott als Vater zu beten (11,1–4.9–13), und ermutigt sie zum ausdauernden, ja hartnäckigen Gebet (11,5–8; 18,1–8). Sie nimmt er auch für seine Verkündigung in Dienst, indem er sie mit seiner Botschaft aus- und vorausschickt (9,2; 10,1). Die hier begegnenden Anweisungen für die Erfüllung des Auftrags (9,3; 10,4) sind ebenso bezeichnend wie die sonstigen Forderungen, die Jesus an die Jüngerexistenz stellt (5,11 diff. Mk 1,18.20; 5,28 diff. Mk 2,14; 12,22–32; 14,25–35; 18,18–30). Völlig sorglos, mittellos und ohne jede Ausrüstung leben kann man nur in einer Epoche des paradiesischen Friedens. Nichts Geringeres, eben die Gottesherrschaft, bedeutet die Gegenwart Jesu für seine Jünger. Mit dem Weggehen und dem Leiden Jesu ist auch diese exemplarische Heilszeit beendet (22,35f.).

Noch hoffnungsvoller als seine Worte stimmen seine Taten. Die Herrschaft Gottes wird nicht nur von Jesus angekündigt, sie kündigt sich auch selber an. Sie ist ja verborgen schon da (17,21) und macht sich, wenn auch unaufdringlich (17,20), bemerkbar in Zeichen, in Symptomen. „Wenn ich mit dem Finger Gottes die Dämonen austreibe“, sagt Jesus (11,20), „dann ist ja die Gottesherrschaft schon über euch gekommen“. Neben der Predigt gehen die Wunder einher (5,15 diff. Mk 1,45; 6,18 diff. Mk 3,8; 9,11 diff. Mk 6,34). Entsprechend beauftragt er seine Jünger, „die Gottesherrschaft zu verkünden und zu heilen“ (9,2; vgl. 10,9). Dabei werden der Heilungstätigkeit Jesu auch seine Dämonenaustreibungen zugerechnet (4,40f. diff. Mk 1,34; 6,18 diff. Mk 3,10f.). So gering das Interesse daran ist, das Handeln Jesu speziell als exorzistisches zu beschreiben (vgl. Kirchschläger, Wirken 267), so auffällig ist manchmal das Bestreben, auch Jesu Heilungstat als Befreiung von dämonischer Macht darzustellen (13,10–17; dazu besonders Apg 10,38). Aber wie immer, die Wunder sollen weniger die Messianität Jesu oder die Realität der Gottesherrschaft beweisen; sie sind stärker auf die Not der Menschen ausgerichtet. Es sind „Errettungstaten“ (Busse, Wunder). Strafwunder gibt es nur vor und nach Jesus (Lk 1,20; Apg 5,1–11; 12,23; 13,9–11). „Der Evangelist veranschaulicht ... mit den Heilungen den soteriologischen Charakter der Reichsbotschaft“ (Busse, Wunder 449). Aber die Wunder bringen natürlich noch nicht das endgültige Heil, sondern sind dessen Vorabbildung. Freilich können Wunder auch für den Glauben an Jesus bedeutsam sein. Wie begrenzt aber die Bedeutung selbst einer Totenerweckung ist, zeigt Lk 16,31. Immerhin wird Petrus nach dem Erlebnis des wunderhaften Fischfangs zum Jünger Jesu (5,1–11), und einige Frauen folgen ihm, weil er sie von Dämonen befreit hat (8,2). Weniger auffällig ist der stereotype Zug, daß die Wunder zum Lobpreis Gottes führen (z.B. 7,16). Sie sind auch insofern christologisch bedeutsam, als sie ihn als Mann Gottes ausweisen, so daß später von ihm gesagt werden kann: „Gott war mit ihm“ (Apg 10,38; vgl. 7,9; Joh 3,2). Hier machen sich Bezüge zum Alten Testament bemerkbar. So erinnert z.B. die Totenerweckung Lk 7,11–17 an den „Mann Gottes“ Elija und seine Tat (1 Kön 17,17–24), die Brotvermehrung Lk 9,12–17 mehrfach an Ps 78 und die Rede vom „Finger Gottes“ in Lk 11,20 an dieselbe bei Mose in Ex 8,15.

In das Gesamtbild von der Ausrufung des Heils für die Armen durch Jesus gehört neben der Predigt und den Wundern auch sein sonstiges Verhalten, vor allem seine Gemeinschaft mit Sündern, überhaupt mit den wenig Geachteten, zu denen auch die Frauen gehören. Indem er sich ihnen zuwendet, vermittelt er ihnen die Zuwendung und Güte Gottes. In seiner Mahlgemeinschaft mit ihnen (vgl. 14,15–24) realisiert sich die Gemeinschaft mit Gott, erfahren sie den vergebenden Gott. Jesu Gleichnisse sind teilweise nichts anderes als die Erläuterung seines eigenen Verhaltens, in dem er Gott vertritt, so etwa 7,41–43 im Rahmen von 7,36–50 oder 15,3–32 als Reaktion auf 15,1f. Wie Gott, der den Zöllner rechtfertigt (18,9–14), handelt auch Jesus (19,1–10). Er beruft sogar einen Zöllner in seinen engeren Jüngerkreis und feiert mit ihm samt seinen Standesgenossen ein großes Fest (5,27–29).

Daran nehmen die Pharisäer Anstoß (5,30). Sie schimpfen Jesus einen „Fresser und Säufer", einen „Freund der Zöllner und Sünder" (7,34). Jesus seinerseits geht aufs schärfste mit den Reichen ins Gericht (6,24–26), und auf deren Seite gehören nach Lukas auch die Pharisäer. Wie Jesus es mit den Armen und Verachteten hält, halten sie es nämlich mit den Reichen. Ihnen muß er sagen, sie sollten nicht „reiche Nachbarn" zum Essen einladen, sondern „Arme, Krüppel, Lahme und Blinde" (14,12f.; vgl. 14,21). So ergibt sich bei Lukas die eigenartige Verbindung der Pharisäer mit dem Reichtum, ja sogar mit der Geldgier (16,14). Die Feindschaft dieser Gruppe sowie der Schriftgelehrten (5,11) führt zu mancher Auseinandersetzung mit ihnen (5,17–26.30–32.33–35; 6,1–5; 11,37–54; 14,1–6; 16,14f.; 19,39f.). Der Streit spitzt sich zu, als Jesus im Tempel lehrt und auch die Hohenpriester ihm entgegentreten (19,47f.; 20,1–8.19.20–26; 22,2). Aber erst das Eingreifen des Satans (22,3) führt dazu, daß dem Wirken Jesu gewaltsam ein Ende gesetzt wird. Die Zeit des Heils, das „Gnadenjahr des Herrn" (4,19), ist damit vorbei.

§ 26 b) Die Person Jesu (Christologie)

Adebola, S.O.M.: The Christology of Luke-Acts. Diss. Oxford 1971/72. – Benoit, P.: Die Himmelfahrt, in: ders., Exegese und Theologie. Gesammelte Aufsätze (KBANT). Düsseldorf 1965, 182–218. – Berchmans, J.: Some Aspects of Lukan Christology, in: Biblebhashyam 2 (1976), 5–22. – Bouttier, M.: L'humanité de Jésus selon saint Luc, in: Parole de Grâce, 33–43. – Bouwman, G.: Die Erhöhung Jesu in der lukanischen Theologie, in: BZ 14 (1970), 257–263. – Busse: Wunder (§ 25). – Carruth, Th.R.: The Jesus-as-Prophet Motif in Luke-Acts. Diss. Baylor Univ. Waco 1973. – Davies, J.G.: He Ascended into Heaven. A Study in the History of Doctrine. London 1958. – Ders.: The Prefigurement of the Ascension in the Third Gospel, in: JThS 6 (1955), 229–233. – Dubois, J.D.: La figure d'Elie dans la perspective lucanienne, in: RHPhR 53 (1973), 155–176. – Dupont, J.: Les implications christologiques de la parabole de la brebis perdue, in: ders., Études, 647–666. – Feuillet, A.: Le récit lucanien de la tentation (Lc 4, 1–13), in: Bib.40 (1959), 613–131. – George, A.: Jésus Fils de Dieu, in: ders., Études, 215–236. – Ders.: Jésus «Seigneur», ebd., 237–255. – Ders.: La royauté de Jésus, ebd., 257–282. – Gils, F.: Jésus prophète d'après les Évangiles synoptiques (OBL 2). Löwen 1957. – Glombitza, O.: Die Titel διδάσκαλος und ἐπιστάτης für Jesus bei Lukas, in: ZNW 49 (1958), 275–278. – Greene, G.R.: The Portrayal of Jesus as Prophet in Luke-Acts. Diss.

Southern Baptist Seminary 1975. – HAHN, F.: Die Himmelfahrt Jesu. Ein Gespräch mit Gerhard Lohfink, in: Bib. 55 (1974), 418–426. – HAROUTUNIAN, J.: The Doctrine of the Ascension. A Study of the New Testament Teaching, in: Interp. 10 (1956), 270–281. – HASLER, V.: Jesu Selbstzeugnis und das Bekenntnis des Stephanus vor dem hohen (!) Rat. Beobachtungen zur Christologie des Lukas, in: SThU 36 (1969), 36–47. – HASTINGS, A.: Prophet and Witness in Jerusalem. A Study of the Teaching of Saint Luke. London und Baltimore 1958. – IERSEL, B. M. F. van: „Der Sohn" in den synoptischen Jesusworten. Christusbezeichnung der Gemeinde oder Selbstbezeichnung Jesu? (NT. S 3). Leiden ²1964. – JONES, D. L.: The Titel *Christos* in Luke-Acts, in: CBQ 32 (1970), 69–76. – LAMPE: Christ (§ 25). – LENTZEN-DEIS, F.: Die Taufe Jesu nach den Synoptikern. Literarkritische und gattungsgeschichtliche Untersuchungen (FTS 4). Frankfurt a. M. 1970. – LOHFINK, G.: Die Himmelfahrt Jesu. Untersuchungen zu den Himmelfahrts- und Erhöhungstexten bei Lukas (StANT 26). München 1971. – LOHMEYER, E.: Die Versuchung Jesu, in: Urchristliche Mystik. Neutestamentliche Studien. Darmstadt ²1958. – MAHNKE, H.: Die Versuchungsgeschichte im Rahmen der synoptischen Evangelien (Beitr. zur bibl. Exegese und Theol. 9). Frankfurt a. M./Bern/Las Vegas 1978. – MANN, C. S.: The New Testament and the Lord's Ascension, in: CQR 158 (1957), 462–465. – MARSHALL, I. H.: The Resurrection of Jesus in Luke, in: TynB 24 (1973), 55–98. – MINEAR: To Heal (§ 24). – NEUGEBAUER, F.: Jesu Versuchung. Wegentscheidung am Anfang. Tübingen 1986. – NEVIUS, R. C.: *Kyrios* and *Iesous* in St. Luke, in: AThR 48 (1966), 75–77. – NORMANN, F.: Christos Didaskalos. Die Vorstellung von Christus als Lehrer in der christlichen Literatur des ersten und zweiten Jahrhunderts (MBTh 32). Münster 1967. – NÜTZEL: Offenbarer (§ 25). – Ders.: Zum Schicksal der eschatologischen Propheten, in: BZ 20 (1976), 59–94. – O'TOOLE, R. F.: Activity of the Risen Jesus in Luke-Acts, in: Bib. 62 (1981), 471–498. – Ders.: Luke's Understanding of Jesus' Resurrection-Ascension-Exaltation, in: BTB 9 (1979), 106–114. – POTTERIE, I. de la: Le titre κύριος appliqué a (!) Jésus dans l'Évangile de Luc, in: Mélanges Bibliques. FS für Béda Rigaux. Gembloux 1970, 117–146. – RESE: Motive (§ 23). – RIESENFELD, H.: The Messianic Character of the Temptation in the Wilderness, in: ders., The Gospel Tradition. Oxford 1970, 75–93. – ROBINSON, J. A. T.: Elijah, John and Jesus: an Essay in Detection, in: NTS 4 (1957/58), 263–281. – SCHILLE, G.: Die Himmelfahrt, in: ZNW 57 (1966), 183–199. – SCHLIER, H.: Jesu Himmelfahrt nach den Lukanischen Schriften, in: ders., Besinnung auf das Neue Testament. Exegetische Aufsätze und Vorträge II. Freiburg i. Br./Basel/Wien 1964, 227–241. – Ders.: Die Verkündigung der Taufe Jesu nach den Evangelien, ebd., 212–218. – SCHMITT, J.: Le récit de la résurrection dans l'évangile de Luc. Étude de critique littéraire, in: RevSR 25 (1951), 119–137. 219–242. – SCHNACKENBURG, R.: Christologie des Neuen Testamentes, in: J. Feiner, M. Löhrer (Hrsg.), Mysterium Salutis. Grundriß heilsgeschichtlicher Dogmatik III 1. Das Christusereignis. Einsiedeln/Zürich/Köln 1970,

227–388. – Ders.: Der Sinn der Versuchung Jesu bei den Synoptikern, in: ders., Schriften zum Neuen Testament. Exegese in Fortschritt und Wandel. München 1971, 101–128. – Schneider, G.: Jesu geistgewirkte Empfängnis (Lk 1,34f.). Zur Interpretation einer christologischen Aussage, in: ders., Lukas, 86–97. – Ders., Antworten (§ 16). – Ders.: „Der Menschensohn" in der lukanischen Christologie, in: ders., Lukas, 98–113. – Schnider, F.: Jesus der Prophet (OBO 2). Freiburg, Schweiz, und Göttingen 1973. – Schweizer, E.: Erniedrigung und Erhöhung bei Jesus und seinen Nachfolgern (AThANT 28). Zürich ^{2}1962. – Ders.: Zur lukanischen Christologie, in: Verifikationen. FS für Gerhard Ebeling. Tübingen 1982, 43–65. – Stempvoort, P. A. van: The Interpretation of the Ascension in Luke and Acts, in: NTS 5 (1958/59), 30–42. – Swaeles, R.: Jésus, nouvel Élie, dans saint Luc, in: ASeign 69 (1964), 41–66. – Talbert, C. H.: Die antidoketische Frontstellung der lukanischen Christologie, in: Braumann, Lukas-Evangelium, 354–377. – Ders.: The Concept of Immortals in Mediterranean Antiquity, in: JBL 94 (1975), 419–436. – Ders.: Luke and the Gnostics (§ 17). – Tödt, H. E.: Der Menschensohn in der synoptischen Überlieferung. Gütersloh ^{2}1963. – Voss, G.: Die Christologie der lukanischen Schriften in Grundzügen (SN. S 2). Paris/Brügge 1965.

Von den Merkmalen des Wirkens Jesu aus stellt sich die Frage nach dem Wesen seiner Person, d. h. nach der Christologie des Lukas-Evangeliums, entsprechend dem von Melanchthon formulierten Programm: „Hoc est Christum cognoscere beneficia eius cognoscere" (zitiert bei Schweizer, Christologie 47). Wenn die Forschung gewöhnlich die „lukanische" Christologie behandelt und sich dabei weitgehend auf die Apostelgeschichte stützt, so lassen sich doch auch die christologischen Züge des Evangeliums für sich nachzeichnen sowie auf ihre Herkunft und Funktion hin befragen. Die Darstellung des Wesens Jesu kann sich dabei an aufschlußreichen Punkten seiner Geschichte und den ihm zugelegten Hoheitsaussagen, vor allem den Titeln, orientieren. Schwieriger zu beantworten sind die Fragen nach Analogien des lukanischen Bildes und nach dem Zweck, der damit verfolgt werden soll.

Das Hauptproblem ist die einmalige Stellung der Person Jesu zwischen Gott und den Menschen. Wie ist dieses ihr Doppelverhältnis zu beschreiben? Die Beziehung Jesu zu Gott kennzeichnet einerseits eine enge Verbundenheit, andererseits die Unterordnung des „Sohnes" unter den „Vater" (3,22; 23,46). Dabei sind aber sozusagen die beiden möglichen Extreme in jeder Richtung vermieden. Lukas deutet für Jesus weder eine himmlische Präexistenz noch eine Adoption durch Gott an. Die grundlegende Verhältnisbestimmung ist vielmehr die Existenz aus dem Geist, der Ursprung der Person in der schöpferischen Kraft Gottes selbst, so daß er, von keinem Menschen gezeugt, nicht nur „heilig“, sondern „Sohn Gottes“ genannt werden kann (1,35). Das Herabkommen des Geistes und die Proklamation als Sohn bei der Taufe bedeutet danach nichts Neues für die Person Jesu selbst. Hier geht es nur noch um die Offenbarung seines Wesens für die Öffentlichkeit (3,22 diff. Mk 1,10f.) und wohl auch um die zusätzliche Geistsalbung für die nun anzutretende Sendung (4,18). In die für ihn bestimmte Herrlichkeit geht Jesus erst am Ende seines gottverfügten langen und durch das Leiden führenden Weges ein (24,26), in die ihm zustehende Machtposition wird er erst mit seiner „Aufnahme“ in den Himmel eingesetzt (9,51; 24,50–53), nach der er selbst über den Heiligen Geist verfügen kann (24,49; vgl. Apg 2,33.36). Freilich bricht sich auch vorher schon die Kraft Gottes in ihm Bahn, wenn er die Menschen von Krankheit, Dämonen und Tod befreit (11,20), spricht er in Gottes Stellvertretung und Vollmacht wirkmächtig Vergebung zu (5,17–26) und leuchtet einmal das Geheimnis seiner Person, wenigstens für seine Vertrauten, auf (9,28–36). Insgesamt ist also die Verbundenheit Jesu mit Gott, verglichen mit dem Bild bei Paulus oder Johannes, weniger innig. Selbst dem Erhöhten bleibt anscheinend der Dienst der Engel vorenthalten (9,26 diff. Mk 8,38; 21,27 diff. Mk 13,26f.; vgl. § 20). Die Grundlage der Beziehung zu Gott ist der Heilige Geist, in dem Jesu Leben gründet, der für sein Wirken die treibende Kraft und die bleibende Gabe ist. Genährt wird die Verbindung immer neu, bis in die Todesstunde, durch das Gebet (3,21; 5,16; 6,12; 9,18.28.29; 10,21f.; 11,1; 22,41–44; 23,46). Im Gebet, das Lukas öfter über seine Vorlage hinaus hervorhebt (3,21; 9,18.28.29), zeigt sich freilich gleichzeitig die Unterordnung unter Gott. Jesus ordnet sich dabei dem Plan der Heilsgeschichte ein. Er lehrt nicht nur über sie, sondern läßt sich offenbar (9,31) auch selbst belehren. Wendepunkte auf dem Weg werden im Einvernehmen mit dem Vater bewältigt. Seinem Willen, dem, was „sein muß“ (δεῖ: 22,37 u.ö.), weiß er sich im Gehorsam verpflichtet, angefangen vom Bestehen der Versuchungen in der Wüste (4,1–13) bis zum „Ausharren in der Erprobung“ bei der Passion (22,28).

Gebet und Gehorsam sind darüber hinaus Zeichen der geschöpflichen Natur des Menschen Jesus. Seine menschlichen Züge hebt Lukas stärker hervor als die anderen Evangelisten. Er schildert Jesus als gütigen und frommen Menschen, „als Heiligen“ (Vielhauer, Einleitung 375), als eine Gestalt, der man folgen kann. „Die Bilder, die sich der Christenheit eingeprägt haben, stammen weithin aus dem dritten Evangelium: die Weihnachtsgeschichte mit dem Stall als Szenerie; der Zwölfjährige unter den Lehrern; der Prediger in Nazaret; der Meister, der den enttäuschten Fischern beisteht und so Jünger beruft; der Wanderer, der bei Marta einkehrt und Maria schenkt, was sie jetzt besonders nötig hat; der Gast beim reichen Mahl, der ein Herz für die Dirne hat; der Lehrer, der von einer ganzen Schar von Frauen umgeben ist; der Erzähler der Gleichnisse vom barmherzigen Samaritaner, vom verlorenen Schaf und Groschen und Sohn, vom armen Lazarus, vom Pharisäer und Zöllner; der Gekreuzigte, der für seine Folterer betet und dem Verbrecher das Paradies eröffnet; der Begleiter der Jünger auf ihrem Weg nach Emmaus, der das Brot mit ihnen bricht. All das danken wir Lukas. Wenn D. F. Strauß' Satz gilt, daß ‚wer einmal vergöttert worden ist, seine Menschheit unwiederbringlich eingebüßt hat' ..., dann hat Lukas immer wieder durch die Kirchengeschichte hindurch Jesus seine Menschheit zurückgegeben" (Schweizer, Christologie 48).

Beide Aussagereihen, die zum göttlichen und zum menschlichen Wesen Jesu, stehen nun hinter den bei Lukas begegnenden Hoheitsaussagen. Diese können verbal formuliert sein, wie es vor allem in den Hymnen der Geburtsgeschichte der Fall ist, wie es aber auch sonst vorkommt: „Er wird über das Haus Jakob in Ewigkeit herrschen" (1,33) oder „Gott hat sein Volk heimgesucht" (7,16). Meistens aber sind es Würdeprädikate und Titel. In ihnen haben sich verschiedene christologische Vorstellungen wie in Kristallisationspunkten konzentriert. Solche längst vor Lukas entstandenen Christustitel unterschiedlicher Herkunft und Bedeutung sind bei ihm natürlich schon etwas abgeschliffen, aber doch nicht so, daß sie miteinander austauschbar wären.

Ebenso häufig wie unbetont und unspezifisch gebraucht Lukas den Titel *Herr* (κύριος). Er verwendet ihn schon im Evangelium, und zwar oft in den Erzählungen als andere Bezeichnung für Jesus (z.B. 7,13.19). Dieser schon aus der vorpaulinischen Tradition stammende Titel (Röm 10,9; 1 Kor 12,3; Phil 2,11) hat seinen Ursprung wahrscheinlich im ältesten judenchristlichen Kerygma; denn das palästinische Judentum hat ihn auf Jahwe angewandt. Er besagt also ursprünglich, daß der erhöhte Jesus Gott gleichgestellt ist (Fitzmyer: EWNT II 817). Diese tiefe Bedeutung hat der Titel im Lukas-Evangelium nicht immer. Es spiegelt hierin den Sprachgebrauch seiner Zeit, in dem der Titel schon fast zum Namen geworden ist. Vor allem in der Vokativform läßt er oft nicht erkennen, ob er als Höflichkeitsanrede (wie englisch "Sir") oder als christologische Hoheitsbezeichnung ("Lord") gemeint ist. Im Munde von Nichtjüngern (5,12) oder Nichtjuden (7,6) hat er sicher die erste Bedeutung. Aber auch Jünger und Nachfolgewillige gebrauchen ihn als Anrede (9,57.59.61), und bei ihnen ist er wohl nicht nur profan gemeint (Fitzmyer: EWNT II 814f.). Das gilt auch von einer Reihe anderer Stellen, wo man sogar unterschiedliche christologische Nuancen heraushören kann, so den Gedanken an den königlichen Messias in 1,43; 2,11; 19,31.34; 20,41–44, an den Heilbringer in 7,13; 13,15; 19,8, an den Herrn und Meister seiner Kirche z.B. in 10,1.39.41; 12,42 und an den Auferstandenen in 24,3.34 (George, «Seigneur» 245–250). Ausdrücklich als Herr (sowie zugleich als Christus und Retter) proklamiert wird Jesus freilich nur in der Botschaft des Engels (2,11).

Der Titel *Christus/Messias/Gesalbter* (Χριστός) begegnet im Lukas-Evangelium viel seltener. Er ist noch nicht zum Eigennamen geworden, sondern in seinem prädikativen Charakter erhalten. Er weist sogar eine sehr profilierte Verwendung auf. Zunächst bezeichnet er den „Gesalbten des Herrn" (2,26) als den Verheißenen und Erwarteten (2,11.26; 3,15; 4,41; 9,20; 22,67). „Gesalbt" ist er nach Lukas mit dem Heiligen Geist (3,19; 4,18; vgl. 4,34: „der Heilige Gottes"). Einmal wird der „Sohn Davids" ausdrücklich als Messias bezeichnet (20,41). Die Gleichsetzung des Messias mit einem politischen König wird indirekt zurückgewiesen (23,2). Und Lukas korrigiert nicht nur die falsche Vorstellung, „der erwählte Messias Gottes" (23,35 diff. Mk 15,32) brauche nicht zu leiden (23,35.39); er betont sogar – das ist neu gegenüber Markus und Matthäus und das Spezifische seines Messiasbegriffs – die Notwendigkeit seines Leidens. Tod und Auferstehung gehören nach der Schrift zum Messias (24,26.46). Daß Lukas das παθεῖν im Evangelium nur von Jesus aussagt – das Verbum kommt sonst nur noch in einer Perfektform in 13,2 vor –, daß er es aus Mk 5,26 und 9,12 nicht übernimmt, erweckt den Eindruck, als wolle er das Leiden geradezu dem Messias vorbehalten.

Es ist klar, daß ein derartig akzentuierter Titel, der sich im wesentlichen auf den erwarteten Davidssohn und den Leidenden bezieht, das Christusbekenntnis nicht vollständig oder nur einseitig ausdrücken kann. So dürfte es kein Zufall sein, daß neben dem Christustitel mehrmals in eigener Betonung der des *Gottessohnes* (υἱὸς θεοῦ) steht. Vor allem in dem redaktionellen Doppelvers 1,34f. ist die Absicht erkennbar, das messianisch im Sinn der Davidssohnschaft zu verstehende Prädikat „Sohn des Höchsten" (1,32f.) zu erläutern und weiterzuführen zu der vollen christologischen Bekenntnisaussage von der Gottessohnschaft aus dem Geist. Aber auch in 22,67–70 läßt Lukas die beiden Titel nicht (wie in Mk 14,61) synonym nebeneinanderstehen; er behandelt sie vielmehr getrennt und mit je eigener Betonung. Sie scheinen nicht austauschbar zu sein, sondern sich gegenseitig zu ergänzen; so wohl auch in 4,41, wo die Aussagen von Mk 1,34 und 3,11 f. kombiniert und ergänzt sind (und ebenso in Apg 9,20.22). Der Titel des Gottessohnes hat als das höchste Würdeprädikat für Jesus etwas Geheimnisvolles an sich. Er kommt im Evangelium – vgl. 23,47 mit Mk 15,39! – nie im Mund von Menschen vor (George, Fils de Dieu 221). Es handelt sich um göttliche Rede (1,35 durch einen Engel; 3,22; 9,35), um teuflische oder dämonische Äußerungen (4,3.9; 4,41; 8,28) oder um Worte Jesu, mit denen er sich als „Sohn (Gottes)" bezeichnet (10,22; 22,70; verhüllt 20,13; vgl. 2,49; 22,29.42; 23,34.46; 24,49). Gottes Sohn ist Jesus auf Grund seiner geistgewirkten Empfängnis schon von Anfang an; aber die direkte oder indirekte Rede davon häuft sich doch im Zusammenhang seiner Passion und Auferstehung. Dazwischen wird er an wichtigen Stationen seines Weges von Gott selbst feierlich als sein Sohn proklamiert, vor seinem Auftreten, bei der Taufe (3,22), und vor dem Zug nach Jerusalem, bei der Verklärung (9,35).

Der Titel *Menschensohn* (υἱὸς τοῦ ἀνθρώπου) kommt im Lukas-Evangelium nicht nur häufig vor, nämlich 25mal; Lukas hat davon auch mindestens sieben Menschensohnworte von sich aus gebildet (s. dazu und zum weiteren Schneider, „Der Menschensohn"). Die Neubildungen finden sich im Mk- und Q-Stoff ebenso wie im Sondergut. Er hat damit alle drei Gruppen der vorgegebenen Aussagen vom Menschensohn erweitert, die von seinem irdischen Wirken (19,10), die von Leiden und Auferstehung (17,25; 22,48; 24,7) und die vom zukünftigen Kommen (17,22; 18,8; 21,36). Auf den ersten Blick ergibt sich, auch wenn man die anderen Stellen einbezieht, kein Schwerpunkt auf einer der drei Gruppen. Man kann aber doch eine leichte Verschiebung des Interesses feststellen. Das Wirken des Menschensohnes als ganzes hat die „Rettung des Verlorenen" zum Ziel (19,10). Wie zum „Christus" gehört auch zum „Menschensohn" das von Gott verfügte Leiden samt der Auferstehung. Beim Parusiethema tritt nicht die Richter-, sondern die Retterfunktion des Menschensohnes hervor; und 22,69 spricht überhaupt nicht mehr von seinem Kommen (wie Mk 14,62), sondern nur noch vom Sitzen zur Rechten Gottes, verbindet also erstmals das Erhöhungsmotiv mit dem Menschensohn (vgl. Apg 7,56). „Endlich ist darauf zu verweisen, daß Lukas die traditionellen Gruppen von Menschensohnworten miteinander *verbindet* und sie in seine christologische Gesamtkonzeption vom Weg Christi *integriert*. Der Menschensohn hat seinen ihm bestimmten Weg zu gehen, durch Leiden zur Erhöhung und schließlichen Parusie“ (22,22.48b.69; 24,7) (Schneider, „Der Menschensohn“ 113). Vgl. 17,20 – 18,8. Die Überzeugung von dem eines Tages plötzlich kommenden Menschensohn prägt darüber hinaus die Wachsamkeitsparänese (18,8; 21,36).

Einer der Titel, mit denen Menschen das Wesen Jesu auf Grund ihrer Erfahrungen mit ihm erfassen können, ist nach Lukas der des *Propheten* (προφήτης). So sieht das Volk in ihm einen „großen Propheten“ (7,16), und für die Emmausjünger war er „ein Prophet, mächtig in Tat und Wort vor Gott und dem ganzen Volk“ (24,19). Dieses Urteil ist in Jesu Wirken gut begründet. Es gibt freilich hauptsächlich den Eindruck wieder, den Jesu Wunder auf seine Umgebung gemacht haben; es spricht überhaupt von Jesu erfolgreicher Macht. So berechtigt es ist, es bedarf doch der Korrektur. Eine solche liegt vielleicht schon darin, daß Jesu Machttaten eingebunden werden in den Rahmen der Verkündigung, in den Dienst des Wortes (4,18f.). Und auch dabei wird, neben den falschen Erwartungen gegenüber dem Wundertäter (4,23), sehr schnell dem Mißverständnis gewehrt, als sei Jesus ein „begnadeter“ Redner (4,22.24). Darüber hinaus erscheint Jesus öfter als unbequemer Kritiker, der die Menschen durchschaut (5,22; 6,8; 7,39–47; 22,21), und als unbestechlicher Seher der Zukunft, der auch unangenehme Wahrheiten ausspricht (9,22. 44 u.ö.). Das führt zu dem nach Lukas noch zu ergänzenden Merkmal des Propheten. Schon die Erinnerung an die alte deuteronomistische Tradition, die sich in seinem Werk sehr deutlich in Apg 7,2–53 niedergeschlagen hat, sagt ihm, daß der Prophet auf Widerstand stößt und verfolgt wird. Als Prophet wurde Jesus nicht nur faktisch verworfen (24,20); er mußte vielmehr das gewaltsame Geschick seiner „Vorgänger“ erleiden, so wie er selbst es angekündigt hatte (4,24; 13,33). Erst damit wird die unbestimmte, zumindest einseitige Vorstellung der Leute vom „Propheten“ Jesus (9,8.19) auf den gültigen Begriff gebracht. Dies verbindet das lukanische Bild des Propheten mit dem des Messias. Als der endzeitliche Prophet hebt er sich von den anderen Propheten ab, ist er der Messias, der leiden muß. Dieser tritt in 24,26 an die Stelle des Propheten von 24,19 (vgl. Busse, Wunder 398).

Die Sonderstellung des „Propheten“ Jesus verdeutlicht Lukas

auch damit, daß er es nicht bei allgemein prophetischen Merkmalen in seinem Bild beläßt, sondern ihm auch die Züge bestimmter ausgezeichneter Prophetengestalten gibt, nämlich die des Mose und des Gottesknechts, vielleicht auch die des Elija. Die Gleichsetzung Jesu mit dem letzteren ist aber fraglich, weil sie offenbar als unzulänglich betrachtet wird (9,8.19). Daß Lukas Johannes den Täufer nicht als Elias redivivus verstanden wissen will und deswegen vor allem Mk 9,11–13 nicht übernimmt (vgl. § 24), ist ebensogut aus seiner Eschatologie wie aus seiner Christologie zu erklären. Und natürlich hat die Tilgung des „Eloï"-Rufes Jesu am Kreuz (Mk 15,34) nichts mit dem christologischen Elija-Gedanken zu tun. Daß Jesus seine Sendung mit der des Elija vergleicht (4,25f.), verliert dadurch an Gewicht, daß er im gleichen Atemzug an Elischa erinnert (4,27). Immerhin ist der (traditionelle?) wörtliche Anklang von 7,15 an 3 Kön 17,23 LXX nicht zu übersehen, und in 8,55 (diff. Mk 5,42) liegt möglicherweise eine Anspielung auf 3 Kön 17,21 LXX vor (George, récits 79f.). Schließlich hat man auch die lukanischen Himmelfahrtsberichte (wie auch das Wort von der Bekehrung Israels in Apg 3,26) mit Elija in Verbindung gebracht (Lampe, Christ 169).

Bedeutsamer und eindeutiger als diese Berührungen mit Elija sind die Beziehungen des lukanischen Jesus zu Mose. Wahrscheinlich gehören hierher schon die beiden Bergszenen 6,12–16.17–19; sie sind wohl „im Lichte des Sinai-Geschehens" zu lesen und erst so voll verständlich (Schürmann, Lk I 311). In der Verklärungsgeschichte fällt auf, daß sich bei Jesus das Aussehen des Antlitzes ändert (9,29 diff. Mk 9,2) wie bei Mose am Sinai (Ex 34,29). Vor allem aber steht an deren Ende die Dtn 18,15 entnommene Aufforderung „Ihn sollt ihr hören". Dort bezieht sie Mose auf einen „Propheten wie mich". Daß sich Lukas auf diese Stelle bezieht, beweist neben der Wortstellung (diff. Mk 9,7) die Wiederholung des Zitats, und zwar mit seinem engeren Kontext samt der Strafandrohung von Dtn 18,19, in Apg 3,22f. Auch Apg 7,20–40 (mit demselben Zitat in V.37) wird Mose als Typos Jesu dargestellt.

Ein Vorbild für Jesus sieht Lukas schließlich, ohne den entsprechenden Titel im Evangelium zu gebrauchen, in der prophetischen Existenz des Gottesknechts. Implizit steht dieser mit den Liedern von seinem Leiden (Jes 50,4–9; 52,13 – 53,12) im Hintergrund des ganzen Passionsberichts, vielleicht aber auch hinter einem Einzelvers wie 18,14, der von der Rechtfertigung des Sünders (vgl. Jes 53,11) sowie von Erniedrigung und Erhöhung (vgl. Jes 52,13) spricht (Feuillet, Serviteur). 4,18f. zitiert zwar Jes 61,1f. und 58,6;

aber Ähnliches steht auch in Jes 42,1.7 und 49,8. Ausdrücklich bezieht sich Lukas auf die Gottesknechtslieder am Beginn und gegen Ende des Evangeliums: Wie Gott seinen Knecht zum „Bund seines Volkes und zum Licht der Heiden" macht (Jes 42,6 und 49,6 LXX), so ist Jesus „Licht zur Erleuchtung der Heiden und zum Ruhm seines Volkes Israel" (2,32). Und am Vorabend seines Leidens spricht Jesus für sich das Wort aus Jes 53,12 nach: „Er wurde zu den Verbrechern gerechnet" (22,37). Daß hier ein Schlüssel zum Geheimnis Jesu liegt, bestätigt Apg 8, 34f., zumal im Zusammenhang mit Lk 24,26f.44–46.

Ein Titel, der im Evangelium nur einmal auf Jesus angewandt wird, aber für Lukas trotzdem sehr bedeutsam zu sein scheint, ist der des *Retters* (σωτήρ). Er steht immerhin an programmatischer Stelle, in 2,11 (sonst noch Apg 5,31; 13,23), und bildet dort mit den Titeln „Christus" und „Herr" so etwas wie eine Zusammenfassung des Christusbekenntnisses. Der Rang und der Inhalt dieses Begriffs lassen sich an Vorkommen und Bedeutung der anderen „Rettungs"-Wörter (σῴζω, σωτηρία, σωτήριον) ablesen. Alle drei genannten Substantive werden bei den Evangelisten, abgesehen von Joh 4,22.42, nur von Lukas in seinem Doppelwerk gebraucht; σωτήριον steht sogar ausschließlich an exponierten Stellen, nämlich Lk 2,30; 3,6 (diff. Mk); Apg 28,28. Aber auch das Verbum wird bei Lukas zum Stichwort für die Sendung des Heilands schlechthin (19,10); Näheres dazu in § 32. Der für hellenistische Herrscher gebräuchliche Titel, der im Neuen Testament erst in den Spätschriften häufiger auftritt, ist bei Lukas die Bezeichnung dessen, der den Menschen nicht nur politischen Frieden (wie der in Lk 2,1 genannte Augustus), sondern umfassende Erlösung, vor allem die Aussöhnung mit Gott (1,77), zu bringen vermag.

Daß Jesus *König* (βασιλεύς) ist, wird zunächst verbal ausgedrückt (1,32f.), dann aber auch mit dem Titel. Dieser wird freilich mehrmals mißbraucht, jeweils in der Form „König der Juden", sei es in der Verleumdung (23,2), im Mißverständnis (23,3) oder im Spott (23,37.38). Ernsthaft und mit Berechtigung als König begrüßt wird Jesus beim Zug über den Ölberg (19,38 diff. Mk 11,9f.). In den Zusammenhang dieses Zurufs gehört auch der Hilferuf nach dem *Sohn Davids*, ebenfalls auf dem Weg nach Jerusalem (18,38.39). In beiden Fällen geht es um den vom Volk ersehnten Hoffnungsträger. Die gewöhnliche Anrede Jesu ist bei Lukas – neben „Herr" (s. oben) – *Lehrer* (διδάσκαλε) oder, nur bei Lukas, *Meister* (ἐπιστάτης), aber nie „Rabbi". Während er „Lehrer" zur Kennzeichnung der Lehrautorität Jesu gebraucht (z.B. 10,25), scheint „Meister", fast nur von den Jüngern gebraucht (z.B. 5,5), Jesus auf seine autoritative Stellung gegenüber diesen anzusprechen, speziell, wie etwa 8,24, auf seine Weisungsbefugnis und Verantwortlichkeit (W.Grimm: EWNT II 94).

Zum geschichtlichen Hintergrund der lukanischen Darstellung, zur Herleitung des Jesusbildes und zum Zweck bestimmter Akzente der Christologie, sind noch zwei sich ergänzende Thesen zu erwähnen. Sie werden vor allem von Ch.H. Talbert vertreten und auch in seinem Forschungsbericht von 1976 (Shifting Sands) kurz referiert. Die erste These betrifft das formgeschichtliche Problem, die Frage nach der Gesamtstruktur der Jesusdarstellung im Lukas-Evangelium (vgl. Talbert, Immortals; ders., Patterns). Der Weg Jesu verläuft hier ähnlich wie der der Unsterblichen in der griechisch-römischen Mythologie. Diese göttlichen Wesen, zu denen beispielsweise Dionysos und Herakles gehören, sind von den Ewigen, z.B. von Zeus, zu unterscheiden. Ein Unsterblicher ist ein zum Gott gewordener Mensch, und was ihn auszeichnet, sind eine außergewöhnliche Geburt und die Auffahrt in den Himmel. Die Parallelen zum lukanischen Jesusbild sind nicht zu leugnen. Andererseits zeigt dieses Beziehungen zum griechisch-römischen Bild des Wanderphilosophen. Dieser ist ein Prediger, der Weisung für das Leben gibt. Er hat Schüler, die sein Leben nachahmen, und damit auch Nachfolger, die sein Erbe zuverlässig bewahren.

Der letzte Gedanke führt zur zweiten These. Diese betrifft das religionsgeschichtliche Problem bzw. die (in § 17 behandelte) Frage nach der Absicht des Lukas, hier speziell in seiner Christologie (vgl. Talbert, Christologie). Er betont so sehr die Menschlichkeit und leibhaftige Existenz Jesu (vgl. auch 3,23–28), die unzertrennliche Einheit des Geistträgers von der Empfängnis über die Taufe bis zur Himmelfahrt, die Verknüpfung des Weges Jesu mit der Geschichte (1,5; 2,1f.; 3,1f.), daß es geradezu antidoketisch wirkt. Ob man die genannten Symptome im Lukas-Evangelium (mit Talbert) auf dem Hintergrund doketischer Irrlehren erklären muß, ist aber fraglich. Sicher hat Lukas Verfälschungen der Lehre im Auge. Er gibt das nicht nur durch sein umfassendes Anliegen der „zuverlässigen Lehre" zu erkennen (Lk 1,4), sondern spricht davon auch ausdrücklich in Apg 20,29f. Insofern liegt es nahe, an – auch sonst begegnende (vgl. 1 Joh) – gnostische Häretiker zu denken.

§ 27 c) Maria

BROWN, R.E.: The Birth of the Messiah. A Commentary on the Infancy Narratives in Matthew and Luke. New York/London 1977. – CANTINAT, J.: Marie dans la Bible. Paris 1964. – FEUILLET, A.: Jesus and His Mother According to the Lucan Infancy Narratives, and According to St. John. The Role of the Virgin Mary in Salvation History and the Place of Woman in the Church (Studies in Scripture). Still River 1984. – GAECHTER, P.: Maria im Erdenleben. Neutestamentliche Marienstudien. Innsbruck/Wien/München ³1955. – GALOT, J.: Marie dans l'Évangile (ML.T 53). Paris 1958. – GEORGE, A.: La mère de Jésus, in: ders., Études, 429–464. – GEWIESS, J.: Die Marienfrage Lk 1,34, (als Anhang) in: Laurentin, Struktur (s.u.), 184–217. – HERNANDEZ MARTINEZ, J.M.: La madre de Jesús, la primera creyente (Perspectivas mariológicas de Lc. 1 – 2), in: EphMar 34 (1984), 239–258. – KASSEL, M.: Weibliche Aspekte im lukanischen Kindheitsevangelium, in: Diak. 15 (1984), 391–397. – LAURENTIN, R.: Die Heiligkeit Marias, in: Conc(D) 15 (1979), 596–601. – Ders.: Struktur und Theologie der lukanischen Kindheitsgeschichte. Stuttgart 1967. – LEGRAND, L.: L'annonce à Marie (Lc 1,26–38). Une apocalypse aux origines de l'Évangile (LeDiv 106). Paris 1981. – LYONNET, S.: Χαῖρε κεχαριτωμένη, in: Bib. 20 (1939), 131–141. – Maria im Neuen Testament. Eine Gemeinschaftsstudie von protestantischen und römisch-katholischen Gelehrten. Stuttgart 1981. – McHUGH, J.: The Mother of Jesus in the New Testament. London und Garden City 1975. – McKENZIE, J.: Die Mutter Jesu im Neuen Testament, in: Conc(D) 19 (1983), 595–603. – PETRIN, J.: Le sens de l'œuvre de saint Luc et le mystère marial. Ottawa 1979. – PIKAZA: Espíritu (§ 19). – RÄISÄNEN, H.: Die Mutter Jesu im Neuen Testament (AASF B 158). Helsinki 1969. – RIPOLL, F.: The Infancy Narratives and Mary, in: Biblebhashyam 3 (1977), 297–302. – SAHLIN: Messias (§ 10). – SCHELKLE, K.H.: Die Mutter des Erlösers. Düsseldorf ²1963. – STOCK, K.: Die Berufung Marias (Lk 1,26–38), in: Bib. 61 (1980), 457–491. – THURIAN, M.: Maria. Mainz und Kassel ²1967.

Kein Evangelist widmet der Darstellung Marias so viel Raum und Aufmerksamkeit wie Lukas. Das liegt nicht allein daran, daß er dem Bericht von Jesu Wirken die sogenannten Kindheitsgeschichten voranstellt. Ähnliches tut ja auch Matthäus, und doch berichtet er dort sehr wenig über Maria, um so mehr über Josef. Bei Lukas ist es nicht nur umgekehrt; er rückt Maria sogar so sehr in den Mittelpunkt des Geschehens, daß eigens betont werden muß: Seine „Mariologie" „verliert nie die Verbindung mit Christus" (Stöger, Theologie 236).

Den Boden unter den Füßen verloren hat aber teilweise die Forschung zum lukanischen Marienbild, vor allem in der Auslegung von Kap. 1 und 2, speziell von 1,26–56. Hier sind symbolische Deutungen vorgelegt worden, die sich bei nüchterner Betrachtung nicht halten lassen. So hat man in dem χαῖρε von 1,28 eine Anspielung auf das „Freue dich!" in Sach 9,9; Zef 3,14; Joel 2,21.23 und damit auf Maria als „Tochter Zion", als Personifikation Israels gesehen. Aber es handelt sich dabei um keinen Terminus speziell für die messianische Freude des Gottesvolkes, sondern, wie auch V. 29 (mit „Gruß") nahelegt, um die übliche griechische Grußformel. Und weil das ἐπισκιάζειν in 1,35 an Ex 40,34f.; Num 9,18.22 (vgl. Ex 25,20; 1 Chr 18,18), die Frage in 1,43 an 2 Sam 6,9 sowie die Frist der drei Monate in 1,56 an 2 Sam 6,11 erinnert, sieht man in Maria die Bundeslade dargestellt. Aber das genannte Verbum ist wiederum kein geprägter Terminus, etwa für die Herrlichkeit oder Anwesenheit Gottes, die Frage hat einen anderen Kontext in 2 Sam 14,21, und die Frist ist einfach von 1,26.36 aus gegeben. Eine Andeutung alttestamentlicher Zusammenhänge konnten die Leser des Lukas jedenfalls kaum erkennen.

Geläufiger dürfte ihnen die Form gewesen sein, in der die Verkündigung an Maria in 1,26–38 erzählt wird. Denn hier liegt ein in der Bibel geläufiges Verkündigungsschema (mit Geburtsankündigung, Namengebung und Verheißung) zugrunde, und dieses ist sogar noch mit dem ebenso bekannten Berufungsschema (mit Auftrag, Einwand, Erklärung und Zeichen) kombiniert (vgl. z.B. Stock, Berufung). Dementsprechend hat die Frage der Maria in 1,34 nicht historische, sondern literarische Bedeutung. Sie dient ausschließlich der Herausforderung der in 1,35 folgenden und 1,32f. weiterführenden Christusaussage. Diese christologische Akzentsetzung dürfte dem Evangelisten und seinen Lesern klar gewesen sein, auch wenn sie die Marienfrage als historisch vorausgesetzt haben dürften.

Sicher nicht zu übersehen sind die ausdrücklich gesetzten Schwerpunkte. Dazu gehört vor allem der betonte Hinweis auf das Bedenken und Annehmen des Wortes, auch des unverstandenen, durch Maria, die Herausstellung also ihres Glaubens (2,19.51). Als Glaubende wird sie seliggepriesen und implizit dem zweifelnden Zacharias gegenübergestellt (1,45). Weil sie auf die Verheißung gebaut und sich in den Dienst des göttlichen Planes gestellt hat (1,38), wird sie zu einem Werkzeug der Heilsgeschichte. In diesem Zusammenhang ist dann auch die enge Verbindung ihres Schicksals mit dem Jesu (2,35) zu sehen. Die Hervorhebung ihres Glaubens macht Maria zum Modell des wahren Jüngers Jesu (vgl. Apg 1,14).

Dies ist sie auch im weiteren Verlauf des Evangeliums. Einerseits übergeht Lukas mit Mk 3,21 die Bemerkung von der Ablehnung Jesu in seiner Familie. Andererseits zeigt er, worin wahre Verwandtschaft mit Jesus besteht. Er bringt dazu die Begebenheit mit den Verwandten (diff. Mk) nach dem Sämannsgleichnis, um dann Verwandtschaft mit Jesus an das „Hören und Tun des Wortes Gottes" zu binden (8,21 diff. Mk 3,35). Die solches tun, werden in 11,27f. neben die leibliche Mutter Jesu gestellt. Auf dem Hintergrund von Lk 1 – 2 ist dies aber keine den Lobpreis der Mutter zurückweisende Entgegensetzung, sondern die Hervorkehrung ihres eigentlichen Vorzugs.

Obwohl die Absicht, Maria als exemplarisch Glaubende vorzustellen, schon Grund genug ist, läßt sich fragen, wie Lukas zu einer solchen Würdigung Marias kommt. Man wird dazu (mit George, mère 462f.) auf Folgendes hinweisen müssen: Einerseits gibt es in der Umgebung des Lukas offenbar ein wachsendes Interesse an Maria, eine beginnende Verehrung der Mutter Jesu (1,48; vgl. 11,27). Andererseits paßt ihre Darstellung zu den auch sonst zu beobachtenden Interessen des Evangelisten selbst. Er zeichnet sehr aufmerksam Menschen in der Umgebung Jesu (7,36–50; 10,38–42; 19,1–10; 23,39–43), ebenso wie Nebenpersonen in der Apostelgeschichte. Frauen sind an Jesu Wirken auch sonst noch beteiligt (8,2f.; vgl. Apg 16,14f.50; 18,26). Das zentrale Motiv des unerschütterlichen Glaubens bei Maria paßt schließlich zu der wohl auf entsprechende Erfahrungen zurückgehenden wichtigen Forderung eines festen, beharrlichen Glaubens (7,50; 8,12f.48; 17,5f.19; 18,8; 22,32).

§ 28 d) Petrus

Blank, J.: Petrus und Petrus-Amt im Neuen Testament, in: ders., Vom Urchristentum zur Kirche. Kirchenstrukturen im Rückblick auf den biblischen Ursprung. München 1982, 89–147. – Brown, R. E., K. P. Donfried, J. Reumann (Hrsg.): Der Petrus der Bibel. Eine ökumenische Untersuchung. Stuttgart 1976. – Dietrich, W.: Das Petrusbild der lukanischen Schriften (BWANT 94). Stuttgart/Berlin/Köln/Mainz 1972. – Gewalt, D.: Das „Petrusbild" der lukanischen Schriften als Problem einer ganzheitlichen Exegese, in: LingBibl 34 (1975), 1–22. – Grässer, E.: Neutestamentliche Grundlagen des Papsttums, in: Papsttum als ökumenische Frage. München/Mainz 1979, 33–58. – Klein, G.: Die Berufung des Petrus, in: ders., Rekonstruktion und Interpretation. Gesammelte Aufsätze zum Neuen Testament (BEvTh 50). München 1969, 11–48. – Pesch, R.: Der reiche Fischfang. Lk 5,1–11/Jo 21,1–14. Wundergeschichte – Berufungserzählung – Erscheinungsbericht (KBANT). Düsseldorf 1969. – Schnei-

DER, G.: „Stärke deine Brüder!“ (Lk 22,32). Die Aufgabe des Petrus nach Lukas, in: ders., Lukas, 146–152. – SCHÜRMANN, H.: Der Dienst des Petrus und Johannes. Lk 22,8, in: ders., Ursprung und Gestalt, 274–276. – Ders.: Die Verheißung an Simon Petrus. Auslegung von Lk 5,1–11, ebd., 268–273. – ZILLESSEN, K.: Das Schiff des Petrus und die Gefährten vom andern Schiff (Zur Exegese von Luc 5,1–11), in: ZNW 57 (1966), 137–139.

Daß auch die Darstellung des Petrus vom Motiv des Glaubens geprägt ist, läßt seine Funktion in der Apostelgeschichte von vornherein erwarten. Freilich geht es dabei nicht so sehr um den Akt des Glaubens wie bei Maria, sondern um dessen Begründung und Fundament, wie schon der Name („Petrus“ = Fels) nahelegt. Denn Petrus ist nach Apg 1 – 12 der Hauptverantwortliche für die missionarische Bewegung der Urgemeinde. Dies hat Lukas im Evangelium mehrfach vorbereitet.

Immer wieder und insgesamt wird Petrus eine Sonderstellung zugewiesen. Diese zeigt sich schon bei seiner Berufung. Er erfährt sie im Rahmen eines (in Lk 5,1–11) breit dargestellten Wunders, und zwar nicht nur als erster der Jünger, sondern auch (diff. Mk 1,16–20) zunächst für sich allein – andere werden dann noch mitgerissen (5,11) – und mit einer Verheißung (5,10). Mit seinem menschlich unsinnigen Handeln auf Jesu Wort hin (5,5) wird hier freilich auch exemplarischer Glaube sichtbar. Seine Sonderstellung unter den Aposteln drückt sich nicht nur an der Spitzenstellung des Namens in 6,14 und der Tatsache des – ihm von Jesus zugelegten – Beinamens aus, sondern auch in der Doppelung „Zwölf, die er auch Apostel nannte, Simon, den er auch Petrus nannte“ (6,13f. diff. Mk 3,16). Dazu paßt es, daß Petrus weithin in positivem Licht erscheint (vgl. R. Pesch: EWNT III 197f.). Er ergreift – öfter mit der Hoheitsanrede „Meister“ (z.B. 9,33 diff. Mk 9,5) – für die anderen das Wort (8,45 diff. Mk 5,31) und bekennt Jesus als den „Messias Gottes“ (9,20 diff. Mk 8,29). Er erscheint (auf Grund seiner Frage in 12,41 diff. Mt) als „der treue und kluge Verwalter“ (12,42 diff. Mt 24,45) und wird (mit Johannes; vgl. Apg 1 – 8) mit der Vorbereitung des Passamahls beauftragt (22,8 diff. Mk 14,13). An einigen Stellen wird Petrus auch entlastet. Lukas übernimmt weder das von Petrus gesprochene noch das an ihn gerichtete Scheltwort aus Mk 8,32f. Sein Name fehlt (teilweise mit dem der anderen) in 21,7 diff. Mk 13,3 ebenso wie in 22,40.46 diff. Mk 14,33.37. Seine Versicherung in 22,33 hebt sich nach Kontext und Wortlaut von der in Mk 14,29 ab. Und wenn er Jesus auch verleugnet, so tut er es doch ohne Fluchen und Schwören, und er bleibt in dessen Nähe (22,60.61 diff. Mk 14,71.72).

Die ganze Behandlung der Verleugnung zeigt aber auch, daß Petrus nicht idealisiert werden soll. Wie schon sein Unverständnis gegenüber dem Thema der Passion und seine deplazierte Äußerung in 9,33 nicht verschwiegen, sondern nur entschuldigt werden, so wird auch sein Versagen in der Anfechtung nicht beschönigt. Sein Glaube ist aber auch darin nicht ganz erloschen. Dies muß man aus 22,31f. schließen, einem nur bei Lukas stehenden Schlüsselwort für das Verständnis seines Petrusbildes. Wenn Jesus um die Festigung des Petrus gebetet hat, damit er seine Brüder stärken könne, dann wird diese Aufgabe in den Rang einer Verheißung erhoben (Schneider, Lk 129). Und diese behält ihre Gültigkeit trotz seines Versagens. Er bekommt sie ja wie die in 5,10 (vgl. 5,8) als Sünder; denn verwirklicht wird sie nach seiner „Bekehrung". Dies kündigt sich schon an, wenn er zum Grab eilt (24,12). Und als Christus ihm dann als erstem erscheint (24,34), da wird er zum Auferstehungszeugen schlechthin, der in einzigartiger Weise den Glauben der Brüder „stärkt", d.h. begründet. Der Erstberufene ist auch der Erstzeuge, und so ist er der exemplarische Apostel (Dietrich, Petrusbild 332). Als Begründer der Urgemeinde (und später als Initiator der Heidenmission; vgl. Apg 10f.) hat Petrus nach Lukas eine heilsgeschichtlich einmalige, nämlich unwiederholbare Funktion (Schneider, „Stärke deine Brüder!" 151).

§ 29 e) Apostel, Jünger, Anhänger Jesu

Bernhard, T.: Women's Ministry In the Church: A Lukan Perspective, in: SLJT 29 (1986), 261–263. – Campenhausen, H. Freiherr von: Der urchristliche Apostelbegriff, in: StTh 1 (1948), 96–130. – Dupont, J.: Le logion des douze trônes (Mt 19,28; Lc 22,28–30), in: ders., Études, 706–743. – Ders.: Le nom d'Apôtres: a-t-il été donné aux Douze par Jésus?, ebd., 976–1018. – Flanagan, N.M.: The Position of Women in the Writings of St. Luke, in: Mar. 40 (1978), 288–304. – Haacker, K.: Verwendung und Vermeidung des Apostelbegriffs im lukanischen Werk, in: NT 30 (1988), 9–38. – Jervell, J.: The Twelve and Israel's Thrones. Luke's Understanding of the Apostolate, in: ders., Luke, 75–112. – Kelly, D.J.: The Development of the Witness Motif in Luke-Acts. Diss. McGill University Montreal 1972. – Klein, G.: Die Verfolgung der Apostel, Luk 11,49, in: Neues Testament und Geschichte. Historisches Geschehen und Deutung im Neuen Testament. FS für Oscar Cullmann. Zürich/Tübingen 1972, 113–124. – Ders.: Die zwölf Apostel. Ursprung und Gehalt einer Idee (FRLANT 77). Göttingen 1961. – Kopas, J.: Jesus and Women: Luke's Gospel, in: ThTo 43 (1986), 192–202. –

Kredel, E. M.: Der Apostelbegriff in der neueren Exegese, in: ZKTh 78 (1956), 169–193, 257–305. – Maly, E. H.: Women and the Gospel of Luke, in: BTB 10 (1980), 99–104. – O'Toole, R. F.: Parallels between Jesus and His Disciples in Luke-Acts: A Further Study, in: BZ 27 (1983), 195–212. Quesnell, Q.: The Women at Luke's Supper, in: Cassidy, Sharper, Political Issues, 59–79. – Rigaux, B.: Die „Zwölf" in Geschichte und Kerygma, in: H. Ristow, K. Matthiae (Hrsg.), Der historische Jesus und der kerygmatische Christus. Beiträge zum Christusverständnis in Forschung und Verkündigung. Berlin ^{3}1964, 468–486. – Roloff, J.: Apostolat – Verkündigung – Kirche. Ursprung, Inhalt und Funktion des kirchlichen Apostelamtes nach Paulus, Lukas und den Pastoralbriefen. Gütersloh 1965. – Schmithals, W.: Das kirchliche Apostelamt. Eine historische Untersuchung (FRLANT 81). Göttingen 1961. – Schneider, G.: Die zwölf Apostel als „Zeugen". Wesen, Ursprung und Funktion einer lukanischen Konzeption, in: ders., Lukas, 61–85. – Schürmann, H.: Der Jüngerkreis Jesu als Zeichen für Israel (und als Urbild des kirchlichen Rätestandes), in: ders., Ursprung und Gestalt, 45–60. – Schulz, A.: Nachfolgen und Nachahmen (StANT 6). München 1962. – Via, E. J.: Women, the Discipleship of Service, and the Early Christian Ritual Meal in the Gospel of Luke, in: SLJT 29 (1985), 37–60. – Witherington III, B.: Women in the Ministry of Jesus. A Study of Jesus' Attitudes to Women and their Roles as Reflected in His Earthly Life. Cambridge u. a. 1984.

Der Darstellung der Apostel räumt Lukas – ganz abgesehen von der Apostelgeschichte – im Evangelium mehr Raum ein als die anderen Evangelisten. In konsequenter Entwicklung des schon bei Markus (vgl. 3, 14; 6, 7.30) vorliegenden Ansatzes behält er den Aposteltitel aber den „Zwölfen" vor. Anders als bei Paulus und im sonstigen Sprachgebrauch der Urkirche (vgl. 1 Kor 15, 5.7) sind Zwölferkreis und Apostelkreis bei ihm identisch.

Aus der Schar „seiner Jünger" wählt Jesus nach 6, 13 zwölf aus, die er Apostel nennt. Einen Zweck dieser Wahl nennt Lukas (diff. Mk 3, 14 f.) nicht. Die Apostel sind gewissermaßen ständig anwesende, aber passive Beobachter. Die Ausnahme ist ihre Sendung zu Israel (9, 1–10). Hier zeigt sich die Orientierung der Zwölfzahl an den zwölf Stämmen Israels, und zwar deutlicher als bei den sechs Apostelpaaren, die Jesus nach Mk 6, 7 sendet. Die Apostel sind also in verschiedener Hinsicht „Repräsentanten" des Zwölfstämmevolkes. Auf ihre damit zusammenhängende Aufgabe werden sie erst im Verlauf des Passions- und Ostergeschehens näher vorbereitet.

Von hier aus läßt sich dann die Frage beantworten, was die Apostel vor den anderen Jüngern auszeichnet (vgl. Jervell, Twelve 101 f.). Es ist nicht ihr umfassendes Wissen von Jesus, ihre lückenlose Augenzeugenschaft. Diese sind zwar (nach Apg 1, 21 f.) wesentliche

Voraussetzung für einen Apostel und seinen späteren Zeugenauftrag (vgl. Schneider, Die zwölf Apostel); aber darüber verfügen auch andere. Ebensowenig sind die Apostel speziell zur Sendung berufen (6,13 diff. Mk 3,14f.); Jesus sendet ja auch noch „70 (72) andere" (10,1) mit denselben Vollmachten aus (vgl. 10,16). Aber Ausgewählte (im Sinn von 6,13) sind nur die Apostel, und dies sicher schon im Blick auf die spätere Begründung und Führung der Urgemeinde. Daß der auferstandene Jesus von Nazaret der Messias Israels ist, wird dann niemand so gut wissen und bezeugen können wie die Apostel. Denn sie haben ihn nicht nur auf seinem ganzen Weg bis zur Himmelfahrt gesehen, sondern sind von ihm auch gesondert belehrt worden, vor allem über das Geheimnis seines Leidens. Nach 18,31 nimmt Jesus sie dazu „beiseite". Auch wenn sie nichts davon verstehen, nimmt Jesus sie doch mit nach Jerusalem, hält mit ihnen das Abendmahl (22,14) und übergibt ihnen sein Vermächtnis, die Verantwortung für Israel (22,29f.). Dabei ist vorausgesetzt, was in der lukanischen Passion dann auffällt: Die Apostel fliehen nicht bei Jesu Verhaftung (diff. Mk 14,50). Sie bleiben in seiner Nähe, und so kann sie der Auferstandene in Jerusalem (24,33) endgültig über alles belehren (24,44–47) und zu „Zeugen" erklären (24,48; vgl. Apg 1,8). Derart vorbereitet, können sie kurz darauf, ausgerüstet mit der Kraft des Geistes, ihre einmalige Funktion in Israel, die ähnlich unwiederholbar ist wie die des Petrus, wahrnehmen.

Wiederholbar ist dagegen, wenn auch nicht in der Nachfolge des irdischen Jesus, die Jüngerexistenz. Nicht zufällig ist μαθηταί in der Apostelgeschichte die Bezeichnung für die Christen. So haben auch die Jünger-Texte des Evangeliums öfter schon die nachösterliche „Jünger"-Gemeinde, d.h. die Kirche (als ganze und nicht nur ihre Amtsträger), im Auge (z.B. 9,23.49 diff. Mk 8,34; 9,38). Über deren Konturen, die ja teilweise auch schon im Evangelium sichtbar werden, ist später in einem eigenen Abschnitt zu reden. Hier soll nur, soweit das überhaupt vom anderen zu trennen ist, das lukanische Bild von der unmittelbaren Jesusnachfolge skizziert werden.

Nicht anders als etwa in Mk 1,16–20 gibt der Jünger, der Jesu Ruf zur Nachfolge annimmt, sein bisheriges Dasein auf. Lukas betont allerdings darüber hinaus, daß er „alles verläßt" (5,28 diff. Mk 2,14). Den ganzen Ernst und die Konsequenzen der Nachfolge unterstreichen noch eindrucksvoller die bei Lukas dazukommenden Texte aus der Logienquelle wie z.B. 9,57–60(62?) oder 14,26f. An die Stelle der früheren Verwandten, die der Jesusjünger nun „haßt" – 14,26 ist die semitische Ausdrucksweise (diff. Mt 10,37) beibehalten –, tritt die neue Familie, in der er zum Bruder Jesu wird (8,21). 18,29.30 spricht auch vom Verlassen der Ehefrau, und zwar ohne die Verheißung einer neuen Familie (diff. Mk 10,29.30). Als die Vertrauten Jesu sind sie nicht nur die bevorzugten Adressaten der Lehre Jesu (z.B. 6,20), sondern sie werden auch, im Unterschied zu den anderen, in die „Geheimnisse" (8,10 diff. Mk 4,11) des Gottesreiches eingeführt. So kann Jesus sogar 70 (oder 72) von ihnen zu dessen Verkündigung aussenden und mit weitgehenden Vollmachten ausstatten (10,1–16). Daß Jüngerschaft ein Unterwegssein mit Jesus ist, verdeutlicht Lukas im Zusammenhang der Reise Jesu nach Jerusalem (9,51 – 19,28). Auf diesem Weg wird allerdings auch klar, wie weit die Jünger innerlich von seinem Ziel, dem Leiden, noch entfernt sind. Die letzte Leidensankündigung Jesu stößt sogar im engsten Jüngerkreis, bei den Aposteln, auf vollkommenes Unverständnis (18,34). Die Jünger sehen in ihm den glorreichen messianischen „König"; als solchen feiern gerade sie (und nicht die „Vielen") ihn angesichts der Stadt Jerusalem (19,37.38 diff. Mk 11,8–10). Sie sind Jesus hier auch zu Diensten (19,29; vgl. 9,52). Aber in der Anfechtung der Passion Jesu scheinen sie zu versagen. Jedenfalls umgeht Lukas nach 22,45 bei der Bezeichnung der Jünger Jesu (22,49.56.58.59; 23,49; 24,9.33; vgl. 24,13) in auffälliger Weise den Terminus μαθητής (Ernst, Lk 328).

Von den Jüngern zu unterscheiden sind die sonstigen Anhänger, die Jesus oft in großer Zahl umgeben, die ihm auch scharenweise folgen, weil sie ihn hören wollen und seine Hilfe brauchen (6,17f.). Daß es sich dabei um einen grundlegenden Unterschied im Verhältnis zu Jesus handelt, zeigt sich dann, wenn jemand in den Kreis der Jünger eintreten möchte (9,57–62). Zum Bild der Volksmenge und ihrer Haltung s. oben (§ 22).

Zwischen den Jüngern und den mit Jesus sympathisierenden Scharen gibt es im Lukas-Evangelium noch eine Gruppe besonders hervorgehobener Frauen, die teilweise auch namentlich genannt werden (8,2f.; 24,10). Sie begleiten Jesus nicht nur bis zu seinem Tod (23,49.55f.; 24,1–11), sondern stellen ihm und seinen Jüngern auch ihr Vermögen zur Verfügung (8,3). Hierher gehören auch Marta und Maria, bei denen Jesus einmal Unterkunft findet (10,38–41). Wenn Lukas so betont auch Frauen im Dienst Jesu und seiner Sache darstellt, dann spiegeln sich darin die Missionserfahrungen der Urkirche (vgl. Apg 16,13–15; 17,4; 18,26). Daß das Lukas-Evangelium Frauen grundsätzlich mehr Aufmerksamkeit schenkt und eine ganze Reihe von „Paar-Kompositionen" (Ernst, Lukas 158) bietet (z.B. 1,10–20 mit 1,26–38; 15,3–7 mit 15,8–10), mag auch schriftstellerische Gründe haben. Die lukanischen Texte, die von der Hochschätzung der Frau durch Jesus sprechen, alle Sondergut des Lukas (vgl. noch 7,11–17.36–50; 13,10–17; 23,27f.), zeigen freilich, daß dahinter zuallererst die neue Einstellung Jesu gerade gegenüber Benachteiligten steht, die dann auch im kirchlichen Raum zur Gleichberechtigung zwischen Mann und Frau geführt hat.

§ 30 f) Galiläa, Samaria und Judäa

Bouwman, G.: Samaria im lukanischen Doppelwerk, in: A. Fuchs (Hrsg.), Theologie aus dem Norden (SNTU A 2). Linz 1977, 118–141. – Jeremias: Sprache (§ 6). – Jervell, J.: The Lost Sheep of the House of Israel. The Understanding of the Samaritans in Luke-Acts, in: ders., Luke, 113–132. – Lohmeyer, E.: Galiläa und Jerusalem in den Evangelien (FRLANT 52). Göttingen 1936 (Auszüge in: Braumann, Lukas-Evangelium, 7–12). – Lohse, E.: Missionarisches Handeln Jesu nach dem Evangelium des Lukas, in: ders., Die Einheit des Neuen Testaments. Exegetische Studien zur Theologie des Neuen Testaments. Göttingen ²1973, 165–177. – McCown, C.C.: Geographie der Evangelien; Fiktion, Tatsache und Wahrheit, in: Braumann, Lukas-Evangelium, 13–42. – Ders.: The Geography of Luke's Central Section, in: JBL 57 (1938), 51–66. – Talbert, Ch. H.: The Lukan Presentation of Jesus' Ministry In Galilee. Luke 4:31 – 9:50, in: RExp 64 (1967), 485–497. – Völkel, M.: Der Anfang Jesu in Galiläa. Bemerkungen zum Gebrauch und zur Funktion Galiläas in den lukanischen Schriften, in: ZNW 64 (1973), 222–232.

Schon bevor Lukas Jesu Auftreten in *Galiläa* darstellt, betont er mehrfach seine Herkunft von dort (1,26; 2,4.39). In die galiläischen Städte Nazaret und Kafarnaum (4,14.31) verlegt er dann den programmatischen Beginn des öffentlichen Wirkens Jesu. Er macht – im Gegensatz zu Markus, für den Galiläa der Hauptschauplatz des Wirkens Jesu ist – diese Landschaft sogar ausschließlich zum Ort des Anfangs (M. Völkel: EWNT I 560). Die galiläische Epoche ist streng begrenzt auf 4,14–43. Daß dahinter Absicht steckt, zeigt die Betonung dieses Anfangs in 23,5 und Apg 10,37 ebenso wie die Benennung der Apostel als „Galiläer" (22,59; Apg 1,11; 2,7) und der wiederholte Hinweis auf die Begleiter Jesu, die ihm „von Galiläa her" gefolgt sind (23,49.55; Apg 13,31). Sosehr es Lukas dabei um die galiläischen Zeugen geht (Conzelmann, Mitte 35), wichtig sind ihm auch die geographisch-historischen Umstände (Völkel, Anfang

231), hier also die Ausgangsbedingungen des Wirkens Jesu. Wichtiger als die Schilderung von Erscheinungen in Galiläa – diese werden dort aber schon vorhergesagt (24,6) – ist die Feststellung: Der Jesus, der am Kreuz gestorben und dann auferstanden ist, ist derselbe, dessen Anfänge in Galiläa die Apostel (6,12–16 und Apg 1,13!) und andere (vgl. Apg 1,21f.) bezeugen können (Talbert, Galilee 496f.), haben sie doch seine „Bewegung" von dort bis zum Ende in Jerusalem mitgemacht. Wenn die Tradition seinen Namen nicht schon so fest als „Jesus der Nazarener" (4,34; 24,19; vgl. 18,37) geprägt hätte, könnte er nach Lukas auch „Jesus der Galiläer" (vgl. Apg 5,37) heißen.

Die Landschaft *Samaria* spielt im Gegensatz zu Apg 8 im Evangelium nur eine geringe Rolle. Sein zentraler Abschnitt 9,51 – 19,28, der sogenannte Reisebericht, ist trotz 9,52–56 durchaus nicht die Darstellung von „Jesu Wirken in Samaria" (gegen McCown, Geographie 29). Wie sich Lukas den Weg Jesu nach Jerusalem geographisch vorstellt, ist kaum zu klären. Nach 17,11 zieht Jesus „mitten durch (oder: zwischen) Samaria und Galiläa". Für ihn scheinen Judäa und Galiläa unmittelbar benachbart zu sein; Samaria läge dann daneben (Conzelmann, Mitte 61). Aber vielleicht will Lukas hier nur vom „Grenzland" sprechen; denn er braucht das Übergangsgebiet für seine Aussätzigengeschichte 17,12–19. Diese zeigt auch, daß es ihm auf die Menschen aus Samaria, die Samariter, ankommt. Sie stellt er, vermutlich gegen eine andere Tradition (vgl. 9,52–56), in positivem Licht dar, so auch in 10, 25–37 (Bouwman, Samaria 122). Für ihn sind sie keine Heiden, sondern Juden, wenn auch mit einem Sonderstatus in Israel. Mit den Erzählungen des Evangeliums bereitet er schon den Bericht von den Missionserfolgen in Apg 8 vor. Das gilt indirekt auch von 9,51–56: Die Jesus wegen seiner Ausrichtung auf Jerusalem nicht aufnehmen, werden später in engste Beziehung zur dortigen Gemeinde treten (Jervell, Lost Sheep 126).

Sieht man von der dort liegenden Stadt Jerusalem ab, dann hat *Judäa* als Landschaft keine spezielle Bedeutung. Wäre es anders, hätte Lukas auch terminologisch zwischen „Judäa" im engeren Sinn der Landschaft um Jerusalem und im Sinn des Judenlandes überhaupt unterschieden (vgl. Jeremias, Sprache 17f.). Für beides gebraucht er nämlich Ἰουδαία, für das erste sicher in 1,65; 2,4; 5,17; 21,21, für das zweite sicher in 1,5; 6,17; 7,17; 23,5 (vgl. Apg 10,37). Sieht man diesen zweiten, dem hellenistischen Schriftsteller ohnehin geläufigen Sprachgebrauch (Schürmann, Lk I 29, Anm. 12), dann kann man auch 4,44 auf das ganze „Judenland“ beziehen. Nach dem Anfang in Galiläa wird dieses nun, landauf, landab, zum Schauplatz der Tätigkeit Jesu (ebd. 257).

§ 31 g) Jerusalem und der Tempel

Asante, E.: The Theological Jerusalem of Luke-Acts, in: ATJ 15 (1986), 172–182. – Bachmann, M.: Jerusalem und der Tempel. Die geographisch-theologischen Elemente in der lukanischen Sicht des jüdischen Kultzentrums (BWANT 109). Stuttgart/Berlin/Köln/Mainz 1980. – Baltzer, K.: The Meaning of the Temple in the Lukan Writings, in: HThR 58 (1958), 263–277. – Braumann, G.: Die lukanische Interpretation der Zerstörung Jerusalems, in: NT 6 (1963), 120–127. – Elliott, J. K.: Jerusalem in Acts and the Gospels, in: NTS 23 (1977), 462–469. – Flückiger, F.: Luk. 21,20–24 und die Zerstörung Jerusalems, in: ThZ 28 (1972), 385–390. – Galizzi, M.: Gerusalemme nell’opera lucana, in: Parole di Vita 27 (1982), 351–359. – Gaston, L.: No Stone on Another. Studies in the Significance of the Fall of Jerusalem in the Synoptic Gospels (NT.S 23). Leiden 1970. – Giblin, Ch. H.: The Destruction of Jerusalem According to Luke’s Gospel: A Historical-Typological Moral (AnBib 107). Rom 1985. – Hastings: Prophet and Witness (§ 26). – Jeremias, J.: ΙΕΡΟΥΣΑΛΗΜ/ΙΕΡΟΣΟΛΥΜΑ, in: ZNW 65 (1974), 273–276. – Klauck, H.-J.: Die Heilige Stadt. Jerusalem bei Philo und Lukas, in: Kairos 28 (1986), 129–151. – Lohmeyer: Galiläa und Jerusalem (§ 30). – Morales Gómez, G.: Jerusalén – Jerosólima en el vocabulario y la geografía, in: Revista Catalana de Teologia 7 (1982), 131–186. – Neyrey, J. H.: Jesus’ Address to the Women of Jerusalem (Lk. 23.27–31) – A Prophetic Judgement Oracle, in: NTS 29 (1983), 74–86. – Potterie, I. de la: Les deux noms de Jérusalem dans l’évangile de Luc, in: Parole de Grâce, 57–70. – Reitzel: Temple Image (§ 15). – Rese, M.: Einige Überlegungen zu Lukas XIII, 31–33, in: J. Dupont (Hrsg.), Jésus aux origines de la christologie (BEThL 40). Gembloux und Löwen 1975, 201–225. – Schmauch, W.: Orte der Offenbarung und der Offenbarungsort im Neuen Testament. Göttingen 1956. – Simson, P.: The Drama of the City of God. Jerusalem in St. Luke’s Gospel, in: Scrip. 15 (1963), 65–80. – Sylva, D. D.: Ierousalēm and Hierosoluma in Luke-Acts, in: ZNW 74 (1983), 207–221. – Tiede, D. L.: Prophecy and History in Luke-Acts. Philadelphia 1980. – Tyson: Death (§ 32). – Waal, C. van der: The Temple in the Gospel According to Luke, in: Essays, 49–59. – Weinert, F. D.: Luke, the Temple and Jesus’ Saying about Jerusalem’s Abandoned House (Luke 13:34–35), in: CBQ 44 (1982), 68–76. – Ders.: The Meaning of the Temple in Luke-Acts, in: BTB 11 (1981), 85–89. – Winter, P.: “Nazareth” and “Jerusalem” in Luke Chs. 1 and 2, in: NTS 3 (1956/57), 136–142. – Young, J. C. de: Jerusalem in the New Testament. The Significance of the City in the History of Redemption and in Eschatology. Kampen 1960.

Für die Komposition und die Theologie des Lukas-Evangeliums ist die Stadt Jerusalem samt dem Tempel sehr bedeutsam. Das Evangelium beginnt und endet mit Szenen im Tempel (1,5–23; 24,53). Der Tempel ist auch der tägliche Aufenthaltsort Jesu in seiner Jerusalemer Wirksamkeit (19,45 – 21,38). Und die Hauptmasse seines Stoffes bietet Lukas im Rahmen eines Berichts von Jesu Weg in die Stadt seines Todes und seiner Himmelfahrt (9,51 – 19,28). Erscheint dabei schon der Tempel in unterschiedlichem Licht, so wird erst recht von der Stadt als ganzer sehr zwiespältig gesprochen.

Als Stadt seiner ἔξοδος (9,31) und seiner ἀνάλημψις (9,51) ist Jerusalem zunächst der Ort des Todes Jesu. Dies entspricht geradezu ihrem Ruf als „Prophetenmörderin" (13,34). Es ist schon immer so gewesen, daß die zu Israel gesandten Propheten nirgendwo sonst umkommen als in Jerusalem (13,33; vgl. 11,47–51; Apg 7,52). Auf dem Weg nach Jerusalem zieht Jesus bewußt seinem Leiden entgegen (18,31). Die Stadt ist dabei nicht nur der Ort, sondern das Subjekt der Verfolgung. So sind Pharisäer und Schriftgelehrte aus Jerusalem Jesus schon in Galiläa auf den Fersen (5,17 diff. Mk 2,2). Und als Jesu Schicksal auf dem Spiel steht, da ist es nicht nur die Gruppe der Verantwortlichen (wie noch in 22,2), sondern die gesamte Jerusalemer Bevölkerung, die Jesu Hinrichtung fordert (23,13; vgl. Apg 13,27). Ihr wird darum von Jesus auf dem Weg zur Kreuzigung das Gericht angekündigt (23,27–31). Dieses besteht in der Zerstörung der Stadt. In ihr sieht Lukas die Strafe für die Verwerfung Jesu (13,34f.; 19,41–44). Das Ende der Stadt, auf das er im übrigen ja schon zurückblickt, ist für ihn kein endzeitliches Geschehen im engeren Sinn, sondern ein historisches Faktum. Im Gegensatz zu Mk 13 nimmt Lukas die Zerstörung Jerusalems – ebenso wie die Verfolgung der Jünger und das Herbeikommen der Heiden – aus dem Zusammenhang der Endereignisse heraus und ordnet sie in die eigenständige Epoche der Kirche zwischen Tod und Parusie Jesu ein (vgl. 21,12 diff. Mk 13,9). Sie ist damit allerdings kein profanes Geschehen wie jedes andere, sondern immer noch, als Verwirklichung von Jesu Gerichtsansage, heilsgeschichtlich bedeutsames Erfüllungsgeschehen.

Das Stichwort ἀνάλημψις in 9,51 blickt freilich schon über Jesu Passion in Jerusalem hinaus. Gerade durch sie wird die Stadt ja auch zum Ort seiner Auferstehung und Himmelfahrt (Lk 24; vgl. 18,31–33). Der Auferstandene erscheint seinen Jüngern nicht in Galiläa (vgl. 24,6 mit Mk 16,7), sondern (diff. Mk 16,7; Mt 28,7. 16–20; Joh 21,1–23) nur in und bei Jerusalem. Hier erwarten und empfangen die Apostel auch den Heiligen Geist (24,49). Als die Zeugen, die immer in Jesu Nähe und nicht aus Jerusalem geflohen waren, können sie dort auch die Urgemeinde begründen (Apg 1,12–14). So wird Jerusalem auf ganz neue Weise zur Mitte Israels (vgl. Apg 15,16), zur Heiligen Stadt, wie Jesus selbst sie geliebt hat (13,34; 19,41 f.).

Mit dem zwiespältigen Bild von Jerusalem hängt vielleicht die Verwendung von zweierlei Namensformen, von Ἰερουσαλήμ und Ἱεροσόλυμα, zusammen. Die letztere, die hellenistische Form, begegnet im Evangelium zwar nur viermal (2,22; 13,22; 19,28; 23,7); aber vielleicht handelt es sich dabei doch nicht nur um Versehen, wie man etwa bei 19,28 (par. Mk 11,1) annehmen könnte (Jeremias, ΙΕΡΟΥΣΑΛΗΜ 276). Allerdings ist bisher auch keine andere Begründung für die jeweilige Namensform überzeugend nachgewiesen worden. Sie läßt sich weder quellenkritisch noch von den (als aramäisch oder griechisch sprechend gedachten) Personen her schlüssig erklären (Schneider, Lk 390). Der doppelte Sprachgebrauch bzw. die Bevorzugung von Ἰερουσαλήμ dürfte aber damit zusammenhängen, daß diese Bezeichnung die alte, biblische, auch von der Septuaginta gebrauchte und damit geheiligte Form des Namens ist. Sie hält Lukas für angemessen bei der Darstellung des Werkes Jesu (wie übrigens auch der Anfänge der Kirche in Apg 1 – 7). Vielleicht möchte Lukas von der Heiligen Stadt mitunter auch den profanen (und schuldig gewordenen) Ort abheben (vgl. de la Potterie, Les deux noms). Die Stellen mit der profanen Namensform haben jedenfalls die Funktion einer in erster Linie geographischen Ortsangabe.

Ein ähnliches Problem stellt sich bei dem griechischen Wort für den Tempel. In 1,9.21.22; 23,45 gebraucht Lukas ναός, sonst immer ἱερόν. Möglicherweise unterscheidet er hier den Ort des alttestamentlichen Kults bzw. den zerstörten Tempel von der durch Gottes Gegenwart geheiligten Stätte der messianischen Offenbarung. Das letztere ist der Tempel vorzeichenhaft und in programmatischer Weise in Lk 2. Im Tempel darf der Prophet Simeon dem verheißenen Messias begegnen, und dort ergeht das prophetische Wort über dessen folgenreiche Offenbarung vor den Heiden und vor Israel (2,25–35). Im Tempel sieht Jesus sein Zuhause als Sohn Gottes, und hier nimmt er als Zwölfjähriger schon seine spätere Lehrtätigkeit im Tempel vorweg (2,41–51). Denn der Ort der Jerusalemer Wirksamkeit schlechthin ist der Tempel. Das Ziel des Zuges über den Ölberg (19,37 diff. Mk 11,8 f.) ist nicht die Stadt Jerusalem; 19,45 (diff. Mk 11,11.15) „bezieht den Einzug ... ausschließlich (!) auf den Tempel“

(Conzelmann, Mitte 68). Ihn macht Jesus zum Ort seiner täglichen Lehre (19,47; 21,37; 22,53). Und ohne daß er ein Wunder wirkt, hängt das Volk hier an ihm (20,1.38). Das verhindert freilich nicht, daß der Tempel später mit der Stadt, die ihren Messias verworfen hat, zerstört (21,5f.) und „von den Heiden zertreten wird“ (21,24).

§ 32 h) Das Heil – seine Begründung

Beck, B.E.: “Imitatio Christi” and the Lucan Passion narrative, in: Suffering and Martyrdom in the New Testament. FS für G.M. Styler. Cambridge 1981, 28–47. – Bovon, F.: Das Heil in den Schriften des Lukas. Essay, in: ders., Lukas, 61–74. – Büchele, A.: Der Tod Jesu im Lukasevangelium. Eine redaktionsgeschichtliche Untersuchung zu Lk 23 (FTS 26). Frankfurt a.M. 1978. – Cambe, M.: La χάρις chez saint Luc, in: RB 70 (1963), 193–207. – Comblin, J.: La paix dans la théologie de saint Luc, in: EThL 32 (1956), 439–460. – Dömer, M.: Das Heil Gottes. Studien zur Theologie des lukanischen Doppelwerkes (BBB 51). Köln/Bonn 1978. – Feldkämper, L.: Der betende Jesus als Heilsmittler nach Lukas. St. Augustin 1978. – Friedrich, G.: Die Verkündigung des Todes Jesu im Neuen Testament (BThSt 6). Neukirchen-Vluyn ²1985. – Frizzi, G.: La soteriologia nell'opera Lucana, in: RivBib 23 (1975), 113–145. – Fuller, R.H.: Jesus Christ as Savior in the New Testament, in: Interp. 35 (1981), 145–156. – George, A.: Le sens de la mort de Jésus, in: ders., Études, 185–212. – Ders.: Le vocabulaire de salut, ebd., 307–320. – Giles, K.: Salvation in Lukan Theology (1), in: RTR 42 (1983), 10–16. – Glöckner, R.: Die Verkündigung des Heils beim Evangelisten Lukas (WSAMA.T 9). Mainz o.J. (1976). – Karris, R.J.: God's Boundary-Breaking Mercy, in: BiTod 24 (1986), 24–29. – Ders.: Luke's Soteriology of With-ness, in: CThMi 12 (1985), 346–352. – Mangatt, G.: The Gospel of Salvation, in: Biblebhashyam 2 (1976), 60–80. – Neyrey, J.: The Passion According to Luke. A Redaction Study of Luke's Soteriology. New York 1985. – Orsatti, M.: La persona di Gesù in Luca-Atti, in: Parole di Vita 28 (1983), 48–62. – O'Toole, R.F.: The Unity of Luke's Theology. An Analysis of Luke-Acts (Good News Stud. 9). Wilmington 1984. – Pilgrim, W.E.: The Death of Christ in Lukan Christology. Diss. Princeton Theological Seminary 1971. – Ravens, D.A.S.: St Luke and Atonement, in: ET 97 (1986), 291–294. – Roloff, J.: Anfänge der soteriologischen Deutung des Todes Jesu (Mk. X. 45 und Lk. XXII. 27), in: NTS 19 (1972/73), 38–64. – Schroeder, E.H.: Luke's Gospel Through a Systematicians' Lens, in: CThMi 3 (1976), 337–346. – Schweizer: Erniedrigung (§ 26). – Stalder, K.: Die Heilsbedeutung des Todes Jesu in den lukanischen Schriften, in: IKZ 52 (1962), 222–242. – Throckmorton, B.H.: Σώζειν, σωτηρία in Luke-Acts, in: StEv VI (TU 112). Berlin 1973, 515–526. – Tyson, J.B.: The Death of Jesus in Luke-

Acts. Columbia 1986. – UNNIK, W. C. van: L'usage de σῴζειν «sauver» et des dérivés dans les évangiles synoptiques, in: ders., Sparsa Collecta. Collected Essays I (NT.S 29). Leiden 1973, 16–34. – UNTERGASSMAIR, F. G.: Kreuzweg und Kreuzigung Jesu. Ein Beitrag zur lukanischen Redaktionsgeschichte und zur Frage nach der lukanischen „Kreuzestheologie" (PaThSt 10). Paderborn 1980. – Ders.: Thesen zur Sündendeutung des Todes Jesu in der lukanischen Passionsgeschichte, in: ThGl 70 (1980), 180–193. – WURM, K.: Rechtfertigung und Heil. Eine Untersuchung zur Theologie des Lukas unter dem Aspekt „Lukas und Paulus". Diss. masch. Heidelberg 1978. – ZEHNLE, R.: The Salvific Character of Jesus' Death in Lucan Soteriology, in: TS 30 (1969), 420–444.

Bei der Behandlung der Heilslehre sind grundsätzlich zwei Blickrichtungen zu unterscheiden, einerseits der Blick auf den, der das Heil bewirkt, d. h. auf den Retter Christus und sein Wirken, andererseits der Blick auf den, der das Heil empfängt, d. h. auf den Menschen und seine Annahme des Heils. In beiden Fällen bietet Lukas eine Soteriologie, die sich vor allem von der des Paulus deutlich unterscheidet.

In seiner Rede vom Heilswerk Christi fällt auf, daß die Vorstellung vom Sühnetod Jesu, von seinem Sterben „für uns"/„für unsere Sünden" (Röm 5, 8; 1 Kor 15, 3) stark zurücktritt. Die einzige Stelle im Evangelium, die davon spricht, textkritisch umstritten, aber wohl doch echt (s. § 2), ist die Abendmahlstradition 20, 19 b–20. Auch aus der Apostelgeschichte läßt sich nur die – allerdings theozentrisch gehaltene – Aussage von 20, 28 anführen. Aus Mk 10, 45 übernimmt Lukas nur das Wort vom Dienen (22, 27), nicht das vom „Lösepreis für die Vielen". Entsprechend läßt er bei der Zitierung von Jes 53, 7 f. in Apg 8, 32 f. den Sühnetod des Gottesknechtes als solchen unerwähnt. Auch Apg 17, 31 spricht nur von Jesu Auferstehung und Richteramt.

Nach Lukas hat offenbar nicht nur Jesu Tod, sondern sein ganzes Leben und Sterben samt der Auferweckung das Heil des Menschen bewirkt. Sein gesamtes Wirken ist der Dienst (22, 27), bei dem es darum geht, „das Verlorene zu suchen und zu retten" (19, 10). Diesen Rettungs- und Heimholungs-Dienst vollbringt Jesus nicht nur in den Heilungstaten, sondern vor allem in der Annahme der Sünder (7, 35–50; 19, 1–10) und in der Deutung seines Verhaltens (15, 1 f. 3–32). In den Gleichnissen vom Verlorenen und Wiedergefundenen offenbart Jesus, wie sich Gott zum Menschen verhält, d. h., er vermittelt das sichere Wissen und die Überzeugung, daß Gott gnädig ist und verzeiht. Ja durch sein eigenes ungewöhnliches

Verhalten vermittelt er sogar die Erfahrung davon. Die wichtigste Voraussetzung für das Heil ist schon damit gegeben, daß Gott wieder nahe ist. „So sehr ist der Mensch Gott entfremdet, daß schon die Tatsache, daß Gott wieder gegenwärtige Wirklichkeit wird, Heil bedeutet" (Schweizer, Lk 43). Insofern gründet das Heil schon im Geborenwerden Jesu. Und nicht erst der Tod des Gerechten ist entscheidend, sondern schon die Tatsache, daß er unter den Gottlosen zu finden ist (wie es 22,37 ohne Erwähnung der Sühne ausdrückt), daß er sich ihnen bis in die Passion hinein zuwendet (22,51; 23,28–31), ihnen vergibt (23,34) und allein durch sein Verhalten zu Umkehr und Heil verhilft (23,39–43; vgl. 23,47). So ist die Erniedrigung, die nichts anderes ist als das Aufsuchen der Erniedrigten, zu einem „Grundmotiv der lukanischen Soteriologie" geworden (Glöckner, Heil 135). Der so im Gehorsam gegen Gott (22,42–44) Erniedrigte wird aber von Gott durch Auferweckung und Himmelfahrt erhöht (vgl. 18,14; 24,26; Jes 52,13–15), und auf dem Weg zur Höhe bahnt und erschließt er den Weg zum Heil auch denen, die bei ihm sind (vgl. Schweizer, Erniedrigung 1 a).

Damit ist schon angedeutet, inwiefern der Tod Jesu trotz des fehlenden Sühnecharakters heilsbedeutsam ist. Er ist nicht nur für Jesus der Durchgang zur Herrlichkeit (24,26), sondern auch für die Seinen. Ihnen geht er sterbend und auferstehend voran. Dabei überwindet er ein für allemal den Tod; nach Apg 2,24 kann dieser ihn nicht festhalten. Darüber hinaus wird Jesus durch seine ἀνάλημψις (9,51), die Hinweg- und Hinaufnahme zugleich ist, in die Lage versetzt, nun vom Himmel aus für das Heil der Menschen wirken zu können, speziell durch die Sendung des Heiligen Geistes (24,49; vgl. Apg 2,33). Die Passion Jesu hat also nicht in sich selbst und allein Bedeutung für das Heil. Sie ist an sich sogar negativ zu bewerten, ist sie doch das Werk des Satans (22,3). Trotzdem hat sie ihren Ort in der von Gott geführten Heilsgeschichte, die trotz alles Negativen, durch alle Bosheit und Unwissenheit der Menschen hindurch, zum Heile führt. Die ganze Geschichte Jesu entspricht letztlich dem Plan der göttlichen Vorsehung (24,24).

Der lukanische Passionsbericht hat also nicht den Charakter eines Siegesliedes wie der des Markus. Im Vordergrund steht weder das Motiv von Stellvertretung, Sühne und Opfer noch der eschatologische Gedanke der Äonenwende wie bei Paulus. Zur Erklärung dieses Befundes muß man sicher auf die Tatsache verweisen, daß Lukas als Hellenist und für Hellenisten schreibt. Während das rabbinische Judentum im Leiden eher eine Strafe sieht und ihm sühnende Kraft zuschreiben kann, gelten in der jüdischen Weisheitsliteratur und Apokalyptik die Leiden des Gerechten als der von Gott verfügte Weg in die Herrlichkeit (Schneider, Lk 488; Lit.). Von dieser Vorstellung aus ist nur ein kleiner Schritt zu der von Vorbild und Nachahmung, wie sie dem Griechentum geläufig ist. Dementsprechend stellt Lukas Jesus als den leidenden, aber mit Gott unzertrennlich verbundenen Gerechten dar, in dessen Geschick Gott „einen Weg öffnet und ein Beispiel setzt" (Grundmann, Lk 457). In diesem Sinn kann er ihn auch „Anführer" nennen: ἀρχηγός (Apg 3,15; 5,31).

§ 33 i) Das Heil – sein Empfang

ADINOLFI, M.: La giustizia nel terzo vangelo, in: RivBib 27 (1979), 233–260. – BERNADICOU, P.J.: Joy in the Gospel of Luke. Rom 1970. – Ders.: The Lucan Theology of Joy, in: ScEs 25 (1973), 75–98. – Ders.: The Lukan Theology of Joy (Revisited), in: ScEs 30 (1978), 57–80. – BETZ, H.D.: Ursprung und Wesen christlichen Glaubens nach der Emmauslegende, in: ZThK 66 (1969), 7–21. – ČABRAJA, I.: Der Gedanke der Umkehr bei den Synoptikern. Eine exegetisch-religionsgeschichtliche Untersuchung (Dissertationen – theol. R. 10). St. Ottilien 1985. – DOWNING, F.G.: Freedom from the Law in Luke-Acts, in: JSNT 26 (1986), 49–52. – FORD, J.M.: Reconciliation and Forgiveness in Luke's Gospel, in: Cassidy, Scharper, Political Issues, 80–98. – GEORGE, A.: La conversion, in: ders., Études, 351–368. – HEZEL, F.X.: "Conversion" and "Repentance" in Lucan Theology, in: BiTod 37 (1968), 2596–2602. – HORN, F.W.: Glaube und Handeln in der Theologie des Lukas (GTA 26). Göttingen 1983. – JERVELL, J.: The Law in Luke-Acts, in: ders., Luke, 133–151. – LEROY, H.: Zur Vergebung der Sünden. Die Botschaft der Evangelien (SBS 73). Stuttgart 1974. – MARTIN, R.P.: Salvation and Discipleship in Luke's Gospel, in: Interp. 30 (1976), 366–380. – MCCAUGHEY, T.: Paradigms of Faith in the Gospel of St. Luke, in: IThQ 45 (1978), 177–184. – MICHIELS, R.: La conception lucanienne de la conversion, in: EThL 41 (1965), 42–78. – RASCO, E.: La singolarità di Luca: salvezza di Dio e responsabilità dell'uomo, in: Rassegna di Teologia 19 (1978), 26–42. – SCHENK, W.: Glaube im lukanischen Doppelwerk, in: Glaube im Neuen Testament. FS für Hermann Binder (BThSt 7). Neukirchen-Vluyn 1982, 69–92. – TAEGER, J.-W.: Der Mensch und sein Heil. Studien zum Bild des Menschen und zur Sicht der Bekehrung bei Lukas (StNT 14). Gütersloh 1982. – Ders.: Paulus und Lukas über den Menschen, in: ZNW 71 (1980), 96–108. – THROCKMORTON: σώζειν (§ 32). – WURM: Rechtfertigung (§ 32).

Auch das Bild, das Lukas vom Menschen und seinem Heilsempfang zeichnet, unterscheidet sich, wie vor allem J.-W. Taeger in seinen Beiträgen gezeigt hat, sehr stark von dem des Paulus. Das betrifft zunächst die Beurteilung des Menschen in seinem Sündersein und damit auch der Sünde. Anthropologische Begriffe wie z.B. „Fleisch", die den Menschen bei Paulus vorab negativ qualifizieren können, werden von Lukas grundsätzlich neutral gebraucht. Der Mensch ist in seinem vorgläubigen Dasein nicht unausweichlich oder substantiell durch das Böse und die Sünde bestimmt, sondern durchaus ansprechbar und beeinflußbar, d.h. zu freier Entscheidung fähig. Sünder ist er nicht, weil er der Macht der Sünde verfallen ist, sondern sofern er (in Einzeltaten) Sünden begangen hat (Taeger, Mensch 225).

Dementsprechend richtet sich das Urteil über Menschen jeweils nach deren konkretem Verhalten und ihrem Erkenntnisstand (ebd.). So gibt es auch unter Nichtchristen solche ohne Makel. Gemeint sind damit Menschen, deren Verhalten nicht zu tadeln, an deren Lebensführung nichts auszusetzen ist, die darum auch „gerecht" genannt werden können (1,6; 2,25; 23,50; vgl. Apg 10,22). Der Erkenntnisstand unterscheidet sich, je nachdem, ob einer das Wissen um den wahren Gott hat und darüber hinaus über das Jesusgeschehen unterrichtet ist. Das Zugeständnis der Unwissenheit für Juden und Heiden erklärt deren objektives Fehlverhalten als subjektiv bedingt (23,34; vgl. Apg 3,17).

Wird in solcher Weise den individuellen Gegebenheiten und Voraussetzungen der Menschen Rechnung getragen, dann gibt es eigentlich keinen gemeinsamen Begriff für das, was der Bekehrung zu Christus vorausliegt. Die Betreffenden haben eigentlich nur gemeinsam, daß sie Nichtchristen sind. Ansonsten aber sind sie sehr verschieden (vgl. ebd. 83f.): die Frau mit den vielen Sünden (7,36–50) – die Henker Jesu, die nicht wissen, was sie tun (23,34) – die frommen, aber ohne die rechte Gotteserkenntnis lebenden Athener (Apg 17,22) – der gerechte und gottesfürchtige Heide Kornelius (Apg 10,2.22) – die gesetzestreuen und gerechten Juden Zacharias und Elisabet (1,5f.) sowie Josef von Arimathäa, der in der Erwartung der Gottesherrschaft lebt (23,50f.) – der geistbegabte Prophet Simeon (2,25).

Bei Paulus wird der Mensch – erst mit Christus ist dies überhaupt möglich – vom Evangelium *definiert*. Er erfährt, wer und was er in Wahrheit ist, nämlich der Macht der Sünde unterworfen, auch als Frommer sich selbst und Gott entfremdet. Bei Lukas dagegen wird der Mensch *zensiert*. Seine Taten qualifizieren ihn, sein Lebensvollzug und sein Erkenntnisstand werden bewertet (Taeger, Paulus und Lukas 104).

Diesen anthropologischen Voraussetzungen entspricht die Vorstellung vom Empfang des Heils, vom Übergang zum Heil. Bei Paulus bedeutet dieser einen Herrschaftswechsel, eine Versetzung des Menschen von einem Machtbereich in einen anderen, die nicht nur ein Wunder ist, sondern sogar zu einer „neuen Schöpfung" führt (2 Kor 5,17). Bei Lukas dagegen handelt es sich eher um einen Erkenntnisprozeß, der eine Änderung der Wegrichtung in der Umkehr, der den Schritt vom Unglauben zum Glauben bewirkt. Auf dem Hintergrund der Apostelgeschichte gesprochen: Der Christ verehrt deswegen keine Götzen mehr, weil er ein aufgeklärter Mensch ist (Taeger, Paulus und Lukas 107). Insofern ist der vorchristliche Mensch „kein salvandus, sondern ein corrigendus" (Taeger, Mensch 225).

Freilich bedeutet der Heilsempfang auch bei Lukas letztlich einen Rettungsvorgang (19,10; vgl. Apg 2,40.47; 4,12; 11,14; 15,1.11; 16,30f.). Aber davor steht als Bedingung die Umkehr. Der Mensch kann sie leisten auf Grund der Botschaft. Der Bußruf des Johannes (3,8) führt zu der Frage „Was sollen wir tun?" (3,10.12.14; vgl. Apg 2,37; 16,30). Hat die μετάνοια ursprünglich das Ganze des Heilswegs, ja sogar das geschenkte Heilsgut bezeichnen können (so noch Apg 11,18; vgl. Lk 1,77), so scheint sie für Lukas nur der Ausgangspunkt zu sein. Umkehr und Vergebung sind nicht identisch, wie die Differenzierung in 3,3 und 24,47 zeigt (vgl. Apg 2,38 und vielleicht auch Apg 5,31). Die Umkehr hat vielmehr die Vergebung und diese das Heil zur Folge (Conzelmann, Mitte 192,213f.). Wenn Lukas manchmal neben μετάνοια das Verbum ἐπιστρέφω stellt (17,4; vgl. Apg 3,19; 26,20), dann sieht er in der Umkehr offenbar einen Gesinnungswandel, der sich – wie bei Zachäus (19,8; vgl. 3,8) – in entsprechenden Taten ausdrücken muß (Čabraja, Umkehr 240).

Trotz dieses Wandels bleibt der Gedanke gewahrt, daß die Initiative zur Bekehrung von Gott ausgeht (George, conversion 368). Wie die Apostel dazu vom Auferstandenen gesandt sind (24,47), so geht Jesus selbst auf die Sünder zu. Das Paradebeispiel dafür ist die Berufung des Levi (5,27f.), die ebenso wie Jesu sonstige Gemeinschaft mit den Sündern als Ruf „zur Umkehr" (5,32 diff. Mk 2,17) verstanden wird. Trotz der unterschiedlichen Beurteilung der vorgläubigen Menschen gilt der Umkehrruf allen. Er ist gleichzeitig Warnung vor Selbstgerechtigkeit, wie die gegen vermeintlich Gerechte gesprochenen Sondergutgleichnisse 7,40–43; 15,25–32; 18,9–14 zeigen (Schweizer, Lk 253). Hierbei ist auch die Lukas eigene Terminologie zu beachten: Während bei Paulus „gerecht" im Kontext seiner Rechtfertigungslehre zu verstehen ist, sind und heißen bei Lukas Menschen gerecht, die ganz im Vertrauen auf Gott und seinen Heilsplan leben (1,6; 2,25; 23,50; vgl. Adinolfi, giustizia). Schließlich scheint Lukas trotz seiner veränderten Eschatologie (s. unten) bewußt zu sein, daß die auf Grund der Umkehr geschenkte Vergebung schon ein endzeitliches, mit der Ausgießung des Geistes geschenktes Heilsgut, die Verwirklichung einer eschatologischen Verheißung ist (1,77; Apg 2,38; vgl. Jer 31,34; 33,8).

3. Die Kirche

§ 34 a) Die Zeit der Kirche

Bösen, W.: Jesusmahl. Eucharistisches Mahl. Endzeitmahl. Ein Beitrag zur Theologie des Lukas (SBS 67). Stuttgart 1980. – Bovon: Israel (§ 22). – Ders.: Die Vermittlungen im theologischen Entwurf des Lukas, in: ders., Lukas, 75–97. – Brown, S.: Apostasy and Perseverance in the Theology of Luke (AnBib 36). Rom 1969. – Ders.: "Water-Baptism" and "Spirit-Baptism" in Luke-Acts, in: AThR 59 (1977), 135–151. – Bultmann, R.: Die Wandlung des Selbstverständnisses der Kirche in der Geschichte des Urchristentums, in: ders., Glauben und Verstehen. Gesammelte Aufsätze III. Tübingen ³1965, 131–141. – Dumais: ministères (§ 19). – Ettmayer: Kirche (§ 22). – Flender, H.: Die Kirche in den Lukas-Schriften als Frage an ihre heutige Gestalt, in: Braumann, Lukas-Evangelium, 261–286. – George: construction (§ 15). – Ders.: Les ministères, in: ders., Études, 369–394. – Hahn, F.: Das Verständnis der Mission im Neuen Testament (WMANT 13). Neukirchen-Vluyn 1963. – Karris, R.J.: Missionary Communities: A New Paradigm for the Study of Luke-Acts, in: CBQ 41 (1979), 80–97. – Kiddle, M.: The Admission of the Gentiles in St Luke's Gospel and Acts, in: JThS 36 (1935), 160–173. – Lampe: Christ (§ 26). – Lohfink: Sammlung (§ 22). – Moessner, D.P.: "The Christ must suffer": New Light on the Jesus – Peter, Stephen, Paul Parallels in Luke-Acts, in: NT 28 (1986), 220–256. – Muhlack, G.: Die Parallelen von Lukas-Evangelium und Apostelgeschichte (TW 8). Frankfurt a.M./Bern/Las Vegas 1979. – Reeves, D.C.: Studies in the Ethics of Luke. Diss. Harvard University Cambridge 1971. – Schlier, H.: Ekklesiologie des Neuen Testaments, in: J. Feiner, M. Löhrer (Hrsg.), Mysterium Salutis. Grundriß heilsgeschichtlicher Dogmatik IV/1. Das Heilsgeschehen in der Gemeinde. Einsiedeln/Zürich/Köln 1972, 101–221. – Schnackenburg, R.: Die Kirche im Neuen Testament (QD 14). Freiburg i.Br./Basel/Wien 1961. – Schürmann, H.: Der Abendmahlsbericht Lk 22,7–38 als Gottesdienstordnung, Gemeindeordnung, Lebensordnung, in: ders., Ursprung und Gestalt, 108–150. – Schütz, F.: Der leidende Christus. Die angefochtene Gemeinde und das Christuskerygma der lukanischen Schriften (BWANT 89). Stuttgart/Berlin/Köln/Mainz 1969. – Schweizer, E.: Gemeinde und Gemeindeordnung im Neuen Testament (AThANT 35). Zürich 1959. – Sweetland, D. M.: The Lord's Supper and the Lukan Community, in: BTB 13 (1983), 23–27. – Wanke, J.: Beobachtungen zum Eucharistieverständnis des Lukas auf Grund der lukanischen Mahlberichte (EThS 8). Leipzig 1973. – Wilson, S. G.: The Gentiles and the Gentile Mission in Luke-Acts (MSSNTS 23). Cambridge 1973. – Zingg, P.: Die Stellung des Lukas zur Heidenmission, in: NZM 29 (1973), 200–209. – Ders.: Das Wachsen der Kirche. Beiträge zur Frage der lukanischen Redaktion und Theologie (OBO 3). Freiburg, Schweiz, und Göttingen 1974.

Die Merkmale der Zeit der Kirche und die wesentlichen Züge ihres Erscheinungsbildes beschreibt Lukas in der Apostelgeschichte. Aber sie sind schon im Evangelium vorabgebildet und angekündigt, das letztere bezeichnenderweise überwiegend im Zusammenhang der Passions- und Ostergeschichte, die den Übergang zur Zeit der Kirche bildet. Diese ist ja eine Epoche sui generis neben der Zeit Israels und der Zeit des Wirkens Jesu (s. § 21).

Zum Verhältnis zwischen Israel und Kirche, zu der in Identität und Differenz sich durchhaltenden Kontinuität, s. § 22.

Als heilsgeschichtliche Epoche ist die Zeit der Kirche nicht nur dadurch mit der Zeit Jesu verknüpft, daß sie beide Erfüllungszeit sind, sondern auch dadurch, daß beide Epochen, wenn auch unterschiedlich, vom „Herrn" bestimmt sind, die eine vom irdischen, die andere vom erhöhten. Die Zeit der Kirche ist die Zeit des erhöhten Herrn. Sie ist es zunächst einfach als die Zeit, die von der ἀνάλημψις Jesu in Passion und Erhöhung bis zu seiner παρουσία beim Gericht dauert, sie ist es aber auch insofern, als sie wesentlich bestimmt ist von einer vielfältigen lebendigen Beziehung zwischen dem Erhöhten und der Kirche (vgl. George, construction 40).

Die wichtigste Verbindung zwischen der irdischen Kirche und dem zum Himmel Aufgefahrenen ist der Heilige Geist. Ihn hat der zur Rechten Gottes Erhöhte (Apg 2,33) als „Kraft aus der Höhe" gesandt (Lk 24,49). Ihn erhält man, ähnlich wie Jesus selbst, bei der Taufe (vgl. 3,16). Er ist zugleich Jesu Gabe und Gegenwart (vgl. Lampe, Christ 174 f.).

Den irdischen Weg des Erhöhten bezeugen verbindlich die zwölf Apostel. Als Augenzeugen Jesu (24,48; vgl. Apg 1,21 f.) und Repräsentanten Israels (22,30) haben sie „grundlegende" Bedeutung für die Kirche; darum kann es keine eigentlichen Nachfolger geben (Löning, Lukas 223). Freilich erfordert die ihnen vom Auferstandenen übertragene Sendung (24,47), da diese „Mission“ bleibend zur Zeit der Kirche gehört, die Einbeziehung von Mitarbeitern und die Weitergabe von Vollmachten (Ernst, Lk 16); aber von regelrechten Ämtern spricht das Lukas-Evangelium (auch 8,1–3; 9,49f. 59–62; 10,1; 24,33) noch nicht (George, ministères 393f.).

Vorausverweise auf die Völkermission in der Zeit der Kirche bieten schon 2,30–32; 3,6 und 4,25–27. Auch in der getreuen Bewahrung der von Heiden sprechenden Traditionen (7,1–10; 10,12.13f.; 11,29–32.33; 13,29) kann man sie sehen. Besonders in der Bearbeitung des Gastmahlgleichnisses (14,15–24) bezieht sich Lukas auf die Heidenmission. Aber den ausdrücklichen Auftrag dazu legt er erst dem Auferstandenen in den Mund (24,47). Dieser verknüpft sie mit dem Wirken des Geistes (24,49) und macht sie als Erfüllung prophetischer Verheißung verständlich (24,46f.). Damit ist sie aus dem Zusammenhang der Endereignisse im Sinn der Apokalyptik herausgenommen und zu einem Geschehen im Verlauf der Heilsgeschichte geworden (Wilson, Gentiles 51–58).

Die Möglichkeit der Vergebung, die der Auferstandene verkünden läßt (24,47), ist im Empfang der Taufe gegeben (Apg 2,38; vgl. Lk 3,3.16). Zeichen der Versöhnung und der Gemeinschaft mit Gott ist darüber hinaus, wie schon im Leben Jesu, das Mahl mit dem Herrn. Die eucharistische Feier ist nicht nur die Ausführung des Befehls von 22,19, sondern auch die Fortführung der für Jesus typischen Mahlfeiern. Die Kontinuität zeigt etwa ein Vergleich der Mahltexte in 9,16; 22,19 und 24,30, wo jeweils vom Nehmen, Segnen, Brechen und Geben des Brotes die Rede ist. „Der Tod hat die Linie zwar unterbrochen, nicht aber abreißen lassen. Mit einem Mahl nahm Jesus ehemals Abschied von den Seinen, in einem Mahl gibt er sich ihnen als Auferstandener wieder zu erkennen“ (Bösen, Jesusmahl 114f.).

Die Gemeinde weiß sich auf dem Weg ihres Herrn auch in der Ablehnung, ja Verfolgung durch die Synagoge und andere Mächte (12,4–12; 21,12–19). Mit dem Angriff des Satans (22,3) ist die Zeit der friedlichen Jüngerexistenz vorbei. Jetzt wird nach den „Waffen“ gerufen (22,35–38); es beginnt die Zeit der Erprobung (22,28). Daß es so kommen würde, hat sich ansatzweise schon bei Jesus selbst in Nazaret gezeigt (4,16–30). Sein Ort bei den Ausgestoßenen und seine Verwerfung in der Passion sind ein Zeichen für die Gemeinde. Wie er hat sie im Gehorsam den Weg des Leidens zu gehen und auf die Abweisung nicht mit Polemik, sondern mit dem Ruf zur Umkehr zu antworten (Schütz, Christus 139). Im übrigen hat sie in wachsamer Treue geduldig auszuharren (12,35–48; 21,19) und das von ihr Geforderte zu tun (19,11–27), bis ihr Herr zurückkommt (vgl. Reeves, Ethics).

Einige Themen bzw. Fragenkreise aus der Zeit und dem Leben der Kirche haben in der Lukas-Forschung besondere Beachtung gefunden, so die Bedeutung des Wortes Gottes, die Gestalt christlichen Lebens als Jesusnachfolge, als Leben in Gebet und in Armut sowie das Verhältnis von Kirche und Staat. Auf sie ist noch eigens einzugehen.

§ 35 b) Das Wort Gottes

Alldrit, N.S.F.: The Logos Outside St John, in: StEv VII (TU 126). Berlin 1982, 1–4. – Dupont, J.: La parabole du semeur dans la version de Luc, in: ders., Études, 1019–1031. – Frizzi, G.: La «missione» in Luca-Atti. Semantica, critica e apologia lucana, in: RivBib 32 (1984), 395–423. – März, C.-P.: Das Wort Gottes bei Lukas. Die lukanische Worttheologie als Frage an die neuere Lukasforschung (EThS 11). Erfurt 1974. – Marshall, I.H.: Tradition and Theology in Luke (Luke 8:5–15), in: TynB 20 (1969), 56–75. – Nellessen, E.: Zeugnis für Jesus und das Wort. Exegetische Untersuchungen zum lukanischen Zeugnisbegriff (BBB 43). Köln 1976. – Robinson, W.C., Jr.: On Preaching the Word of God (Luke 8: 4–21), in: Studies in Luke-Acts, 131–138. – Schneider: Schrift und Tradition (§ 23). – Schürmann, H.: Lukanische Reflexionen über die Wortverkündigung in Lk 8,4–21, in: ders., Ursprung und Gestalt, 29–41. – Staudinger, F.: „Verkündigen" im lukanischen Geschichtswerk, in: ThPQ 120 (1972), 211–218. – Zingg: Wachsen (§ 34).

Die große Bedeutung, die das Wort für das Wirken Jesu hat (s. § 25), kommt ihm auch und erst recht in der Zeit der Kirche zu (vgl. zum Ganzen vor allem März, Wort Gottes). Lukas bestätigt dies durch die Abfassung seines Evangeliums, des πρῶτος λόγος (Apg 1,1), als solche. Auch die Träger der auf ihn gekommenen Tradition nennt er „Diener des Wortes" (1,2). Im Wort des Evangeliums bleibt der Weg Jesu gegenwärtig, und die in seinem Wirken exemplarisch verwirklichte Gottesherrschaft, die nicht mehr in dieser Weise fortdauert und auch noch nicht unmittelbar bevorsteht, wird nun „verkündet" (16,16).

Auch Jesus hat, freilich unter anderen Voraussetzungen, die Gottesherrschaft verkündet (4,16–21.43). In seiner und seiner Jünger

Predigt spiegelt sich die der Kirche. Das gilt schon von der Versammlung der großen Hörergemeinde, die auch um des Wortes willen gekommen ist (6,17–19), d.h., „um ihn zu hören“ (6,18 diff. Mk 3,8). Das wird besonders deutlich bei der Erzählung und Auslegung des Sämannsgleichnisses (8,4–8.11–15). Vor allem die letztere hat unüberhörbar die Situation der Kirche im Auge; aber der ganze Abschnitt 8,4–21 ist eine Katechese über das Wort, seine Verkündigung und seine Aufnahme, als Lebenselement der Kirche. Daraufhin, des näheren auf die Jünger als die Zeugen des zu verkündenden Reiches, engt Lukas die Aussage von 8,9f. ein, indem er das eigentliche Verstockungswort (diff. Mk 4,12) wegläßt (Robinson, Preaching 135f.). Ihr Zeugnis bekommt entscheidendes Gewicht, wenn von seiner gläubigen Annahme die Rettung abhängt (8,12 diff. Mk 4,15). Die „das Wort annehmen“ (8,13 diff. Mk 4,16; vgl. Apg 8,14; 11,1; 17,11), müssen ihren „Glauben“ sowohl „in der Zeit der Anfechtung“ (8,13 diff. Mk 4,17) wie „in den Genüssen des Lebens“ (8,14 diff. Mk 4,19) bewähren und Frucht bringen „in Geduld“ (8,15 diff. Mk 4,20). So entscheidet sich auch am Hören und Befolgen des Wortes Gottes, wer zur „Familie Jesu“ gehört. Es hat „eine familiarisierende Kraft und ‘kirchenkonstitutive’ Bedeutung“ (Schürmann, Reflexionen 40). Um das zu verdeutlichen, spricht Lukas nicht nur vom „Wort“ statt vom „Willen“ Gottes, sondern er verlegt auch den Text über die Verwandten Jesu an den Schluß des Abschnitts über das Wort Gottes (8,19–21 diff. Mk 3,31–35).

Solche Übertragung der selbst schon kirchlich geprägten Vorlage Mk 4,13–20 setzt die Predigt der Kirche, obwohl sie auch Wort über Jesus ist (vgl. März, Wort Gottes 41–44), mit dem Wort Jesu gleich. Dieses wiederum ist „das Wort Gottes“ (8,11 diff. Mk 4,14), auch wenn – ja gerade weil – die alttestamentliche Formel vom Ergehen des Wortes Gottes zum letzten Mal bei der Sendung Johannes’ des Täufers gebraucht wird (3,2 diff. Mk 1,4). Als Gottes Sohn, als in einmaliger Weise aus dem Geist Lebender (1,35) und mit dem Geist Begabter (4,18) verkündet Jesus mehr als jeder Prophet und auf ganz neue Weise das Wort Gottes. Dieses übernimmt die Kirche von Jesus (März, Wort Gottes 43). Und doch scheint Lukas hier zu differenzieren. Der absolute Gebrauch von λόγος begegnet im Evangelium nur in 1,2. Entsprechendes gilt von εὐαγγέλιον und διδαχή. „Es gibt kaum eine andere Erklärung als die, daß Lukas hier bewußt im Sinne einer differenzierenden Charakteristik von Jesuszeit und Kirchenzeit unterscheidet“ (Conzelmann, Mitte 209f.). Wie „das Wort“ bei Markus (Mk 2,2; 4,33; 8,32) scheint freilich auch „das Wort

Gottes“ bei Lukas (vor allem in der Apostelgeschichte) technisch gebraucht und ein fester „Ausdruck der Missionssprache“ zu sein (ebd. 209). Aber die genannte Unterscheidung und seine ganze Behandlung (besonders in Lk 8) zeigen doch „ein deutliches theologisches Interesse des Lukas an diesem Begriff“ (März, Wort Gottes 9).

c) Christliches Leben

§ 36 *aa) Gesetzestreue und Jesusnachfolge*

Blomberg, C. L.: The Law in Luke-Acts, in: JSNT 22 (1984), 53–80. – Bonora, A.: Amore di dio e del prossimo in Luca, in: Parole di Vita 28 (1983), 297–306. – Duplacy, J.: Le véritable disciple. Un essai d'analyse sémantique de Luc 6,43–49, in: Parole de Grâce, 71–86. – Horn: Glaube (§ 33). – Jervell: Law (§ 33). – Kühschelm, R.: Jüngerverfolgung und Geschick Jesu. Eine exegetisch-bibeltheologische Untersuchung der synoptischen Verfolgungsankündigungen Mk 13,9–13 par und Mt 23,29–38 par (Österr. Bibl. Stud. 5). Klosterneuburg 1983. – Moessner: Parallels (§ 34). – O'Toole: Parallels (§ 29). – Radl: Paulus und Jesus (§ 6). – Schneider, G.: Christusbekenntnis und christliches Handeln. Lk 6,46 und Mt 7,21 im Kontext der Evangelien, in: ders., Lukas, 114–129. – Schrage, W.: Ethik des Neuen Testaments (GNT 4). Göttingen 1982. – Schürmann: Jüngerkreis (§ 29). – Schulz: Nachfolgen (§ 29). – Schweizer: Erniedrigung (§ 32). – Stegemann, W.: Nächstenliebe oder Barmherzigkeit. Überlegungen zum ethischen und soziologischen Ort der Nächstenliebe, in: H. Wagner (Hrsg.), Spiritualität. Theologische Beiträge. Stuttgart 1987, 59–82. – Talbert, C. H.: Martyrdom in Luke-Acts and the Lukan Social Ethic, in: Cassidy, Scharper, Political Issues, 99–110. – Wilson: Law (§ 23).

Schon im Evangelium beschreibt Lukas das Dasein der Jünger Jesu in der Zeit der Kirche. Die Jüngergemeinde um den irdischen Jesus stellt die Gemeinde des Erhöhten, die Kirche, dar. Wie μαθηταί in der Apostelgeschichte die Christen als solche und insgesamt bezeichnet, so auch im Evangelium alle, die Jesus als Jünger nachfolgen. An den hier überlieferten Weisungen Jesu läßt sich ablesen, was Jüngerschaft in der Zeit der Kirche bedeutet, anders ausgedrückt: wie christliches Leben aussieht oder aussehen sollte (vgl. Giles, Church). Dafür gibt es allerdings keine Einheitsnorm. Die ethischen Forderungen an den Jesusjünger bzw. Christen reichen von den „gewöhnlichen“ Dekalog-Geboten bis zu extremen Imperativen.

In der Situation des Lukas, also in einer sich auf Dauer einrichtenden christlichen Existenz, haben ethische Weisungen, zumal solche für ein Leben in Welt und Geschichte, zweifellos größere Bedeutung als etwa zur Zeit des Paulus. Das Gesetz des Mose steht auch nicht mehr in der Gefahr, als Heilsweg mißverstanden zu werden, und so wird es als Verdeutlichung des Willens Gottes in Erinnerung gerufen (Schweizer, Lk 213). Vielleicht macht Lukas auch eine wachsende Kluft zwischen dem Anspruch des Christennamens und seiner Verwirklichung unter den Christen Sorge. Jedenfalls betont er (6,46), daß dem Glauben das Handeln, dem Reden das Tun entsprechen muß (vgl. Schneider, Christusbekenntnis; Horn, Glaube). Nur wer sein Jüngersein mit entsprechenden „Früchten" unter Beweis stellt (6,43–49), ist der wahre Jünger Jesu (Duplacy, disciple), wie auch nur die zur Familie Jesu gehören, die das Wort Gottes nicht nur hören, sondern auch befolgen. So ist es wohl auch kein Zufall, daß sich sämtliche sogenannte Beispielerzählungen der synoptischen Tradition bei Lukas finden (10,25–37; 12,16–21; 16,19–31; 18,9–14); sie stellen Musterfälle für rechtes Verhalten dar (vgl. Schrage, Ethik 149). Und gerade bei Lukas wird mehrfach die Frage gestellt: „Was sollen wir tun?" (so oder ähnlich 3,10.12.14; 10,25; 16,3; 18,18; Apg 2,37; 16,30).

Die Antwort kann im Verweis auf die Gebote im allgemeinen (18,20) oder auf das Liebesgebot (10,26f.) bestehen. Natürlich steht auch bei Lukas das Gebot der Nächstenliebe im Vordergrund; aber dessen Verwirklichung reicht vom anständigen Verhalten im Geschäftsleben oder Dienst (3,12–14) bis dahin, daß man Hab und Gut mit dem Notleidenden teilt (3,10f.) und davon denen gibt, die nichts zurückgeben können (6,32–36; 14,13.21). Dazwischen liegt die Vielfalt tätiger Liebe, wie sie im Alltag des Christen sichtbar werden soll: „Gib jedem, der dich bittet ... Richtet nicht ... Erlaßt einander die Schuld ...!" (6,30f.37f.). Wie man die im Gesetz zunächst innerhalb des Bundesvolkes geforderte Solidarität auch gegenüber Nichtjuden und vor allem als Erbarmen mit den Notleidenden zu verwirklichen hat (Stegemann, Nächstenliebe), zeigt Lukas an der Gestalt des „barmherzigen" Samariters (vgl. besonders 10,33.37).

Neben solchen gewissermaßen in der Normalsituation des Christen verlangten Verhaltensweisen, zu denen (nach 9,46–48; 14,7–11; 22,24–27) noch Demut und Selbsterniedrigung zu rechnen wären (vgl. Horn, Glaube 204–215), kann vom Christen auch äußerster Einsatz bis zur Hingabe des Lebens verlangt sein. Von der Forderung des totalen Besitzverzichts wird weiter unten noch gehandelt.

Eine außergewöhnliche Herausforderung liegt auch in dem Gebot, auf Gewalt und Widerstand zu verzichten, ja überhaupt im Gebot der Feindesliebe (6,27–30). In der letzten Konsequenz verlangt Jesus von seinem Jünger den Verzicht auf jedweden Anspruch für die eigene Person (9,57–62; 14,25–27). In den kommenden Verfolgungen (12,4–12; 21,12–19) hat sich der Jünger ausschließlich seinem Meister anzugleichen und ihm nachzufolgen (vgl. 22,39 diff. Mk 14,32). Die beiden entsprechen sich in ihrem Geschick. Das drückt sich in 21,12–19 durch die Formel „um meines Namens willen" (V. 12. 17) ebenso aus wie in einigen Anklängen an die Passion Jesu. Wie ihn wird man auch die Jünger verhaften (V. 12: „Hand an sie legen"; vgl. 20,19; Apg 4,3; 5,18; 12,1; 21,27) und „vor Könige und Statthalter" führen (V. 12; vgl. 23,1–16; vgl. Apg 24–26). Das Gesetz von Erniedrigung und Erhöhung prägt auch ihren Weg (Kühschelm, Jüngerverfolgung 288).

Die Unterscheidung zwischen gewöhnlichen und außergewöhnlichen Forderungen ist nun aber zu relativieren, wenn man die lukanische Fassung des Wortes vom Kreuztragen beachtet. Nach ihr geht es sowohl in normalen wie in extremen Situationen um die Nachfolge auf dem Kreuzweg Jesu. Indem Lukas die Rede von Selbstverleugnung, Kreuzaufnahme und Nachfolge an „alle" adressiert (9,23; anders Mk 8,34) und ihr die nähere Bestimmung „täglich" einfügt (9,23 diff. Mk 8,34), verknüpft er die Passion mit der Bewährung im Alltag und umgekehrt. Die exemplarische Gestalt dessen, der sein – mit Jesu Kreuz identisches – Kreuz „hinter Jesus herträgt" (23,26 diff. Mk 15,21), ist Simon von Zyrene.

§ 37 *bb) Gebet*

Conn, H.M.: Luke's Theology of Prayer, in: ChrTo 17 (1972), 290–292. – Dupont, J.: La prière et son efficacité dans l'évangile de Luc, in: ders., Études, 1055–1065. – Feldkämper: Heilsmittler (§ 32). – Fuhrmann, Ch. M.: A Redactional Study of Prayer in the Gospel of Luke. Diss. Southern Baptist Theol. Seminary 1981. – George, A.: La prière, in: ders., Études, 395–427. – Harris, O.G.: Prayer in Luke-Acts: A Study in the Theology of Luke. Vanderbilt University 1966. – Lentzen-Deis, F.: Beten kraft des Gebetes Jesu, in: GuL 48 (1975), 164–178. – Mediavilla, R.: La oración de Jesús en el tercer evangelio, in: Mayéutica 4 (1978), 5–34. – Ders.: La oración de Jesús en el tercer evangelio. En busca de una teología lucana sobre la oración de Jesús, ebd., 163–183. – Michalczyk, J.J.: The Experience of Prayer in Luke/Acts, in: RR(StM) 34 (1975), 789–801. – Mon-

LOUBOU, L.: La prière selon saint Luc. Recherche d'une structure (LeDiv 89). Paris 1976. – O'BRIEN, P.T.: Prayer in Luke-Acts, in: TynB 24 (1973), 111–127. – OTT, W.: Gebet und Heil. Die Bedeutung der Gebetsparänese in der lukanischen Theologie (StANT 12). München 1965. – PILCH, J.J.: Praying with Luke, in: BiTod 18 (1980), 221–225. – SIMON, L.: La prière non religieuse chez Luc, in: FV 74/2 (1975), 8–22. – SMALLEY: Spirit (§ 19). – TRITES, A.A.: The Prayer Motif in Luke-Acts, in: Talbert, Perspectives, 168–186. – VELLANICKAL, M.: Prayer-Experience in the Gospel of Luke, in: Biblebhashyam 2 (1976), 23–43.

Das Thema des Gebets nimmt im Lukas-Evangelium einen breiten Raum ein. Das läßt sich nicht nur an der großen Zahl der betreffenden Textstellen, sondern auch an der Vielfalt der dafür gebrauchten Nomina und Verben – am häufigsten, 19mal, begegnet προσεύχομαι – ablesen (vgl. George, prière 403f.). Wie wichtig Lukas das Thema ist, beweist er auch durch die sorgfältige Vorbereitung und Einbettung des Motivs, wie er sie in mehreren Überleitungen mit ἐγένετο (3,21; 6,12; 9,18.28.29; 11,1) bietet (Harris, Prayer 248). Größere Komplexe zu Fragen des Gebets sind 11,1–13 und 18,1–14. Hier hat Lukas Stoffe aus verschiedenen Quellen zu regelrechten Gebetsanleitungen zusammengestellt (Ernst, Lk 368f.). Bedeutsame kleinere Abschnitte sind 21,34–36 und 22,31–34.39–46.

Besonders in Kap. 11 und 18 läßt Lukas „ein systematisches Interesse an dem Thema ‚Beten'" erkennen (Ott, Gebet 137). So ist in 11,1–13 – im Unterschied zu den die Einzelprobleme der rechten Frömmigkeit und Erhörungsgewißheit behandelnden Mt-Parallelen 6,5–15 und 7,7–11 – „das Beten als solches zum Thema" geworden (ebd.). Wie das Stichwort προσεύχομαι/προσευχή in den meisten Fällen nicht vorgegeben ist, so sind auch die Bemerkungen über das Gebet Jesu meist redaktionell (s. im einzelnen ebd. 262f.). Neben den Umständen, unter denen Jesus betet – in der Einsamkeit (5,16) oder auf einem Berg (6,12; 9,28; 22,39.41), länger andauernd (5,16; 6,12; 9,18; 11,1) oder kniend (22,41.44) –, sind Lukas vor allem die Gelegenheiten wichtig, bei denen Jesus betet (vgl. Schneider, Lk 263; H. Balz: EWNT III 407): an entscheidenden Wendepunkten des Evangeliums, nämlich bei der Taufe (3,21), vor der Berufung der Zwölf (6,12), vor dem Petrusbekenntnis (9,18), vor der Verklärung (9,28f.), vor der Passion (22,40–44) und am Kreuz (23,34.46). Der Wortlaut von Gebeten Jesu begegnet in 10,21; 22,42; 23,34.46, jeweils mit der Anrede „Vater".

Damit und auch sonst ist das Gebet Jesu Vorbild für das der

Jünger. Der Mustertext für sie ist das „Vater"-Gebet (11,2–4). Sie sollen wie er für ihre Feinde (6,28; vgl. 23,34) und in der Gefahr der Anfechtung (22,40.46; vgl. 22,40–44) beten. Ihr Gebet soll ebenso hartnäckig wie vertrauensvoll sein (11,5–8.9–13) und weder nachlassen noch aufhören (18,1; 21,36).

Welche Absicht verfolgt Lukas mit der Hervorkehrung des Betens Jesu und seiner Jünger? Die Tatsache, daß Jesus betet und sogar oft betet, hat sicher christologische Bedeutung. Sie drückt gleichzeitig das enge Verhältnis zu Gott und die Unterordnung unter ihn aus (vgl. Conzelmann, Mitte 167). In seiner Verknüpfung mit dem Wirken und Leiden Jesu, das ja als ganzes heilsbedeutsam ist (vgl. § 32), hat sein Beten auch soteriologische Bedeutung (Feldkämper, Heilsmittler 336). Dies gilt nun aber nicht nur für die einzelnen Menschen alle, sondern vor allem für die Heils-Geschichte. Die schon erwähnte Beobachtung, daß Jesus an Wendepunkten, zumal vor wichtigen Entscheidungen betet, führt zu der für Lukas wohl eigentlichen Funktion des Gebetes Jesu: Durch den im Gebet ihm verbundenen Sohn bestimmt Gott den Verlauf der Heilsgeschichte (Harris, Prayer 245; O'Brien, Prayer 127; Trites, Prayer 184). Auch darin ist das Gebet Jesu Vorbild für das der Jünger und damit der Kirche. Wie im Glauben hat sie im Gebet sich über das Diesseits zu erheben, ihre Situation zu begreifen und das für die Heilsgeschichte jeweils „Zeitgemäße" zu tun, im Hören auf Gottes Wort und in der Kraft des Geistes (vgl. Apg 1,14.24; 6,6; 8,15; 10,9; 13,3). So ist das Gebet nichts anderes als der „funktionierende" Glaube (Monloubou, prière 243). Das für die Erfahrungen mit der Heilsgeschichte typische Gebet bietet Lukas im Magnificat der Maria (1,46–55), nicht nur wegen seines Inhalts, der alles Bestehende umkehrenden großen Tat Gottes, sondern auch wegen seiner hintergründigen, den einzelnen und die Gemeinschaft, Diesseits und Jenseits zusammensehenden Sprechweise (ebd. 219–237). Im übrigen sieht Lukas mehr als etwa Matthäus auch diesseitige Belange als Gegenstand des Gebets (Simon, prière).

Gegenüber dem Beten Jesu ist in der Kirche natürlich *ein* Gebet neu: die Bitte um die Parusie. Anders ausgedrückt: Die Kirche betet in der Erwartung der Parusie. Hier hat das paränetische Anliegen der lukanischen Texte zum Gebet seinen Ort. Die anscheinend noch länger dauernde Zeit bis zur Wiederkunft des Herrn kann man nur betend so überstehen, daß der Glaube nicht wankt. Dem Glaubenden setzen einerseits die Sorgen um das tägliche Leben und die Freuden dieser Welt (8,14), andererseits die Anfechtungen der

Drangsal und Verfolgung (8,13; 22,32.40.46) zu (Ott, Gebet 137–139). Nur wer unablässig betet, kann vor dem kommenden Menschensohn bestehen (18,1–8; 21,36). Andererseits sagt 18,1–8, daß der Menschensohn noch auf sich warten läßt, weil nicht genug gebetet wird (Schneider, Lk 264). Vorerst schenkt Gott denen, die um sein Reich bitten (11,2), seinen Geist (11,13). Die Anwesenheit des Geistes garantiert das Kommen des Reiches, wie es Jesus nach Apg 1,6–8 verheißen hat (Smalley, Spirit 70).

Zwangsläufig eine Randerscheinung des Jüngergebets im Evangelium, in der sich aber schon die kirchliche Praxis ankündigt (vgl. Apg 7,59f.), ist die Anbetung des Auferstandenen in 24,52f. (vgl. George, prière 426). Ein spezielles Problem ist die Zusage unfehlbarer Gebetserhörung in 11,9f. par. Mt 7,7f. (vgl. dazu Dupont, prière 1064f.). Daß Lukas hier nicht die Erfüllung jeder beliebigen Bitte behaupten möchte, zeigt schon 11,13, wo der Heilige Geist als gewährte Gabe genannt wird. Außerdem gibt zu denken, daß Lukas zwar das Wort von der Allmacht des Glaubens übernimmt (17,6 par. Mt 17,20), nicht aber das von der Allmacht des Gebets in Mk 11,24 par. Mt 21,22 (vgl. Mt 18,19). Der Grund dafür liegt offenbar darin, daß Lukas nicht der Illusion Vorschub leisten möchte, man könne auf Gott Druck ausüben. In dieser Zerstörung möglicher falscher Hoffnungen ist er ebenso realistisch wie in seiner (auf die Naherwartung des Endes verzichtenden) Eschatologie. Das wahre christliche, der Zeit der Kirche angemessene Gebet ist die Bitte um den Heiligen Geist.

§ 38 *cc) Besitzverzicht*

Arai, S.: Individual- und Gemeindeethik bei Lukas, in: AJBI 9 (1983), 88–127. – Degenhardt, H.-J.: Lukas – Evangelist der Armen. Besitz und Besitzverzicht in den lukanischen Schriften. Eine traditions- und redaktionsgeschichtliche Untersuchung. Stuttgart 1965. – Dietrich, W.: „... den Armen das Evangelium zu verkünden." Vom befreienden Sinn biblischer Gesetze, in: ThZ 41 (1985), 31–43. – Dumais, M.: L'évangelisation des pauvres dans l'œuvre de Luc, in: ScEs 36 (1984), 297–321. – Dupont, J.: Les pauvres et la pauvreté dans les évangiles et les Actes, in: La pauvreté évangélique (Lire la Bible 27). Paris 1971, 37–63. – Ernst, J.: Das Evangelium nach Lukas – kein soziales Evangelium, in: ThGl 67 (1977), 415–421. – Galligan, J.S.: The Tension Between Poverty and Possessions in the Gospel of Luke, in: Spirituality Today 37 (1985), 4–12. – Horn: Glaube (§ 33). – Hornung, A.: Zur Theologie der Armut. Reich Gottes, Besitz und Besitzverzicht nach den lukanischen Schriften, in: Ordenskorrespondenz 16 (1975), 424–454. – Hoyt, Th.: The Poor in Luke-Acts. Duke University 1975. – Johnson, L.T.: The Literary Function of Possessions in Luke-Acts (SBLDS 39). Missoula 1977. – Ders.: Sharing Possessions. Mandate and Symbol of Faith (Overtures to Biblical Theology 9). Philadelphia 1981. – Jüchen, A. von: Jesus zwischen Reich und Arm. Mammonworte und Mammongeschichten im Neuen Testament. Stuttgart 1985. – Karris, R.J.: Poor and Rich: The Lukan Sitz im Leben, in: Talbert, Perspectives, 112–125. – Klauck, H.-J.: Die Armut der Jünger in der Sicht des Lukas, in: Clar. 26 (1986), 5–47. – Koch, R.: Die Wertung des Besitzes im Lukasevangelium, in: Bib. 38 (1957), 151–169. – Kraybill, D.B., D.M. Sweetland: Possessions in Luke-Acts: A Sociological Perspective, in: PRSt 10 (1983), 215–239. – Leonardi, G.: Gli aspetti sociali del vangelo di Luca, in: Parole di Vita 28 (1983), 165–184. – Lindijer, C.H.: De armen en de rijken bij Lukas. Den Haag/Amsterdam 1981. – Lohse, E.: Das Evangelium für die Armen, in: ZNW 72 (1981), 51–64. – Matthey, J.: Puissance et pauvreté. Notes sur la mission de l'Église à partir de la théologie de Luc, in: Bulletin du Centre Protestant d'Études 30 (1978), 47–54. – Matura, Th.: Le radicalisme évangélique. Aux sources de la vie chrétienne (LeDiv 97). Paris 1978. – Nickelsburg, G.W.E.: Riches, the Rich, and God's Judgement in 1 Enoch 92 – 105 and the Gospel according to Luke, in: NTS 25 (1979), 324–344. – Osborne, G.R.: Luke: Theologian of Social Concern, in: Trinity Journal 7 (1978), 135–148. – Pilgrim, W.E.: Good News to the Poor. Wealth and Poverty in Luke-Acts. Minneapolis 1981. – Schmithals, W.: Lukas – Evangelist der Armen, in: ThViat 12 (1975), 153–167. – Schottroff, L., W. Stegemann: Jesus von Nazareth – Hoffnung der Armen (Urban-Taschenbücher 639). – Seccombe, D.P.: Possessions and the Poor in Luke-Acts (SNTU.B 6). Linz 1982. – Stöger, A.: Armut und Ehelosigkeit – Besitz und Ehe der Jünger nach dem Lukasevangelium, in: GuL 40 (1967), 43–59. – Zeilinger, F.: Die Bewertung der irdischen Güter im lukanischen Doppelwerk und in den Pastoralbriefen, in: BiLi 58 (1985), 75–80.

In keinem anderen Evangelium spielen die Kritik und die Sorge gegenüber den Reichen (1,53; 6,24f.; 8,14; 12,13–21; 14,15–24; 16,14f.19–31), der Aufruf zu Besitzverzicht (5,11.28; 12,33f.; 14,33; 18,18–30) und Wohltätigkeit (3,10f.; 6,33–36; 8,1–3; 16,9; 19,1–10; 21,1–4) sowie die Verheißungen für die Armen (1,53; 4,18f.; 6,20f.; 7,22) eine so bedeutsame Rolle wie bei Lukas. Schwerpunkte in der Behandlung dieser Themen setzt er in 12,13–34 und 16,1–31. Dieser Befund ruft Fragen hervor, vor allem die nach dem historischen Hintergrund solcher Paränese und nach der Zuordnung der unterschiedlichen – einmal totalen Besitzverzicht, einmal Almosen verlangenden – Forderungen. „Welche der divergierenden Anweisungen tritt wann, wo und für wen in Kraft?"

H.-J. Klauck, der die Frage so formuliert (Armut 31), hat auch die wichtigsten neueren Lösungsmodelle dazu zusammengestellt (ebd. 32–39). So sind die radikalen Forderungen nach H.-J. Degenhardt (ebd. 33f.) nur den Amtsträgern, den wandernden Missionaren ebenso wie den Gemeindeleitern, zugedacht. Aber so sehr Lukas zwischen dem „Volk" und den „Jüngern" unterscheidet, dies läßt sich nicht in der genannten Weise auf die Kirche übertragen; denn „Jünger" heißen bei Lukas alle Christen. W. Schmithals (ebd. 34f.) setzt die Situation der Verfolgung voraus. In ihr drohe nicht immer gleich der Tod, aber doch der Verlust des Besitzes. Da dieser den einen treffe, den anderen nicht, müsse Lukas sowohl zum Besitzverzicht ermuntern als auch zum verantwortungsvollen Umgang mit dem Vermögen, d.h. zur Hilfe für die Betroffenen, mahnen. Aber es ist sehr fraglich, ob Lukas wirklich Verfolgungen im Auge hat (vgl. 8,13 diff. Mk 4,17; 18,30 diff. Mk 10,30) und nicht eher die Verflachung des christlichen Lebens im Alltag (z.B. 8,14; 21,34). Für G. Theißen (ebd. 35f.) heißt das Lösungswort „Wanderradikalismus". Wandermissionare hätten, im Gegensatz zu den meisten, in ihren Ortsgemeinden bleibenden Christen, in ihrer Heimat- und Besitzlosigkeit das Vorbild Jesu und seiner Jünger verwirklicht. Das hermeneutische Problem, das sich aus dieser historischen Vorgabe tatsächlich ergibt, liegt darin, daß sich das Jüngerbild der von den Wandercharismatikern bewahrten Nachfolgetexte nicht zum Paradigma christlicher Existenz überhaupt machen läßt. Man kann zwar den Jüngernamen auf die Christen, aber nicht ohne weiteres seine Konsequenzen aus der Zeit Jesu in die der Kirche übertragen. Bei L. Schottroff, W. Stegemann (ebd. 36f.) wird vor allem die soziologische Zusammensetzung der lukanischen Gemeinde in den Blick genommen. Obwohl die Seligpreisung der Armen ihren ursprünglichen Ort in den Verheißungen Jesu für seine besitzlos gewordenen Jünger habe, zielten die Ausführungen des Lukas auf die spannungsreiche Situation seiner Gemeinde und dort – als Kritik – auf die Reichen. So sei er eigentlich der Evangelist der Reichen. Ihnen müsse er angesichts der Notleidenden in den eigenen Reihen ins Gewissen reden. Sie könnten zwar die Jüngerexistenz mit ihrem totalen Besitzverzicht nicht kopieren, aber, nach dem Vorbild des Zachäus (19,8), doch etwas in der Sache Vergleichbares leisten. Der Ansatz von F.W. Horn (37f.) ist ähnlich. Auch er unterscheidet zwischen der radikalen Jesusnachfolge (und ebionitischen Motiven) in der Vergangenheit und dem Leben der Christen in der Gegenwart. Wenn er das letztere aber nur als grundsätzliches Abstandnehmen von den irdischen Werten, als Gesinnungswandel charakterisiert, dann ist das ebenso zu allgemein, wie die Rede vom Evangelisten „der Gemeinde" (Horn, Glaube 243) nichtssagend ist.

Es fragt sich doch, ob in der offenbar berechtigten Anwendung der Texte auf die Gemeindesituation und trotz des mit Recht mehrfach herausgestellten historischen Gefälles der Texte nicht auch konkrete Imperative für die Kirche aller Zeiten bewahrt sind. Solchen weicht man weitgehend aus, wenn man die Armut, von der Lukas spricht, in einem übertragenen Sinn, etwa als Bedürftigkeit vor Gott, versteht oder so weit faßt, daß sie auch (wie Pilgrim, Good News 83, meint) für Kranke und Besessene, Verachtete und Sünder gilt. Daß das letztere falsch wäre, beweist schon die Gestalt des Zachäus. Arm im konkreten Sinn der lukanischen Reichtumsparänese sind nicht von vornherein alle gesellschaftlich Benachteiligten wie etwa die Frauen (gegen Dumais, évangélisation 317f.). Die lukanischen Seligpreisungen in 6,20f. warnen ebenso vor einer Spiritualisierung des Begriffs wie die Zitate in 4,18f. und 7,22 (Dupont, Les pauvres 48f.). Entsprechend umfaßt das den Armen als solchen verheißene Heil nicht die Befreiung von der Sünde (vgl. Pilgrim, Good News 84), sondern es besteht darin, daß ihnen Gerechtigkeit zuteil wird (Dupont, Les pauvres 51).

Der Realismus des Lukas bezieht sich zunächst einmal auf den schlechten Gebrauch des Reichtums und seine habgierige Vermehrung (Koch, Wertung 154, 169), ja wohl auch auf den Glaubensabfall reicher Christen (Zeilinger, Bewertung 80). Seine Paränese ist aber sicher nicht nur negativ motiviert. Klauck (Armut 39–45) erinnert hier an den dem Besitzverzicht analogen Fall der Ehelosigkeit, etwa an den Aufruf zum Verlassen der Ehefrau (14,26 diff. Mt 10,37; 18,29 diff. Mk 10,29). Dieses ist auch textlich dem Besitzverzicht (14,33; 18,22) benachbart, also sachlich damit verwandt (vgl. 16,14 und 16,18). Und wie Lukas sowohl Ehe als auch Eheverzicht für legitime Formen des christlichen Lebens hält, so hält er auch in der Besitzfrage verschiedene Möglichkeiten offen. Die „Bandbreite" reicht von Zachäus, der „die Hälfte" hergibt (19,8), bis zu den Jesusjüngern, die „alles" verlassen (5,11.28). „Von allen Christen, insbesondere von den Begüterten, verlangt Lukas ... aktive Wohltätigkeit, die das Maß des Üblichen sprengt und für einen Ausgleich innerhalb der Gemeinde sorgt. Daneben bleibt aber auch der umfassende Besitzverzicht von aktueller Bedeutung. Wer sich dazu entschließen kann, ist eingeladen, dies zu tun" (ebd. 45). Die Entscheidung ist wohl auch für Lukas von der jeweiligen Situation abhängig. Jedenfalls ist nicht der Verzicht als solcher gefordert, als wäre die Armut an sich ein Ideal. Das Ideal ist vielmehr, entsprechend der gerade von Lukas betonten besonderen Zuwendung Gottes, die Sorge für die Armen, die Liebe (Dupont, Les pauvres 53). Der Besitzverzicht um der Armen willen entspringt freilich einem religiösen Motiv. Letztlich ist es das Ideal des vollkommenen Vertrauens auf Gott (ebd. 60; vgl. Johnson, Sharing Possessions 138).

§ 39 d) Kirche und Staat

Barraclough, R.: A Re-Assessment of Luke's Political Perspective, in: RTR 38 (1979), 10–18. – Bovon: Vermittlungen (§ 34). – Cassidy, R.J.: Jesus, Politics, and Society. A Study of Luke's Gospel. Maryknoll 1978. – Girardet, G.: Lecture politique de l'Evangile de Luc. Brüssel 1978. – Mikat, P.: Bemerkungen zur neutestamentlichen Sicht der politischen Herrschaft, in: Begegnung mit dem Wort. FS für Heinrich Zimmermann (BBB 53). Bonn 1980, 325–345. – Ders.: Lukanische Christusverkündigung und Kaiserkult. Zum Problem der christlichen Loyalität gegenüber dem Staat, in: ders., Religionsrechtliche Schriften. Abhandlungen zum Staatskirchenrecht und Eherecht (SKRA 5). Berlin 1974, 809–828. – Müller, K.: Jesus vor Herodes. Eine redaktionsgeschichtliche Untersuchung zu Lk 23,6–12, in: Zur Geschichte des Urchristentums (QD 87). Freiburg i.Br. 1979, 111–141. – O'Toole, R.F.: Luke's Position on Politics and Society in Luke-Acts, in: Cassidy, Scharper, Political Issues, 1–17. – Radl: Paulus und Jesus (§ 6). – Reese, Th.: The Political Theology of Luke-Acts, in: BibTh 22 (1972), 62–65. – Schlier, H.: Der Staat nach dem Neuen Testament, in: ders., Besinnung auf das Neue Testament. Exegetische Aufsätze und Vorträge II. Freiburg i.Br./Basel/Wien 1964, 193–211. – Schmidt, D.: Luke's "Innocent" Jesus: A Scriptural Apologetic, in: Cassidy, Scharper, Political Issues, 111–121. – Schneider, G.: Die politische Anklage gegen Jesus (Lk 23,2), in: ders., Lukas, 173–183. – Ders.: Verleugnung (§ 6). – Schrage, W.: Die Christen und der Staat nach dem Neuen Testament, Gütersloh 1971. – Soards, M.L.: Tradition, Composition, and Theology in Luke's Account of Jesus Before Herod Antipas, in: Bib. 66 (1985), 344–364. – Stegemann, W.: Zwischen Synagoge und Obrigkeit. Ein Beitrag zur historischen Situation der lukanischen Christen. Masch. HabSchr. Heidelberg 1983. – Swartley, W.M.: Politics or Peace *(Eirēnē)* in Luke's Gospel, in: Cassidy, Scharper, Political Issues, 18–37. – Walaskay, P.W.: "And so we came to Rome." The Political Perspective of St Luke (MSSNTS 49). Cambridge/London/New York 1983. – Ders.: The Trial and Death of Jesus in the Gospel of Luke, in: JBL 94 (1975), 81–93.

Die Szenen, in denen Jesus den Vertretern des Staates, nämlich

Pilatus und Herodes, gegenübertritt, schildert Lukas schon mit Rücksicht auf die Situation der Kirche. Vor allem das Verhalten des römischen Beamten ist ihm wichtig. In keinem anderen Evangelium beteuert Pilatus, der die Haltlosigkeit der politischen Anklage (23,2) sofort erkennt, die Schuldlosigkeit Jesu so intensiv wie hier (23,4.14.15.22), plädiert er so oft für Jesu Freilassung (23,16.20. 22). Daß der jüdische König mit dem Fall Jesu befaßt wird (23,6–12), dient der Bestätigung des Eindrucks von der politischen Harmlosigkeit Jesu, steht also im Dienst der Wahrheitsfindung, zeigt das Bemühen des römischen Beamten um die Klärung des Sachverhalts (vgl. Apg 22,24.30; 23,28f.; 25,26f.). So kommt es auch zu keiner Verurteilung, sondern Pilatus „überläßt" Jesus den ihn bedrängenden Juden (23,25). Auch der Hauptmann unter dem Kreuz erklärt Jesus nachträglich für unschuldig (23,47 diff. Mk 15,39).

Diese Erklärungen der politischen Schuldlosigkeit Jesu hat Lukas im Lauf des Evangeliums schon vorbereitet, wenn auch nicht immer bewußt (vgl. im einzelnen Conzelmann, Mitte 129–131). Schon vor seiner Geburt folgen seine Eltern einem kaiserlichen Befehl nach Betlehem (2,4f.). Sein messianisches Programm (4,18f.) ist unpolitisch. Herodes ist wegen seiner Taten nur neugierig auf ihn (9,9; 23,8). Und als ihm gesagt wird, Herodes wolle ihn töten, da stellt er klar, daß ihn nicht ein politisch bedingtes Ende, sondern ein prophetisches Sterben erwarte (13,31–33). Sein Zug über den Ölberg ist ausgesprochen friedlich (19,30), wird von unpolitischen Rufen begleitet (19,38 diff. Mk) und führt auch nicht in die Stadt als solche, sondern in den Tempel (19,45 diff. Mk 11,11.15). Vor allem in der Steuerfrage beweist Jesus seine Loyalität gegenüber der römischen Obrigkeit (20,25); die geplante Bloßstellung vor ihr gelingt nicht (20,20.26). So ist es nur konsequent, daß sogar das Bekenntnis Jesu zum Königstitel von Pilatus sogleich als unpolitischer Anspruch durchschaut wird und die erste Unschuldserklärung für Jesus zur Folge hat (23,3f.).

Erscheint Jesus so insgesamt als loyaler Bürger, so zeichnet Lukas umgekehrt auch die Römer, wenigstens in einigen ihrer Vertreter, positiv. Außer dem weitgehend entlasteten Pilatus sind das noch die Soldaten, die zu Johannes kommen (3,14), der Hauptmann von Kafarnaum als Freund der Juden und ihrer Religion (7,3–5) sowie der „Gott preisende" Hauptmann unter dem Kreuz (23,47).

Was sich aus diesem Befund im Evangelium ergibt, könnte die Apostelgeschichte, vor allem in ihrer Darstellung des Paulus, vielfach bestätigen: Lukas betreibt politische Apologetik. Es fragt sich nur, in welchem Sinn und in welche Richtung. Gewöhnlich nimmt man an – und dieser Aspekt läßt sich auch nicht bestreiten –, Lukas wolle das Christentum vor der römischen Öffentlichkeit als loyale Religion darstellen und die Kirche so vor Verfolgungen bewahren. Aber denken die Römer überhaupt an eine Verfolgung der Christen? Lk 21,12 nennt immerhin neben den Gerichten der Synagogen die der Könige und Statthalter (vgl. 12,11). Wie die Apostelgeschichte zeigt, haben die letzteren es allerdings immer nur auf Betreiben der Juden mit den Christen zu tun. Und Lukas macht deutlich: Das korrekte Verhalten des Beamten, das keinerlei Volksjustiz zum Zuge kommen läßt und auch die eigene Kompetenz nicht überschreitet, hätte bei Jesus zur Freilassung führen müssen und müßte auch bei Christen dazu führen. Lukas argumentiert dabei aber nicht damit, daß das Christentum nur eine oder die wahre Form des Judentums sei und damit dessen Schutz genießen müsse. Dieser Gedanke wird gegenüber Römern nicht geäußert, und er gehört in die Auseinandersetzung um den heilsgeschichtlichen Zusammenhang zwischen Israel und Kirche (Conzelmann, Mitte 132). Lukas erweist das Christentum vielmehr als eigenständige Größe, und er betont, nach dem Jüdischen Krieg wohl auch nötig, seine politische Harmlosigkeit.

Bedenkt man nun, daß in der lukanischen Passionsgeschichte nicht nur Jesus für schuldlos erklärt, sondern auch Pilatus weitgehend entschuldigt wird, dann kann man darin auch eine Verteidigung des römischen Beamten sehen. Dieser hat tatsächlich ja versagt und sich nicht korrekt verhalten. Sein Verfahren ist im Endeffekt gerade keine Empfehlung der römischen Justiz. Es muß dem Leser verständlich gemacht werden. Das führt zu der These von P. W. Walaskay ("And so we came to Rome"), die lukanische Apologetik verteidige nicht die Kirche, sondern das römische Imperium. Wie schon erwähnt, läßt Lukas die Römer tatsächlich in günstigem Licht erscheinen. Er verhehlt nicht seine Bewunderung für die Gesetze Roms und die – normalerweise vorauszusetzende – Korrektheit seiner Beamten.

Man wird beide Perspektiven gelten lassen müssen. Beide kommen zur Geltung, je nach dem Leser. Lukas hat in erster Linie für Christen geschrieben; aber sein Werk ist offenbar auch für eine größere Öffentlichkeit gedacht. Er ist auf jeden Fall, trotz seines Wissens um die Ambivalenz der Staatsmacht (4,6 diff. Mt 4,9), sehr um ein friedliches Auskommen zwischen Kirche und Imperium bemüht. Solches aufgeschlossene Zugehen auf die Realität der römischen Staatsordnung bedeutet aber kein Vergessen der jüdischen

Vergangenheit, des israelitischen Erbes. „Lukas will vielmehr das Beste von dem übernehmen, was Jerusalem und Rom zu bieten haben“ (Bovon, Vermittlungen 95). Trotz der politischen Sprengkraft der Botschaft Jesu (vgl. Cassidy, Politics), trotz aller gesellschaftspolitischen Implikationen und Konsequenzen (vgl. Girardet, Lecture politique) ist sein Evangelium kein im staatspolitischen Sinn revolutionäres Buch. Es leistet, zumal in Verbindung mit der Apostelgeschichte, einen wichtigen Vermittlungsdienst zwischen den christlichen Gemeinden und dem zwar heidnischen, aber die Ordnung wahrenden römischen Staat. Imperium und Kirche „können grundsätzlich miteinander leben, weil sie beide zu ihrem Heil aufeinander angewiesen sind“ (Schlier, Staat 201).

4. Die Eschata

§ 40 a) Das Endgeschehen im allgemeinen

Baarlink, H.: Die Eschatologie der synoptischen Evangelien (BWANT 120). Stuttgart/Berlin/Köln/Mainz 1986. – Borgen: Eschatology (§ 21). – Dubois: Elie (§ 26). – Dupont, J.: Les trois Apocalypses synoptiques. Marc 13; Matthieu 24 – 25; Luc 21 (LeDiv 121). Paris 1985. – Ellis, E.E.: Eschatology in Luke (FB.B 30). Philadelphia 1972. – Ders.: Die Funktion der Eschatologie im Lukasevangelium, in: Braumann, Lukas-Evangelium, 378–397. – Ders.: Present and Future Eschatology in Luke, in: NTS 12 (1965/66), 27–41. – Ernst, J.: Herr der Geschichte. Perspektiven der lukanischen Eschatologie (SBS 88). Stuttgart 1978. – Francis, F.O.: Eschatology and History in Luke-Acts, in: JAAR 37 (1969), 49–63. – Franklin, E.: The Ascension and the Eschatology of Luke-Acts, in: SJTh 23 (1970), 191–200. – Frizzi, G.: Mandare – inviare in Luca-Atti: una chiave importante per la comprensione dell' escatologia di Luca, in: RivBib 24 (1976), 359–401. – Geiger, R.: Die Lukanischen Endzeitreden. Studien zur Eschatologie des Lukas-Evangeliums (EHS.T 16). Bern/Frankfurt a.M. 1973. – George, A.: L'eschatologie, in: ders., Études, 321–347. – Kaestli, J.-D.: L'eschatologie dans l'œuvre de Luc. Ses caractéristiques et sa place dans le dévelopement du Christianisme primitif. Genf 1969. – Keck, F.: Die öffentliche Abschiedsrede Jesu in Lk 20,45 – 21,36. Eine redaktions- und motivgeschichtliche Untersuchung (FzB 25). Stuttgart 1976. – Kümmel, W.G.: Ein Jahrhundert Erforschung der Eschatologie des Neuen Testaments, in: ThLZ 107 (1982), 81–96. – Mánek, J.: Geschichte und Gericht in der Theologie des Lukas, in: Kairos 13 (1971), 243–251. – Mattill, A.J., Jr.: Luke and the Last Things. A Perspective for the Understanding of Lukan Thought. Dillsboro 1979. – Michel, J.-J.: Heilsgegenwart und Zukunft bei Lukas, in: Gegenwart und kommendes Reich. FS für Anton Vögtle (SBB). Stuttgart 1975, 101–115. – Nicol, W.: Tradition and Redaction in Luke 21, in: Essays, 61–71. – Reeves: Ethics (§ 34). – Sabourin, L.: The Eschatology of Luke, in: BTB 12 (1982), 73–76. – Schneider, G.: Anbruch des Heils und Hoffnung auf Vollendung bei Jesus, Paulus und Lukas, in: ders., Lukas, 35–60. – Smith: History (§ 21). – Villiers: Lukas (§ 21). – Wenham, D.: The Rediscovery of Jesus' Eschatological Discourse (Gospel Perspectives 4). Sheffield 1984. – Wilckens: Lukas und Paulus (§ 44). – Zmijewski, J.: Die Eschatologiereden des Lukas-Evangeliums. Eine traditions- und redaktionsgeschichtliche Untersuchung zu Lk 21,5–36 und Lk 17,20–37 (BBB 40). Bonn 1972.

Die aus der prophetischen und apokalyptischen Tradition bekannten Ereignisse des Endgeschehens, vor allem das Kommen des Menschensohnes, Auferstehung der Toten und Gericht, kennt auch Lukas. Vereinzelte und fragmentarische Aussagen darüber sind über sein ganzes Werk verstreut, größere eschatologische Zusammenhänge bilden die Parusiegleichnisse in 12,35–48 sowie die Reden vom Tag bzw. Kommen des Menschensohnes in 17,20 – 18,8 und 21,5–36 (vgl. im einzelnen George, eschatologie).

Über die Parusie als solche denkt Lukas im wesentlichen wie seine Vorlagen. Er bringt mit ihr auch das Gleichnis 19,12–27 in Verbindung, und zwar im Hinblick auf die Terminfrage (s. § 42). Die Vorstellung von der Auferstehung der Toten ist bei allen Gerichtstexten impliziert (11,31 f.), sie wird aber auch sonst erwähnt (14,14) und einmal thematisch behandelt (20,27–40 par. Mk 12,18–27). Vom Gericht selbst spricht Lukas in 9,24; 10,12–15; 11,31 f.; 12,8 f.; 18,6–8; 21,36, auch ohne diesen Begriff zu verwenden, meist in Anlehnung an die Mk- oder Q-Vorlage. Lukas kennt auch die Rede von der ewigen Verdammnis; aber er betont sie nicht, er versteht sie als Warnung (3,9. 17; 9,24 f.; 12,5; 17,26 f. 33–35). Breiteren Raum nimmt die in unterschiedlichen Bildern und Begriffen begegnende Botschaft vom ewigen Heil ein. Er spricht vom Festmahl im Reich Gottes (12,35–38; 13,28 f.; 14,15–24; 22,16. 18. 30) und von den „ewigen Wohnungen" (16,9), von der Erlösung (21,28), vom ewigen Leben (9,24; 10,25–28; 17,33; 18,18. 30; vgl. 20,38) und vom Paradies (23,43).

Während Lukas diese Themen im Rahmen der traditionellen Vorgaben behandelt, weicht er in der Frage der Vorzeichen dieses Endgeschehens von ihnen ab. Dies zeigt schon ein Vergleich zwischen Mk 13,1–32 und Lk 21,5–33. Bestimmte Dinge, die noch für die markinische Apokalypse zu den unmittelbaren Vorzeichen des

Endes und insofern zum Ende selbst gehören, löst Lukas aus diesem Zusammenhang und ordnet sie in die eigenständige Epoche zwischen Jesu Himmelfahrt und Wiederkunft ein. So hat die Zerstörung Jerusalems für Lukas zwar den Charakter eines Erfüllungsgeschehens und einen eschatologischen Aspekt, nämlich als Vorwegnahme und Vorbild des Endgerichts (George, eschatologie 339f.). Trotzdem wird es klar vom Endgeschehen getrennt. 21,20 spricht profan von den Heeren, die Jerusalem einschließen, und nicht apokalyptisch wie Mk 13,14 vom „Greuel der Verwüstung". Im übrigen steht der betreffende Abschnitt (21,20–24) in unmittelbarer Verbindung mit den Ausführungen von 21,12–19, die eingeleitet werden mit „vor diesem allen aber ..." (21,12). Deren Thema ist die Verfolgung der Jünger. Auch sie hat also noch nichts mit dem Ende selbst zu tun, das in 21,8–11 ansatzweise beschrieben wird. An die Stelle der Rettung aus den Wehen des Endes (Mk 13,13) tritt der Erwerb des Lebens durch geduldiges Ausharren (Lk 21,19). Schließlich ist auch die Heidenmission nicht Endgeschehen im strengen Sinn. Mk 13,10, das seinen Platz hinter Lk 21,13 gehabt hätte, entfällt.

Diese Vorgänge, auf die er ja auch schon zurückblickt, unterscheidet Lukas vom eigentlichen Ende, das dann auch den Kosmos betreffen wird (21,10.12.20–24). Sein Interesse konzentriert sich auf die Verantwortung des Christen in der Zwischenzeit. Entsprechend sind die drei großen eschatologischen Zusammenhänge akzentuiert (vgl. Schweizer, Lk 215): 12,35–48 betont die Wachsamkeit; 17,20–37 (– 18,8) die Plötzlichkeit des Kommens Jesu; 21,5–36 die Zusammengehörigkeit und Verschiedenheit von Zwischenzeit und Endgeschehen. Damit hängt es auch zusammen, daß die Verheißungen der Schrift bei Lukas vor allem Passion und Auferstehung Jesu, die Zerstörung Jerusalems und die Heidenmission betreffen (21,22; 24,26f.46f.; vgl. Apg 17,3; 26,22f.27)., nicht aber das Endgeschehen selbst (ebd. 216).

Lukas hat also die Eschatologie nicht eliminiert, sondern gewissermaßen neu geordnet. Dadurch, daß er den heilsgeschichtlichen Epochen die ihnen zukommenden Plätze angewiesen hat, ergibt sich die Frage, ob die Eschata für ihn rein zukünftige Größen geworden sind. Die Antwort darauf ist schwierig, in der Forschung jedenfalls nicht einheitlich und mitunter auch rätselhaft. So liegt bei Lukas nach W.C. Robinson (Weg 66) eine „Übersetzung der zeitlich verstandenen Naherwartung in die Anschauung eines räumlichen Sich-Nahen (!) des Reiches" vor (vgl. 10,9.11). Nach H. Flender (Heil und Geschichte 91) überträgt Lukas Parusieaussagen auf die

Erhöhung Jesu. „Das Zukünftig-Himmlische ist für ihn zugleich das Jenseitig-Himmlische. Auf diese Weise hält er die Spannung von Gegenwart und Zukunft der eschatologischen Heilsverwirklichung aufrecht …" (ebd.). Diese Spannung versucht E.E. Ellis wiederum im Nebeneinander von "present and future eschatology in Luke" (so der Aufsatztitel) nachzuweisen. 9,27 und 9,28–36, 11,2f. und 11,13 oder 12,49–53 und 12,41–48 sprechen nach ihm jeweils von einer „zweistufigen Vollendung" (ebd. 30). Ähnlich wie Flender betont auch J. Ernst (Geschichte 111 f.) die „vertikale Dimension der Eschatologie" als „Folge der bewußt reflektierten Erhöhung Christi"; aber „das ‚Jenseits' des Heils hat dessen Zukünftigkeit nicht aufgesogen".

Das Warten auf die Eschata ist also mit dem Entwurf der Heilsgeschichte nicht gegenstandslos geworden. Aber Lukas ist alles andere als ein Apokalyptiker, der sich mitten im heiligen Krieg der Endzeit weiß (gegen Mattill, Last Things 232). Die exemplarische Präsenz der Gottesherrschaft in Jesu Wirken ist für ihn Vergangenheit und deren Verwirklichung in der Welt noch mehr oder weniger entfernte Zukunft. Der in der Zwischenzeit vom Herrn geschenkte Heilige Geist läßt die Kirche zwar die Kräfte des Reiches spüren; aber die „historische" Distanz zu diesem bedeutet, daß „die Eschatologie nicht mehr die entscheidende, die gesamte Tradition durchdringende und bestimmende Kraft, sondern nur ein Topos unter anderen" ist (Wilckens, Lukas und Paulus 180).

§ 41 b) Herrschaft und Reich Gottes

George, A.: «Par le doigt de Dieu» (Lc 11,20), in: ders., Études, 127–132. – Ders.: Le Règne de Dieu, ebd., 285–306. – Glover, W.W.: "The Kingdom of God" in Luke, in: BiTr 29 (1978), 231–237. – Grässer, E.: Ta peri tès basileias (Apg 1,6; 19,8), in: À cause de l'Évangile, 709–725. – Merk, O.: Das Reich Gottes in den lukanischen Schriften, in: Jesus und Paulus. FS für W.G. Kümmel. Göttingen 1975, 201–220. – Mussner, F.: „Wann kommt das Reich Gottes?" Die Antwort Jesu nach Lk 17,20b.21, in: BZ 6 (1962), 107–111. – Noack, B.: Das Gottesreich bei Lukas. Eine Studie zu Luk. 17,20–24 (SyBU 10). Uppsala 1948. – Roosen, A.: Le royaume de Dieu dans l'œuvre lucanien. Diss. Rom 1967/68; Teildruck Löwen 1969 (nicht erreichbar). – Smalley: Spirit (§ 19). – Völkel, M.: Zur Deutung des „Reiches Gottes" bei Lukas, in: ZNW 65 (1974), 57–70.

Abgesehen von weiteren inhaltlichen Unterscheidungen (vgl. Glover, Kingdom) hat das Wort βασιλεία im Lukas-Evangelium wie sonst einerseits die funktionale Bedeutung von „Königsherrschaft/ Regiment" (1,33), andererseits die geographische von „Königreich" (13,28.29; vgl. Apg 14,22). Nicht immer ist zwischen beiden klar zu entscheiden. Sollte in 23,42 die Lesart ἐν τῇ βασιλείᾳ (א, A) ursprünglich sein und nicht εἰς τὴν βασιλείαν (P^{75}, B), dann würde in 23,43 die erste durch die zweite Bedeutung ersetzt. Der Einfachheit halber spreche ich im folgenden von der Basileia.

Diese ist bei Lukas zunächst das, was erwartet wird, worauf sich die Hoffnung richtet, eine zukünftige Größe. So selbstverständlich das ist, so unausgeglichen sind seine näheren Angaben zur Zukunft. In einigen (teils traditionellen, teils redaktionellen) Aussagen (10,9.11; 21,31 f.; 22,18) scheint er die Nähe der Basileia zu betonen, in anderen (9,27; 19,11) fällt das Zurücktreten, ja die Unterdrükkung der Terminfrage auf (vgl. U. Luz: EWNT I 489f.). An eine zukünftige Basileia denkt Lukas eigentlich auch dort, wo er ihre gegenwärtige Präsenz im Himmel voraussetzt (23,42f.).

Trotz oder gerade wegen seiner Zurückhaltung in der Terminfrage läßt er mehrmals nach dem Wann der Basileia fragen (17,20; 19,11; 21,7; vgl. Apg 1,6). Damit bereitet er jeweils die Absage an jede Terminspekulation und zugleich die einzige sachgemäße Aussage zum Kommen der Basileia vor: Diese ist gebunden an die Person Jesu (vgl. Merk, Reich Gottes 213 u.ö.). Damit ist sie auch eine Größe der Vergangenheit (George, Règne de Dieu 306). In Person und Wirken Jesu ist Gottes Basileia geschichtlich präsent gewesen. Wenn Lukas 4,16–30 an die Stelle von Mk 1,14f. setzt, dann erklärt er die bevorstehende Basileia (ausdrücklich in 4,21; vgl. 4,43) in Jesu Wirken für gekommen (vgl. Völkel, Reich Gottes 63). In ihm hat sich die Verheißung der Basileia erfüllt. Das Wirken des „Fingers Gottes" in seinen Wundern beweist, daß die göttliche Basileia schon da ist (11,20; vgl. 17,21). So kann „Basileia" auch zur Chiffre für den Inhalt der Christusverkündigung werden (16,16). Daß die Mitte solcher Basileia-Verkündigung Jesus selbst ist, kann Lukas ausdrücklich erst in der Apostelgeschichte sagen. Wenn er in Apg 8,12; 28,23.31 über die Basileia „und" Jesus sprechen läßt, dann gebraucht er „und" jeweils epexegetisch (vgl. Luz: EWNT I 489).

Die Bindung der Basileia an die Person Jesu ermöglicht es Lukas schließlich – das scheint sein wichtigstes Anliegen zu sein –, die Basileia als gegenwärtige Größe zu verkünden (Merk, Reich Gottes). Gegenwärtig ist sie also nicht in der Kirche selbst, sondern nach wie vor in Jesus, dem sie in der Erhöhung als „seine Basileia" (22,29; vgl. 19,12.15) verliehen ist (Schweizer, Lk 217); aber durch seinen Geist wird sie in der Heilsgeschichte wirksam. Lukas möchte darstellen, „wie diese bleibende Gegenwart der βασιλεία in Jesus in der sich dehnenden Zeit für die Kirche zur Geltung gebracht werden kann" (ebd. 218). Dazu projiziert er die Zeit der Kirche in die Zeit Jesu hinein. Seine Verkündigung rüstet die Jünger aus für alle Zeit. Ihre Aufgabe ist es, die Basileia, die nicht in der Kirche, aber für sie in Jesus gegenwärtig ist, zu verkünden (ebd. 218f.).

§ 42 c) Die Parusie

Bartsch, H.-W.: Zum Problem der Parusieverzögerung bei den Synoptikern, in: EvTh 19 (1959), 116–131. – Cranfield, C. E. B.: The Parabole of the Unjust Judge and the Eschatology of Luke-Acts, in: SJTH 16 (1963), 297–301. – Grässer, E.: Das Problem der Parusieverzögerung in den synoptischen Evangelien und in der Apostelgeschichte (BZNW 22). Berlin/ New York ³1977. – Hiers, H. R.: The Problem of the Delay of the Parousia in Luke-Acts, in: NTS 20 (1974), 145–155. – Mattill, A. J.: *Naherwartung, Fernerwartung*, and the Purpose of Luke-Acts: Weymouth Reconsidered, in: CBQ 34 (1972), 276–293. – Moore, A. L.: The Parousia in the New Testament (NT.S 13). Leiden 1966. – Mussner: Reich Gottes (§ 41). – Rigaux, B.: La petite apocalypse de Luc (XVII, 22–37), in: Ecclesia a Spiritu Sancto edocta (Lumen Gentium, 53). FS für Gérard Philips (BEThL 27). Gembloux 1970, 407–438. – Schnackenburg, R.: Der eschatologische Abschnitt Lk 17,20–37, in: Mélanges Bibliques. FS für Béda Rigaux (Gembloux 1970), 213–234. – Schneider: Anbruch (§ 40). – Ders.: Parusiegleichnisse im Lukas-Evangelium (SBS 74). Stuttgart 1975. – Wilson: Gentiles (§ 34). – Ders.: Lukan Eschatology, in: NTS 16 (1969/70), 330–347.

Ein weiteres zentrales, aber auch schwieriges Thema innerhalb der lukanischen Eschatologie ist die Parusie. Das in der Forschung heftig diskutierte Problem ist dabei nicht die Parusie als solche, sondern ihr Zeitpunkt. Da das von Jesus für die nächste Zukunft angekündigte Ende bzw. die von der Urkirche als zeitlich nahe angenommene Parusie Christi nicht eingetroffen ist, stellt sich die Frage: Wie hat sich diese Verzögerung der Parusie auf ihre Erwartung ausgewirkt? Die Konsequenzen bei Lukas sind am meisten umstritten, „obwohl (oder weil?) er den geschlossensten eschatologischen Entwurf vorgelegt hat" (Gräßer, Parusieverzögerung XXX).

Allgemein anerkannt ist die gemäßigte Feststellung, daß die Naherwartung bei Lukas ihre beherrschende Stellung, ihren drängenden Charakter verloren hat (Kümmel, Einleitung 112f.). Mk 1,15 wird ersetzt durch Lk 4,21. Mk 9,1 wird korrigiert in Lk 9,27. Dem

Gleichnis von den Minen wird 19,11 vorgeschaltet. Mk 13,6 wird erweitert in Lk 21,8 und Mk 13,30 (um „ταῦτα") gekürzt in Lk 21,32. Dabei zielt die Veränderung jeweils auf eine Korrektur der Naherwartung.

Umstritten ist aber nun, ob man aus den genannten und anderen Stellen (vgl. 17,20f.) den Schluß ziehen darf, daß Lukas „auf das Festhalten der Naherwartung entschlossen verzichtet" hat (Conzelmann, Mitte 127). Das Problem liegt in der Beurteilung einiger Naherwartungsstellen, die sich, zumindest dem Wortlaut nach, auch bei Lukas finden, vor allem 3,9.17; 10,9.11 und 18,7.8a (vgl. Kümmel, Einleitung 112f.). Aber in 3,9.17 ist vielleicht vom Gericht über Israel (in der Zerstörung Jerusalems) die Rede, wenn die Worte im Mund des Täufers nicht überhaupt anders zu werten sind als bei Jesus. 10,9.11 (mit „zu euch" in V.11 diff. Mt 10,7) kann sich auf 10,1 und damit, bei Lukas gut denkbar (vgl. § 41), auf das Kommen des Reiches in Jesus selbst und seinem Wirken beziehen. Eindeutig scheint dagegen 18,7.8a zu sein. Hier wird tatsächlich von Gottes baldigem Eingreifen gesprochen. Aber wie Lukas die Frage der Pharisäer von 17,20 in 17,21 als falsch gestellt erweist, so korrigiert er in 18,8b redaktionell die unmittelbar vorausgehende traditionelle Vorstellung (Schneider, Lk 362). Der Versteil korrespondiert mit dem ebenfalls redaktionellen V.1, und daraus ergibt sich als Anliegen die gerade in der Situation des Wartens nötige Wachsamkeits-, Ausdauer- und Gebetsparänese (Schneider, Parusiegleichnisse 77f.).

Wenn die Schwierigkeiten damit nicht restlos im Sinne des Verzichts auf die Naherwartung geklärt sind, so reicht dieser Befund, auch (und erst recht) unter Einbeziehung von 12,54 – 13,9 und 21,32, doch nicht aus für die (von Wilson, Gentiles 67–87, vorgetragene) Annahme, Lukas habe bewußt, und zwar aus pastoralen Motiven, beide Reihen nebeneinander stehengelassen, die der Naherwartungs- und die der Verzögerungsaussagen (vgl. Wilson, Eschatology). Das paränetische Moment hat Lukas zweifellos verstärkt (s. oben), aber wohl nicht mit Hilfe von Naherwartungstexten. Diese hat er vielleicht nicht alle konsequent und deutlich genug bearbeitet.

Andererseits hat er seine Vorlagen so oft im Hinblick auf die Parusieverzögerung geändert, daß man insgesamt doch von einer einheitlichen und wohlüberlegten Konzeption sprechen kann (Schneider, Parusiegleichnisse 91). Er polemisiert zwar nicht gegen die Naherwartung, auch nicht mit 21,8 (s. unten); aber die Erwartung des Endgeschehens ist bei ihm so weit entspannt, daß die Forderung der dauernden Bereitschaft für die plötzlich einbrechende Parusie in den Vordergrund tritt. Dies ergibt sich über die schon genannten Stellen hinaus auch aus einer redaktionsgeschichtlichen Untersuchung der größeren Zusammenhänge 12,35–46; 17,20–37 und 21,6–36 (Schneider, Lk 358).

Im einzelnen wendet sich Lukas gegen die Festlegung des Zeitpunkts und gegen die Erwartung der baldigen Ankunft des Menschensohnes. Um den Zeitpunkt geht es in 17,20f.; 19,11 und 21,8; ebenso Apg 1,6–8 (s. § 41). 21,8 bestreitet also nicht die Möglichkeit einer baldigen Parusie, sondern die menschliche Kenntnis ihres Termins. Die vier Stellen kritisieren (so Conzelmann, Mitte 112) die apokalyptische Berechnung überhaupt (17,20f.) sowie die Verknüpfung mit dem Schicksal Jerusalems (21,8; auch 19,11) oder mit der Auferstehung Jesu (Apg 1,6). Vom Kommen des Menschensohnes handelt in auffälliger Weise 12,45f. Der Knecht des Gleichnisses, der mit Recht nicht mit einem baldigen Kommen seines Herrn (d.h. nach V.40 des Menschensohnes) rechnet, wird nicht wegen dieser Voraussetzung bestraft, sondern wegen seines Verhaltens. Unübersehbar ist schließlich der Eingriff in 22,69 (diff. Mk 14,62), wo nicht mehr vom Sehen des kommenden Menschensohnes, sondern nur noch von seinem Thronen gesprochen wird.

Das Problem der Parusieverzögerung ist Lukas also voll bewußt. Und so bietet er in ausdrücklicher Reflexion einen „Entwurf, der mit der Zeit nicht wieder revisionsbedürftig wird“ (Gräßer, Parusieverzögerung 217). Er versucht sogar, das Ausbleiben der Parusie zu begründen. Dazu verweist er auf die weltweite Verkündigung des Evangeliums, die in der Schrift verheißen sei und darum erst noch an ihr Ende kommen müsse (24,44–46; vgl. Apg 1,7f.; 3,20f.). Die Gegenwart des Geistes, der der Kirche gerade als Kraft für diese Aufgabe geschenkt ist, ermöglicht es ihr sogar, „die Terminfrage aus dem Parusiethema auszuklammern“ (Schneider, Anbruch 55).

§ 43 d) Individuelle Eschata

Dupont, J.: L'après-mort dans l'œuvre de Luc, in: RTL 3 (1972), 3–21. – Ders.: Les Béatitudes III. Les Évangélistes (EtB). Paris ²1973. – Ders.: L'eschatologie individuelle dans l'œuvre de Luc, in: ders., Études, 1066–1075. – Ders.: Die individuelle Eschatologie im Lukasevangelium und in der Apostelgeschichte, in: Orientierung an Jesus. Zur Theologie der Synoptiker. FS für Josef Schmid. Freiburg i.Br./Basel/Wien 1973, 37–47. – Ellis: Present and Future Eschatology (§ 40). – Fischer, U.: Eschatologie und

Jenseitserwartung im hellenistischen Diasporajudentum (BZNW 44). Berlin/New York 1978. – George: eschatologie (§ 40). – Haufe, G.: Individuelle Eschatologie des Neuen Testaments, in: ZThK 83 (1986), 436–463. – Krämer, M.: Das Rätsel der Parabel vom ungerechten Verwalter. Lk 16,1–13. Auslegungsgeschichte – Umfang – Sinn. Eine Diskussion der Probleme und Lösungsvorschläge der Verwalterparabel von den Vätern bis heute (BSRel 5). Zürich 1972. – Schneider: Anbruch (§ 40). – Ders.: Parusiegleichnisse (§ 42). – Seng, E.W.: Der reiche Tor. Eine Untersuchung von Lk. XII 16–21 unter besonderer Berücksichtigung form- und motivgeschichtlicher Aspekte, in: NT 20 (1978), 136–155. – Untergassmair: Kreuzweg (§ 32). – Walter, N.: „Hellenistische Eschatologie" im Neuen Testament, in: Glaube und Eschatologie. FS für Werner Georg Kümmel. Tübingen 1985, 335–356.

Lukas hat die Verzögerung der Parusie nicht nur positiv reflektiert und eine Begründung für sie geboten. Er hat auch einen Weg gezeigt, wie der Christ ohne Naherwartung in echter Erwartungshaltung leben kann (Schneider, Parusiegleichnisse 97). Vor allem im Sondergut seines Evangeliums (und in der Apostelgeschichte) fällt eine Reihe von Texten auf, in denen das endgültige Geschick des Individuums nach dem Tod im Vordergrund steht. Hier werden die Erwartung des Endheils und sein Empfang individualisiert. Danach erfährt der einzelne im Tod das Gericht und die Begegnung mit Christus, damit also die Parusie. Als Belege dieser individuellen Eschatologie, die freilich nicht alle gleich bedeutsam und evident sind, lassen sich anführen: 6,20–26; 12,4f. 16–21. 33f.; 16,1–9. 19–31; 21,19; 23,39–43; vgl. Apg 1,25; 7,55–59; 14,22; 20,28–31 (Dupont, Eschatologie; vgl. George, eschatologie 341–347).

Worauf es Lukas näherhin ankommt, kann an einigen Stellen des Evangeliums deutlich erkannt werden (s. Schneider, Parusiegleichnisse 78–90). So besteht die Torheit des Kornbauern von 12,16–21 (V. 21!) nicht darin, „daß er überhaupt nicht an den Tod gedacht hätte, sondern, daß er sich nicht damit beschäftigte, was *nach* dem Tode kommt" (ebd. 79). Was der Bauer (nach 12,33f.) hätte tun sollen, das tut der betrügerische Verwalter von 16,1–9. Im Vordergrund steht hier nicht die Gewissenlosigkeit dieses Mannes, sondern die Klugheit, mit der er für „die Zeit danach" sorgt. Gerecht vergolten wird laut 14,14 „bei der Auferstehung der Gerechten", nach 16,19–31 dagegen unmittelbar nach dem Tod. Es gibt auch Stellen, wo Lukas traditionelle Parusieaussagen so umwandelt, daß sie sich auf den Tod des einzelnen beziehen. Während sich Mk 13,13 auf das Kommen des Menschensohnes und die ihm vorausgehenden

Drangsale bezieht, spricht 21,19 ohne Zeitangabe und ähnlich wie 17,33 vom Durchhalten des verfolgten Jüngers bis zu seinem persönlichen Ende. „Der Tod wird gewissermaßen zur ‚Parusie' für den einzelnen" (ebd. 82). Noch eindrucksvoller ist die Abwandlung der traditionellen Vorstellung in 23,39–43, besonders dann, wenn, wie wohl anzunehmen, in V. 42 die Lesart mit ἔλθῃς ἐν (statt ἔλθῃς εἰς) als die schwierigere ursprünglich ist. Der Schächer denkt bei seiner Bitte an den Tag der Parusie, an dem Jesus als König kommt (zumindest an das Königreich Jesu). Die Antwort Jesu dagegen gibt dieser Erwartung eine neue Richtung: Der Schächer wird die Erfüllung seiner Bitte noch „heute" ganz persönlich für sich allein („ich sage dir") am Ort der verstorbenen Gerechten („Paradies" statt „Reich") erfahren (V. 43).

Man sucht nun allerdings vergeblich nach einer Vermittlung zwischen solcher individueller und der allgemeinen Eschatologie, zwischen den Eschata im Tod und am Ende der Welt. Die Erwartung der Parusie als eines universalen Endgeschehens ist ja nicht aufgegeben, sie hat gewissermaßen nur „Konkurrenz" bekommen. Beide Vorstellungen laufen unvermittelt nebeneinander her. Eine Beziehung stellt Lukas auch nicht durch die Annahme eines Zwischenzustandes her. Er gibt nirgends zu erkennen, daß er das Geschick des Menschen zwischen Tod und Parusie als ein Provisorium betrachte. Die individuelle Eschatologie ist der allgemeinen auch nicht untergeordnet, sondern besitzt eigene Konsistenz und relativiert so ihrerseits die Vorstellung von einem universalen Endgeschehen. „Für den einzelnen wird die Zukunft der Welt zur Gegenwart im Augenblick des Todes" (Dupont, Eschatologie 47).

§ 44 B. DER THEOLOGISCHE ORT DES LUKAS-EVANGELIUMS

BAUERNFEIND, O.: Vorfragen zur Theologie des Lukas, in: ders., Kommentar und Studien zur Apostelgeschichte (WUNT 22). Tübingen 1980, 383–422. – Ders.: Zur Frage nach der Entscheidung zwischen Paulus und Lukas, ebd., 353–382. – BLEIBEN, T. E.: The Gospel of Luke and the Gospel of Paul, in: JThS 45 (1944), 134–140. – BORGEN, P.: From Paul to Luke. Observations toward clarification of the theology of Luke-Acts, in: CBQ 31 (1969), 168–182. – CONZELMANN: Gegenwart (§ 21). – CULLMANN: Christus (§ 21). – Ders.: Heil (§ 21). – EHLER, B.: Die Herrschaft des Gekreuzigten. Ernst Käsemanns Frage nach der Mitte der Schrift (BZNW 46). Berlin/New York 1986. – ELTESTER, W.: Lukas und Paulus, in: Eranion. FS für Hildebrecht Hommel. Tübingen 1961, 1–17. – ENSLIN, M. S.: Once Again, Luke and Paul, in: ZNW 61 (1970), 253–271. – GRÄSSER, E.: Acta-Forschung seit 1960, in: ThR 41 (1976), 141–194, 259–290; 42 (1977), 1–68. – HARBSMEIER, G.: Unsere Predigt im Spiegel der Apostelgeschichte, in: EvTh 10 (1950/51), 352–368. – HESSE, F.: Abschied von der Heilsgeschichte (ThSt[B] 108). Zürich 1971. – KÄSEMANN, E.: Neutestamentliche Fragen von heute, in: ders., Exegetische Versuche und Besinnungen. 2 Bde. Göttingen ^{4}1965, ^{2}1965, II, 11–31. – Ders.: Problem (§ 16). – Ders.: Rechtfertigung (§ 21). – KLEIN, G.: Bibel und Heilsgeschichte. Die Fragwürdigkeit einer Idee, in: ZNW 62 (1971), 1–47. – KÜMMEL: Heilsgeschichte (§ 21). – Ders.: Lukas in der Anklage der heutigen Theologie, in: ders., Heilsgeschehen und Geschichte II, 87–100. – Ders.: Das Problem der „Mitte des Neuen Testaments", ebd., 62–74. – LINDSEY, F. D.: Lucan Theology in Contemporary Perspective, in: BS 125 (1968), 346–351. – LUZ, U.: Erwägungen zur Entstehung des „Frühkatholizismus". Eine Skizze, in: ZNW 65 (1974), 88–111. – MORRIS, L.: Luke and Early Catholicism, in: JTSA 40 (1982), 4–16. – MUSSNER, F.: Die Ablösung des apostolischen durch das nachapostolische Zeitalter und ihre Konsequenzen, in: Wort Gottes in der Zeit. FS für Karl Hermann Schelkle. Düsseldorf 1973, 166–177. – SAND, A.: Überlegungen zur gegenwärtigen Diskussion über den „Frühkatholizismus", in: Cath(M) 33 (1979), 49–62. – SCHULZ, S.: Die Mitte der Schrift. Der Frühkatholizismus im Neuen Testament als Herausforderung an den Protestantismus. Stuttgart/Berlin 1976. – SCHWEIZER, E.: Plädoyer der Verteidigung in Sachen: Moderne Theologie versus Lukas, in: ThLZ 105 (1980), 241–252. – VIELHAUER, PH.: Zum „Paulinismus" der Apostelgeschichte, in: ders., Aufsätze zum Neuen Testament (TB 31). München 1965, 9–27. – WILCKENS, U.: Lukas und Paulus unter dem Aspekt dialektisch-theologisch beeinflußter Exegese, in: ders., Rechtfertigung als Freiheit. Paulusstudien. Neukirchen-Vluyn 1974, 171–202.

Die Diskussion der lukanischen Theologie blieb nicht bei Einzelfragen stehen; man versuchte auch immer wieder eine Gesamtcharakteristik. Und es blieb auch nicht bei einer gewissermaßen neutralen Darstellung; diese drängte vielmehr zu Folgerungen, zu einem Vergleich mit der paulinischen Theologie und so zu einer Bewertung und Einordnung im Rahmen des neutestamentlichen Kanons.

Der Streit um dieses Gesamturteil über Lukas wurde mit großem Engagement geführt. Die Meinungen gingen und gehen teilweise bis heute weit auseinander. Insofern läßt sich hier kaum von einem „Ertrag" der Forschung im Sinn eines weithin anerkannten Diskussionsergebnisses sprechen. Trotzdem hat die mitunter heftige Auseinandersetzung zu „Erträgen", d.h. zu Erkenntnissen und Einsichten, geführt, die für eine objektive Einordnung der lukanischen Theologie wichtig sind. So ist es verständlich, daß neben die negativen Stimmen inzwischen viele positive getreten sind. Gegenüber der „Anklage" erhob sich die „Verteidigung" (so E. Gräßer, Acta-Forschung 275 bzw. 286).

1. Lukas in der Anklage der heutigen Theologie

Zu dieser Forschungssituation, wie sie der bekannte Aufsatztitel von Werner Georg Kümmel kennzeichnet, führte in der weiteren Konsequenz der Befund, den zunächst Philipp Vielhauer an Hand der Apostelgeschichte herausgestellt hatte: „... der Verfasser der Apg ist in seiner Christologie vorpaulinisch, in seiner natürlichen Theologie, Gesetzesauffassung und Eschatologie nachpaulinisch. Es findet sich bei ihm kein einziger spezifisch paulinischer Gedanke" („Paulinismus" 26). Noch im selben Jahrgang der Evangelischen Theologie, in dem der Aufsatz von Vielhauer erstmals erschienen war, forderte Götz Harbsmeier dazu auf, die wissenschaftliche Erkenntnis auch theologisch gelten zu lassen und sich für die kirchliche Predigt zwischen Lukas und Paulus zu entscheiden. Daß hier eine grundsätzliche Problematik vorliegt, machte auch Ernst Käsemann deutlich, u.a. mit dem Hinweis, daß im Hintergrund die „Antithese zwischen theologia crucis und theologia gloriae" stehe (Fragen 30). Für ihn war Lukas „der erste Repräsentant des werdenden Frühkatholizismus" (ebd. 29). Während dieser aber für Käsemann „nichts anderes (ist) als die kirchliche Abwehrbewegung gegenüber der drohenden Gnostisierung" (ebd.), verbindet sich damit bei anderen eine Reihe von Vorwürfen, nach denen Lukas den Geist des urchristlichen Glaubens in entscheidenden Punkten verraten habe und von der Höhe der neutestamentlichen Theologie bei Paulus und Johannes abfalle. So wird Lukas gleichsam zum schwarzen Schaf, ja zum „blinde(n) Passagier im Neuen Testament" (Wilckens, Lukas und Paulus 194).

Die Kritik an Lukas, die sich meistens auch auf sein Evangelium bezieht, betrifft vor allem die folgenden Sachverhalte, die als solche großenteils auch gar nicht bestritten, wohl aber in ihrer Wertung unterschiedlich beurteilt werden (s. Kümmel, Anklage 90–92).

a) Lukas versuche, wird gesagt, den Glauben historisch zu sichern, indem er die „Zuverlässigkeit" der Tradition (Lk 1,4) und ihre Kontinuität mit historischen Argumenten nachweise. Damit werde aber der Akt des Glaubens vom Ergebnis menschlicher Anstrengung abhängig.

b) Das Anliegen der Kontinuität habe Lukas auch bei der Darstellung der Amtsträger und ihrer Funktion im Auge. Als Anfang der Traditionskette habe darum der Kreis der zwölf Apostel absolute Bedeutung. Sie und ihre Nachfolger seien die Garanten der evangelischen Überlieferung. Die Kirche unterliege in ihrem Leben und ihrer Entwicklung, bis in das Wirken des Geistes hinein, ihrer Weisung, habe also schon frühkatholische Züge.

c) Jesu Tod werde von Lukas nicht als Sühnetod, ja überhaupt nicht als die entscheidende Heilstat begriffen. Die Passion Jesu habe er als von Gott gesetzte, nicht weiter befragbare Verfügung und insofern als heilswirksam, im übrigen aber als Folge menschlichen Irrtums dargestellt.

d) Vor allem habe Lukas auf die Naherwartung des Endes verzichtet. Er rede nicht vom Ende, sondern von unterschiedlichen Epochen der Geschichte. Dieses Aufgeben oder Mißverstehen der eschatologischen Botschaft dokumentiere sich schon in der Tatsache, daß er dem Evangelium die Apostelgeschichte hinzufüge (Vielhauer, „Paulinismus" 24). „Man schreibt nicht die Geschichte der Kirche, wenn man täglich das Weltende erwartet" (Käsemann, Problem 198). Aber auch im Evangelium beschreibe Lukas ein Stück Geschichte, eben die heilsgeschichtliche Epoche zwischen Israel und der Kirche. Wegen der Verzögerung der Parusie sei an die Stelle der Eschatologie die Geschichtsschreibung getreten.

2. Lukas in der Verteidigung der heutigen Theologie

Die genannten Vorwürfe, die durchaus nicht aus der Luft gegriffen sind, erwecken tatsächlich den Eindruck, als sei das Paradox des Glaubens bei Lukas entleert und aus der theologia crucis eine theologia gloriae geworden. Es fragt sich aber, ob man mit einer solchen Einschätzung Lukas gerecht wird. Darf man Lukas überhaupt nicht nur mit Paulus vergleichen, sondern auch an ihm messen? Will man ihn gerecht beurteilen, wird man jedenfalls die unterschiedlichen traditionsgeschichtlichen und historischen Situationen der beiden berücksichtigen müssen (vgl. Wilckens, Lukas und Paulus 187). Lukas hat offenbar ganz anders als Paulus Zugang zur Jesus-Überlieferung und kann so die Geschichte Jesu zum beherrschenden Zentrum seiner Theologie machen. Und während Paulus Jude ist, sogar rabbinisch gebildet, aus der Urkirche selbst stammt und in der Enderwartung der ersten Generation lebt, schreibt Lukas als Grieche, als Mann der zweiten oder dritten Generation und für hellenistisch gebildete Leser. Berücksichtigt man dies, dann erscheinen die oben aufgeführten Vorwürfe in einem neuen Licht.

Mit dem Abstand eines halben Jahrhunderts ist für Lukas zwangsläufig gegeben, daß das Auftreten Jesu als ein Ereignis der zurückliegenden Geschichte erscheint. Die diesem Sachverhalt entsprechende Historisierung der Jesustradition bedeutet aber nicht, daß ihr der kerygmatische und dem Jesusgeschehen sein endzeitlicher Charakter genommen wird (vgl. 4,18f. 21). Daß in der Situation des Lukas die historische Rückfrage nach der Zuverlässigkeit des Überlieferten illegitim sei, wird man erst recht nicht sagen können. Die Betonung der Übereinstimmung von Überlieferung und Predigt findet sich auch bei Paulus (1 Kor 15,1–11). Und die Vergewisserung des Glaubens durch die historische Erkenntnis ist keine Leistung im Sinn der paulinischen Polemik gegen menschliche Werke (des Gesetzes!). Ihr widerspricht auch 2 Kor 5,16 nicht, weil sich die Stelle nicht auf das historische Fragen als solches, sondern auf die – alten und neuen – Voraussetzungen des Erkennens bezieht.

Ob das Werk des Lukas frühkatholische Tendenzen oder sogar Sachverhalte aufweist, hängt davon ab, was man unter „Frühkatholizismus" versteht. Wenn schon das Schwinden der Naherwartung oder das Zurücktreten des Sühnetodgedankens zu seinen typologischen Merkmalen gehört (so Schulz, Mitte 80f.), dann ist Lukas ein frühkatholischer Autor. Aber eine solche Typologie ist untauglich, weil sie das eigentlich Unterscheidende der frühkatholischen Kirche nicht herausstellt. Dazu gehören: „... das Verständnis der Kirche als Heilsanstalt, institutionelle Regelung von Amt (Priestertum) und Sakrament, Bindung des Geistes an die Institution, Sicherung der Tradition durch Sukzession. Alle (!) diese Merkmale fehlen bei Lukas bzw. finden sich nur in ersten Spuren. Vor allem fehlt der Gedanke der Sukzession vollständig" (Conzelmann, Ort 248f.; vgl. Kümmel, Einleitung 115). Ansätze sind also da. Aber bedeuten sie schon Abfall? Sind sie schon der erste Schritt in die falsche Richtung? Das entscheidende Problem in diesem Zusammenhang ist das Abtreten der ersten Generation, mit Konsequenzen schon für die Beurteilung der Evangelien (Mußner, Ablösung 167, 176). Das Fehlen ihrer Apostel und Propheten bedeutet gleichsam ein „Autoritätsloch" (Luz, Entstehung 104). Daß der Geist nun gewissermaßen in Gestalt der hinterlassenen apostolischen Überlieferung in die Geschichte eingeht, führt zu Konflikten zwischen der Freiheit des Pneumatikers und der Autorität der Tradition. Wenn die Entscheidung nun in der Richtung des Frühkatholizismus und gegen den Enthusiasmus fällt, dann bedeutet dies nicht von vornherein schon eine Verfälschung des apostolischen Erbes (ebd. 104–108).

Daß Lukas in der Soteriologie eigene Wege geht, ist schon gesagt worden (s. § 32). Die Vorstellung vom Sühnetod Jesu wird zwar nicht bekämpft; aber sie tritt zurück. Wichtiger ist nun, daß die Heilsbedeutung des Todes überhaupt unklar ist, da doch Jesu ganzer nach Gottes Willen verlaufender und auf die Erhöhung zielender Weg (9, 51) heilswirksam ist. Wird hier nicht doch die theologia crucis durch die theologia gloriae ersetzt? Anders als seine Deutung als Sühne gehört doch der – wie immer zu deutende – Kreuzestod Jesu zur Mitte der christlichen Botschaft. Hierzu ist nun festzustellen, daß sich die Akzente bei Lukas sicher verschoben haben, auch schon im Evangelium. Aber die Passion Jesu hebt er immerhin stärker hervor als die anderen Evangelisten, einmal im Evangelium selbst vor allem durch die in den Leidensweissagungen und im Reisebericht gegebenen Perspektiven auf das Leiden hin und dann durch die Parallelen des Leidensthemas in der Apostelgeschichte, namentlich bei Stephanus und Paulus (Schweizer, Plädoyer 246).

Der letzte oben angeführte Vorwurf, Lukas habe an die Stelle der urchristlichen Eschatologie seine heilsgeschichtliche Konzeption gesetzt, ist das umfassendste Problem bei der Beurteilung der lukanischen Theologie. Der Streit geht vor allem darum, ob dieser Gedanke bei Lukas etwas Neues oder ihm schon vorgegeben ist, ob er die urchristliche Eschatologie verfälscht oder in ihrem Sinn weiterentwickelt hat.

Bedeutsam ist hier die Auseinandersetzung zwischen Oscar Cullmann und der Bultmann-Schule. Nach Cullmann liegt bei Lukas kein Bruch mit Jesus und der Urkirche, sondern legitime Entfaltung von ausgesprochen heilsgeschichtlichen Ansätzen vor (Christus 17). Die Spannung zwischen der schon erfüllten und noch nicht vollendeten Zeit werde einerseits schon vor Lukas wahrgenommen. Und andererseits komme die entscheidende Abkehr von dieser im ganzen Neuen Testament belegten Grundkonzeption erst danach, nämlich damit, daß die Zwischenzeit nicht mehr zum Ende gerechnet wird, mit dem Verlust der Erkenntnis, „daß mit Christus wirklich im temporalen Sinne die Endzeit eingeleitet ist" (Heil 224). Nach Vielhauer dagegen ist dieser Verlust schon bei Lukas zu beklagen („Paulinismus" 22–27). Aber widerlegt diese These nicht 4,18f. (mit den Jes-Zitaten) ebenso wie Apg 2,16f. (mit dem ergänzten Joel-Zitat)?

Was ist neu bei Lukas in der Betrachtung von Zeit und Geschichte? Reflexionen über das Gegenüber von Zeit Jesu und Gegenwart finden sich schon bei und vor Markus (vgl. Conzelmann, Gegenwart). Er gliedert die Heilsgeschichte zwar nicht in Epochen; aber das Winzergleichnis Mk 12,1–12 schildert „Gottes Werben um Israel in geschichtlichen Sendungen" (Schweizer, Plädoyer 244), und bei der Beantwortung der Fastenfrage (Mk 2,18–20) wird zwischen den Zeiten der Anwesenheit und der Abwesenheit Jesu unterschieden. Daß Paulus „die ganze Weltgeschichte zwischen Ostern und Parusie ... souverän ignoriert" und als „Parenthese im Leben Christi" betrachtet (Vielhauer, „Paulinismus" 23), gilt zwar für die spezielle Fragestellung in 1 Kor 15,20.23f., aber, wie Röm 9 – 11 zeigt, nicht für das Denken des Apostels überhaupt. Nach Käsemann sind auch die paulinischen Texte nicht nur anthropologisch zu verstehen: „Man denkt heilsgeschichtlich, wenn man die Weltgeschichte in die Epochen Adams, Abrahams, des Mose und Christi gliedert und die Schöpfung über Fall und Erlösung dem Weltgericht zulaufen läßt" (Rechtfertigung 116).

Freilich ist damit noch nicht entschieden, ob sich dieser Begriff von Heilsgeschichte mit dem lukanischen deckt und, wenn ja, welchen Stellenwert diese im Gesamt der paulinischen Theologie hat. Zum ersten betont Cullmann, daß auch er nicht an einen lückenlosen Kausalzusammenhang denkt, sondern an einen nur von Gott geoffenbarten, auf einer völlig unberechenbaren Auswahl einzelner

Ereignisse beruhenden Zusammenhang (s. Kümmel, Heilsgeschichte 163). Hier spiegelt sich die Kritik von Klein, nach dem „Geschichte durch Kontinuität konstituiert wird, eine lückenhafte Heilsgeschichte daher keine *Geschichte* des Heils mehr wäre“ (zit. bei Kümmel, ebd. 170). Aber dazu ist zu sagen: Gerade für den Glauben steht fest, daß das Nacheinander göttlicher Taten trotz seiner Lücken einen Zusammenhang aufweist; und dieser wird in Ermangelung eines besseren Wortes „Heilsgeschichte“ genannt (ebd.).

Was den Stellenwert der Heilsgeschichte für Paulus betrifft, warnt Käsemann eindringlich vor Pauschalurteilen. Der Streit darum, ob Paulus eine heilsgeschichtliche Konzeption entfaltet oder nicht, ist für ihn „ein Muster für die Befangenheit aller Exegese in systematischen Vorurteilen, die wir verringern, nie aber völlig abstreifen können“ (Rechtfertigung 116). Gibt man mit Käsemann die Existenz des heilsgeschichtlichen Horizonts bei Paulus zu, dann ist aber erst noch zu untersuchen, welche Bedeutung und Funktion er im Gesamt der paulinischen Theologie hat. Damit aber wird der Streit um Lukas, soweit dieser an Paulus gemessen wird, zu einem Streit um die paulinische Theologie. Über die nicht zu verschleiernden Unterschiede hinaus dürfte der Gegensatz zwischen beiden kaum überbrückbar sein, wenn man Lukas und Paulus jeweils einseitig interpretiert und sie so miteinander vergleicht. So ist es nach Ulrich Wilckens „der existential interpretierte Paulus der dialektischen Theologie, der in so scharfen Gegensatz zu Lukas tritt als dem bedeutenden, aber gefährlichen Verderber des paulinischen Evangeliums“; der existential interpretierte Paulus sei aber nicht der historische Paulus (Lukas und Paulus 202). Eine sachgerechte Interpretation des Paulus wie des Lukas würde uns nicht vor die Wahl zwischen beiden stellen (ebd.).

Freilich blieben trotzdem gewaltige Unterschiede. Damit aber ist die Frage nach dem Verhältnis von Paulus und Lukas „das Problem der Einheit des neutestamentlichen Kanons“ (ebd. 190, Anm. 56). Dieses wäre kaum lösbar, wollte man den Kanon als ungeschichtliche, monolithische Größe verstehen. In Wirklichkeit ist er der vielfältige Niederschlag des Echos von Tod und Auferweckung Jesu. In dieser Sammlung der Zeugnisse des Anfangs sind von vornherein unterschiedliche Positionen zu erwarten. Die in dieser Situation nicht nur legitime, sondern auch notwendige Frage ist die nach der zentralen Botschaft, nach der Mitte des Ganzen und nach dem Verhältnis einzelner Positionen zu dieser Mitte (vgl. Kümmel, Anklage 98).

Als solchen Kanon im Kanon und damit als Unterscheidungskriterium bestimmt Ernst Käsemann die paradoxe Botschaft von der Rechtfertigung der Gottlosen (vgl. Ehler, Herrschaft 329–342). Wenn dies die Mitte ist, dann ist Lukas, zumal in seinem Evangelium, nicht so weit von ihr entfernt, wie es beim Vergleich seines Werkes mit den Paulusbriefen zunächst aussieht. Mag in manchen Punkten zwischen Lukas und Paulus schwer zu vermitteln sein, diese von Paulus und von Jesus selbst her vorgegebene Mitte kommt im Lukas-Evangelium durchaus zur Geltung. Die Unterschiede sind auch hier nicht zu leugnen, etwa im Stellenwert des Bußrufes (5,32 diff. Mk 2,17; vgl. die wohl redaktionellen Verschiebungen durch 7,48–50; 15,7.10 und vielleicht 19,8). Aber kein Evangelium betont und verteidigt die unverdiente Annahme der Sünder so eindrucksvoll gegen selbstgerechte Kritik wie das des Lukas (5,27–32; 7,35–50; 15,1f.3–32; 18,9–14; 19,1–10). Insofern gehört sicher auch Lukas (wie Kümmel, Anklage 100, urteilt) „zu den wichtigsten und für uns maßgeblichen Zeugen der neutestamentlichen Verkündigung".

REGISTER

1. Stellen

Nicht aufgeführt sind die Inhaltsangaben zu den Papyrushandschriften von S. 8.

Altes Testament

Neues Testament

Außerkanonische Schriften

2. Autoren